MINERVA
はじめて学ぶ教職
7

吉田武男
監修

社会教育・生涯学習

手打明敏／上田孝典
編著

ミネルヴァ書房

監修者のことば

　本書を手に取られた多くのみなさんは，おそらく教師になることを考えて，教職課程をこれから履修しよう，あるいは履修している方ではないでしょうか。それ以外にも，教師になるか迷っている，あるいは教師の免許状だけを取っておく，さらには教養として本書を読む方も，おられるかもしれません。

　どのようなきっかけであれ，教育の営みについて，はじめて学問として学ぼうとする方に対して，本シリーズ「MINERVA はじめて学ぶ教職」は，教育学の初歩的で基礎的・基本的な内容を学びつつも，教育学の広くて深い内容の一端を感じ取ってもらおうとして編まれた，教職課程向けのテキスト選集です。

　したがって，本シリーズのすべての巻によって，教職に必要な教育に関する知識内容はもちろんのこと，それに関連する教育学の専門領域の内容もほとんど網羅されています。その意味では，少し大げさな物言いを許していただけるならば，本シリーズは，「教職の視点から教育学全体を体系的にわかりやすく整理した選集」であり，また，このシリーズの各巻は，「教職の視点からさまざまな教育学の専門分野を系統的・体系的にわかりやすく整理したテキスト」です。もちろん，各巻は，教育学の専門分野固有の特徴と編者・執筆者の意図によって，それぞれ個性的で特徴的なものになっています。しかし，各巻に共通する本シリーズの特徴は，文部科学省において検討された「教職課程コアカリキュラム」の内容を踏まえ，多面的・多角的な視点から教職に必要な知識について，従来のテキストより大きい版で見やすく，かつ「用語解説」「法令」「人物」「出典」などの豊富な側注によってわかりやすさを重視しながら解説されていることです。また教職を「はじめて学ぶ」方が，「見方・考え方」の資質・能力を養えるように，さらには知識をよりいっそう深め，そして資質・能力もよりいっそう高められるように，各章の最後に「Exercise」と「次への一冊」を設けています。なお，別巻は別の視点，すなわち教育行政官の視点から現代の教育を解説しています。

　この難しい時代にあって，もっと楽な他の職業も選択できたであろうに，それぞれ何らかのミッションを感じ，「自主的に学び続ける力」と「高度な専門的知識・技術」と「総合的な人間力」の備わった教師を志すみなさんにとって，本シリーズのテキストが教職および教育学の道標になることを，先輩の教育関係者のわれわれは心から願っています。

　2018年

　　　　　　　　　　　　　　　　　　　　　　　　　　　　　吉　田　武　男

はじめに

　教職シリーズの一巻として『社会教育・生涯学習』という巻が編まれたのは，現代の学校が直面している課題に取り組むために，社会教育・生涯学習の知見が求められるからである。現代の教育改革の「原理」となっているのが「生涯学習」という考え方であり，「生涯学習」の基礎を培う教育の「場」として学校が存在するという捉え方である。

　現代社会において学校教育は，人間の成長・発達を支える重要な社会的装置であり，現代国家は国民育成の教育機関として「学校」の普及に力を入れている。しかし，人間の発達・成長は学校教育だけではなく，家庭教育や地域社会で行われている教育活動も無視することはできない。子どもにとって生きていくうえでの「チエ（知恵）」や「ワザ（技）」といった「生きる力」は，地域社会でのさまざまな人と人の関係や社会的・文化的環境との関係のなかで形成されているのではないだろうか。わが国では，このような地域社会で取り組まれている人間形成作用を「社会教育」と捉えてきたのである。

　社会教育の英訳は長らく "adult education" と表されてきた。「成人教育」は国際的には広く定着している。第19回ユネスコ総会（1976年11月26日）で採択された「成人教育の発展に関する勧告」では，「成人教育」とは，「その属する社会によって成人と見なされている者が（略—引用者），その態度又は行動を変容させる組織的教育課程の全体をいう」（文部科学省　仮訳）と定義されている。日本社会教育学会は学会名として "adult and community education" を用いている。この英訳は，わが国の社会教育の歴史的形成を示している。つまり社会教育の主たる対象は自立した生活を営む成人であり，生活を営む場である地域の諸問題を解決するための住民相互の学びあいを支援する取り組みとして社会教育が形成されてきたことを示している。社会教育とは，地域社会において，そこに暮らす人々が学びを通して自らの生活を豊かに築いていく活動であり，地域の人々の協働の取り組みのための学びなのである。学校教育と比べて社会教育の特徴は，学習者が主体となって営まれる自己教育であり，相互教育という点にある。

　社会教育をこのように理解すると，生涯学習（lifelong learning）と社会教育がきわめて親和的であることが理解されるのではないだろうか。生涯学習は人々の「学習」に着目した概念である。人々が充実した「学び」を生涯にわたって継続していくためには，学習者が何を，どのような方法でどのような手段を活用することが適切であるのかを判断する「力」が必要である。わが国では自己決定学習とか自己管理的学習と言われる "self-directed learning" に取り組むことができる学習者の育成が目指されている。豊かで充実した生涯学習を行うためには，主体的な学びを可能とする学習者のエンパワーメントが求められるのである。主体的，自律的な学習者の形成を支援するのが社会教育なのである。社会教育主事などの専門職員や社会教育の指導者は「教師」ではなくファシリテーターとか伴走者と言われる。学習者に教え，指導するというよりも，学習者に寄り添い，学びを支援する役割なのである。人々が主体的自律的に学び続けるためには，何をどのように学ぶかの決定権が学習者に保障されていなくてはならない。「学習権」の保障ということである。

はじめに

　本書の読者には，学校のあり方に社会教育・生涯学習が深くかかわっていること，学校の教育活動を豊かに展開するうえで地域の社会教育施設，社会教育専門職員と連携・協働することの意義について理解を深め，子どもたちの豊かな成長・発達を支援する教育活動の一環に「社会教育」を位置づけていただきたいと思う。本書は，教職を志向する読者を念頭において，「学校教育」とは異なる「社会教育」について理解できるよう第Ⅰ部「社会教育・生涯学習の基礎」，第Ⅱ部「学校と社会教育の連携」，第Ⅲ部「地域における社会教育」の三つのテーマで構成した。

　序章では，本書のタイトルである「社会教育・生涯学習」について概説するとともに，本書の読者を想定して，現代の学校教育改革との関連について解説している。

　第Ⅰ部では，社会教育・生涯学習の基礎として，社会教育・生涯学習の歴史的形成過程とその思想について（第1章），わが国の社会教育・生涯学習を支える法制と行政の仕組みについて（第2章），地域住民にとって社会教育・生涯学習の「場」である施設とそこで実施される学習活動を支援する専門職員制度について（第3章），そして社会教育・生涯学習における学習者理解と学習の方法について（第4章）解説している。また，ユネスコを中心として生涯学習政策の世界的動向についても取り上げている（第5章）。

　第Ⅱ部では，近年の学校改革論の主要課題の一つである「開かれた学校」を支援する社会教育にかかわる政策動向について（第6章），地域創生の拠点としての学校という観点から，地域の伝統芸能や文化の継承にかかわる学校教育活動について（第7章）解説している。また，近年の大規模災害の経験を踏まえ，学校において取り組まれている地域社会と協働した地域防災教育（第8章）を取り上げている。

　第Ⅲ部では，社会教育にかかわる現代的・社会的問題を取り上げている。広がりを見せる「子どもの貧困」問題など格差社会に生きる子どもを支援する地域社会の取り組み（第9章），さまざまな困難を抱えながら生きる若者に対する支援としての居場所づくりについて（第10章）取り上げている。また，人生100年時代と言われる今日，健康志向の高まりのなかで生涯学習の観点から地域スポーツの推進について（第11章），地域社会で生きる障害者を理解し共生する地域づくりについて（第12章），わが国のグローバル化の進展のなか，地域に暮らす多様な文化背景をもつ外国籍の人々との共生を目指す社会教育のあり方について（第13章），解説している。

　各章の後には本文のテーマに関連する実践的取り組み等を「コラム」として挿入している。本文とともにお読みいただきたい。

　本書のテーマである「社会教育・生涯学習」は，教職課程コアカリキュラムの教育の基礎的理解に関する科目のうち「教育に関する社会的，制度的又は経営的事項（学校と地域との連携及び学校安全への対応を含む。）」と深くかかわっている。以下に示した表は，本書の各章と教職課程コアカリキュラムとの対応表である。一般目標では，教育に関する社会的事項（1-1）と学校と地域との連携（2），学校安全への対応（3）が関係している。

iii

	全体目標	現代の学校教育に関する社会的，制度的又は経営的事項のいずれかについて，基礎的な知識を身に付けるともとに，それらに関連する課題を理解する。なお，学校と地域との連携に関する理解及び学校安全への対応に関する基礎的知識も身に付ける。							
	一般目標	（1-1）社会の状況を理解し，その変化が学校教育にもたらす影響とそこから生じる課題，並びにそれに対応するための教育政策の動向を理解する。				（2）学校と地域との連携の意義や地域との協働の仕方について，取り組み事例を踏えて理解する。		（3）学校の管理下で起こる事件，事故及び災害の実情を踏まえて，学校保健安全法に基づく，危機管理を含む学校安全の目的と具体的な取組を理解する。	
到達目標　　　　本書における章		1）学校を巡る近年の様々な状況を理解している。	2）子供の生活の変化を踏まえた指導上の課題を理解している。	3）近年の教育政策の動向を理解している。	4）諸外国の教育事情や教育政策を理解している。	1）地域との連携・協働による学校教育活動の意義及び方法を理解している。	2）地域との連携を基とする開かれた学校づくりが進められてきた経緯を理解している。	1）学校の管理下で発生する事件，事故及び災害の実情を踏まえ，危機管理や事故対応を含む学校安全の必要性について理解している。	2）生活安全・交通安全・災害安全の各領域や我が国の学校をとりまく新たな安全上の課題について，安全管理及び安全教育の両面から具体的取組を理解している。
序　章		○		○		○	○		
第1章		○			○				
第2章				○				○	○
第3章		○	○	○		○			
第4章			○		○				
第5章					○				
第6章		○		○		○	○		
第7章			○			○			
第8章								○	○
第9章			○	○					
第10章			○	○					
第11章		○		○		○			
第12章		○		○					
第13章			○	○					

　本書を通じて，教職を目指すみなさんが「社会教育・生涯学習」の重要性を理解していただくことを切に願っている。

2018年12月

編著者　手打明敏／上田孝典

目 次

監修者のことば

はじめに

序　章　社会教育・生涯学習と学校 ……………………………………… I

  1　社会教育・生涯学習と学校の関係 ……………………………… I

  2　生涯教育論の提唱と学校の変容 ………………………………… 3

  3　生涯学習政策の展開と学校の役割 ……………………………… 5

  4　地域と連携・協働する学校 ……………………………………… 9

  5　社会教育・生涯学習に求められる課題 ………………………… II

第 I 部　社会教育・生涯学習の基礎

第**1**章　社会教育・生涯学習の思想と歴史 …………………………… 17

  1　社会教育の成立とその思想 ……………………………………… 17

  2　公民館の誕生と社会教育法の理念 ……………………………… 19

  3　生涯教育の理論と広がり ………………………………………… 23

  4　社会教育・生涯学習の展望 ……………………………………… 25

  コラム①　日本「社会教育」の韓国への伝播 ……………………… 30

第**2**章　社会教育・生涯学習の法制と行政 …………………………… 31

  1　日本国憲法と教育基本法 ………………………………………… 31

  2　社会教育法と生涯学習振興法 …………………………………… 35

  3　社会教育の行政 …………………………………………………… 38

  コラム②　法令条文の表記 …………………………………………… 44

第**3**章　社会教育・生涯学習の施設と職員 …………………………… 45

  1　生涯学習を支える社会教育施設 ………………………………… 45

  2　社会教育施設としての公民館 …………………………………… 47

  3　社会教育施設としての図書館 …………………………………… 50

  4　社会教育施設としての博物館 …………………………………… 53

  5　生涯学習を支える社会教育職員 ………………………………… 55

  コラム③　地域に根ざす，学校と公民館

           ——地域で見守る，おらが「ふもとの子どもたち」 ……… 58

第4章　社会教育・生涯学習の対象と方法 …………………………………59

1　対象を理解する ……………………………………………………………59
2　社会生活を営む成人の学び ………………………………………………60
3　成人・青少年の学習をめぐる考え方 ……………………………………62
4　生涯学習の形態・方法とアウトリーチ …………………………………65
5　多様性と平等性を重視する学びの支援 …………………………………68
コラム④　社会教育職員は地域の応援団 …………………………………72

第5章　世界の生涯学習政策 ……………………………………………………73

1　ユネスコにおける生涯教育の提唱から権利としての学習へ …………73
2　平和で持続可能な社会を創るための学習 ………………………………75
3　ユネスコによる近年の生涯学習の取り組み ……………………………77
4　OECD の生涯学習政策 ……………………………………………………79
5　ヨーロッパとアジアにおける生涯学習 …………………………………81
コラム⑤　「寄せ鍋」交流 …………………………………………………86

第Ⅱ部　学校と社会教育の連携

第6章　「開かれた学校」にみる社会教育 ……………………………………89

1　「開かれた学校」の求められる経緯・社会的背景 ……………………89
2　学校と地域の連携・協働による教育に係る法的根拠と求められる人材 …………93
3　地域と学校の連携・協働を実現するための仕組み ……………………96
4　今後の課題と社会教育に期待される役割 ………………………………98
コラム⑥　コミュニティ・スクールの現場から──学校運営協議会にかかわって …102

第7章　地域文化の継承 …………………………………………………………103

1　人口減少社会における地域文化継承 ……………………………………103
2　地域文化の継承とふるさと教育 …………………………………………104
3　地域文化の継承と若者の活動 ……………………………………………106
4　地域文化の継承と住民の意識の形成 ……………………………………108
5　地域文化の継承と地域の継承 ……………………………………………113
コラム⑦　豊後二見ヶ浦の大しめ縄づくりに見る「伝統の再創造」…………116

第8章　地域防災教育の展開 …………………………………………………………………… 117

1　大震災の経験に見る社会教育の課題 ………………………………………………… 117

2　防災文化の創造に向けた防災教育の視点 ………………………………………… 119

3　地域防災教育の実践 …………………………………………………………………… 122

コラム⑧　避難所運営マニュアルは役に立たない？ …………………………………… 128

第Ⅲ部　地域における社会教育

第9章　貧困・格差社会を生きる子どもの暮らしと社会教育 ……………… 131

1　日本の子どもは幸せか──「子どもの貧困」から考える ……………………… 131

2　「子どもの貧困」とは何か ………………………………………………………………… 132

3　「子どもの貧困」解決に向けた教育の位置と実践 ……………………………… 135

コラム⑨　「つながりの貧困」を防ぐ地域の「気遣い人」に ……………………………… 144

第10章　若者支援と居場所づくり …………………………………………………………… 145

1　戦後社会教育における若者支援の展開 ………………………………………………… 145

2　2000年代以降の若者の自立支援施策 ………………………………………………… 150

3　地域再編期における若者支援の現状と課題 ………………………………………… 153

4　若者支援の今後の課題 …………………………………………………………………… 155

コラム⑩　青年の社会的居場所としての仙台自主夜間中学 ………………………… 158

第11章　地域スポーツの推進と生涯学習 …………………………………………… 159

1　地域スポーツを学ぶ意味 ………………………………………………………………… 159

2　地域スポーツ振興の法制度と理念・目的 …………………………………………… 160

3　地域スポーツの施設と人材 ……………………………………………………………… 164

4　地域スポーツの推進団体 ………………………………………………………………… 167

5　体育・スポーツ活動における学社連携 ……………………………………………… 170

コラム⑪　地域スポーツクラブにおける障害者との共生 …………………………… 173

第12章　地域で生きる障害者 …………………………………………………………………… 175

1　障害者福祉の基本理念としてのノーマライゼーション …………………………… 175

2　地域で生きる障害当事者による自立生活運動の展開 …………………………… 177

3　「障害者の権利に関する条約」の意義とその影響 ………………………………… 179

4　インクルーシブな地域社会を拓く日本の障害者福祉施策の展開 ………… 181

コラム⑫　障害は「不良」なのか？ ………………………………………………………………… 188

第13章　多様性を包摂する社会教育を目指して …………………… 189

1　日本における多文化・多民族社会のありよう ………………… 189

2　在日韓国・朝鮮人の子どもを対象とした在日朝鮮人教育の始まり ……………… 190

3　1980年代の「国際化」進展のなかでの教育 …………………… 193

4　多文化共生をめぐる動きの諸相 ………………………………… 197

5　多様性を包摂する教育を目指して ……………………………… 199

コラム⑬　韓国朝鮮にルーツをもつ自分のもち味を生かして教育に携わる ………… 202

索　引

序 章
社会教育・生涯学習と学校

〈この章のポイント〉

　学校は生涯学習の基礎を培う重要な教育機関である。そのためには学校が児童生徒にとって豊かな学びの場となることが求められている。学校が教師と児童生徒だけの閉じられた「教育空間」から地域社会と連携・協働する「教育・学習の場」に転換することが求められている。そのためには学校を支えるパートナーとしての地域住民の「力量」形成が必要である。本章では，教師と協働して学校教育を支える住民の「力量」形成にかかわる学習活動を支援する社会教育・生涯学習について解説する。

1　社会教育・生涯学習と学校の関係

　1　社会教育，生涯学習，生涯教育の概念

　社会教育は，学校教育とともにわが国の公教育を構成している教育分野である。1949（昭和24）年に社会教育法が制定されている。この法律は幾度か改正されているが，社会教育法第2条では，「社会教育」とは，学校の教育活動を除くという領域的規定を示すとともに，主たる対象を青少年および成人とし，体育およびレクリエーション活動を含む組織的な教育活動として規定している。

　それに対して生涯学習は，1960年代にユネスコ（国連教育科学文化機関）で提唱され，わが国に導入された新しい教育改革の考え方である。この考え方は，人の生涯という時間軸のなかで多様な教育，学習の「場」を統合して生涯にわたる学習を保障する教育・学習システムを構築しようとするものである。今日のわが国の教育改革の目指す方向として国民一人ひとりが生涯にわたって「あらゆる機会に，あらゆる場所において学習することができ，その成果を適切に生かすことのできる」（教育基本法第3条）生涯学習社会が構想されている。

　生涯学習と類似した概念として「生涯教育」がある。この両者の関係はどのように考えたらいいのであろうか。1981（昭和56）年の中央教育審議会（以下，中教審）答申「生涯教育について」では，両者の関係について次のように整理している。

　「今日，変化の激しい社会にあって，人々は，自己の充実・啓発や生活の向

▷1　教育基本法第3条
「国民一人一人が，自己の人格を磨き，豊かな人生を送ることができるよう，その生涯にわたって，あらゆる機会に，あらゆる場所において学習することができ，その成果を適切に生かすことのできる社会の実現が図られなければならない」。
この条項は「生涯学習の理念」を規定したもので，2006（平成18）年12月の改正時に新設された。

▷2　生涯学習社会
学歴社会からの転換を目指し，生涯にわたる学習歴を評価する社会的仕組みを実現した社会として用いられている。

▷3　中央教育審議会
文部科学大臣の諮問機関で，教育，学術，文化にかかわる政策を審議して提言する。教育制度，生涯学習，初等中等教育，大学，スポーツ・青少年の五つの分科会がある。

上のため，適切かつ豊かな学習の機会を求めている。これらの学習は，各人が自発的意思に基づいて行うことを基本とするものであり，必要に応じ，自己に適した手段・方法は，これを自ら選んで，生涯を通じて行うものである。その意味では，これを生涯学習と呼ぶのがふさわしい。この生涯学習のために，自ら学習する意欲と能力を養い，社会の様々な教育機能を相互の関連性を考慮しつつ総合的に整備・充実しようとするのが生涯教育の考え方である」。

生涯教育とは「国民の一人一人が充実した人生を送ることを目指して生涯にわたって行う学習を助けるために，教育制度全体がその上に打ち立てられるべき基本的な理念」なのである。

わが国における最初の本格的な社会教育・生涯学習に関する「辞典」である『社会教育・生涯学習辞典』（社会教育・生涯学習辞典編集委員会編，2012，281ページ）では，「教育が意図的継続的な営みであるのに対して，学習には偶発的なものも含まれ，生涯学習は，生涯教育よりも広い概念である」と両者の概念を整理している。

２ 生涯学習時代における社会教育と学校教育の関係

図序-1は，以上の概念整理を参考にして本巻のキーワードである「生涯学習」「生涯教育」「社会教育」「学校教育」の関係を示したものである。

図の右側の欄は，「教育に着目」して教育作用を分けたものである。定型教育（フォーマルエデュケーション）とは，公的なものとして制度化された教育のことである。学校教育のように社会の構成員に共通に必要なものとして国家（文部科学省）により教育内容編成や教科書などが規格化された教育である。それに対して，不定型教育（ノンフォーマルエデュケーション）とは，学校教育の外部で行われている学習活動を援助する組織的な教育活動のことである。社会教育のように教育主体と被教育者の関係が固定的ではなく相互教育・相互学習という形態であり，教育内容は規格化されてはいない教育である。非定型教育（インフォーマルエデュケーション）とは，非制度的・非構造的な教育のことである。家庭での「しつけ」のように，親が子どもに対して意図的に働きかけてはいるが組織化されない自由に行われている教育である。

一方，「学習に着目」して，「学習の意思」の明確さという観点から見ると，学校教育や社会教育活動に参加している学習者のように「目的意識的な学習活動」がある。他方，「偶発的学習（インシデンタルラーニング）」とは，読書，スポーツ活動や名所・旧跡などをめぐる旅行のように明確な学習目的をもって取り組まれてはいない活動のなかで結果的に学習が行われる付随的な学習のことである。

今日，生涯学習の考え方から青少年の豊かな成長，発達を促進するため社会

	学習に着目	教育に着目	
生涯学習	目的意識的な学習活動	定型教育（formal education）：学校教育	生涯教育
		不定型教育（non-formal education）：社会教育	
		非定型教育（informal education）：家庭教育	
	偶発的学習（incidental learning：結果として学ばれる学習活動）		

図序-1　生涯学習・生涯教育の関係

出所：筆者作成。

教育と学校教育は密接に連携・協力することが必要であり，教師には「社会教育」「生涯学習」という考え方を理解して教育活動を進めていくことが求められていると言える。

　以下，論述を進めるにあたり，「生涯教育」と「生涯学習」の使用については原則として「生涯教育」よりも広い概念である「生涯学習」を用いることにするが，引用およびそれに関連する記述では「生涯教育」を用いることをお断りしておきたい。

2　生涯教育論の提唱と学校の変容

1　生涯教育論提唱の背景

　1965（昭和40）年にパリで開催されたユネスコの「第3回成人教育推進国際委員会」において生涯教育という考え方が提唱された。この考え方は1967年に，日本ユネスコ国内委員会によって『社会教育の新しい方向』というタイトルでわが国に紹介されたのである。この本の付録に，ユネスコの継続教育部長であったポール・ラングラン[4]によって作成されたワーキング・ペーパー「生涯教育について」が付けられている。そこでは，教育の問題が次のように論じられている。

　そもそも個々人の人格や人生は一人ひとり異なり多様であるにもかかわらず，教育は個人とは無関係に行われている。教育の目的のために，さまざまな個人が同じ場に集められ，「自分の性癖と自分の受ける教育とのあいだの妥協をしいられ」（日本ユネスコ国内委員会，1967，77ページ）ている。このような状況を改革するために提唱された生涯教育の原理は，「個人の要求と実際の教授とのあいだの『永続的な連絡』をつけるカリキュラムおよび教授方法が中心だとのアイディアへの道を開く」というものであった。この新しい教育概念においては，「学校教育，社会教育などのいままでのいろいろ異なった教育活動のタイプ・様相として壁によって仕切られていたくぎりが，とりはらわれなくてはならない」（日本ユネスコ国内委員会，1967，78ページ）という考え方が示され

▷4　ポール・ラングラン（P. Lengrand, 1910〜2003）フランスの生涯教育の理論家であり実践家。

た。ユネスコが提唱した生涯教育論は，当時の社会で急速に進む技術革新に対応できていない学校教育改革論でもあったのである。

［2］ 生涯教育論導入と学校の機能変容

　生涯教育論がわが国に導入され，教育政策として打ち出されるようになった1970年代の動向を分析した教育行政学の市川昭午は，生涯教育体制のもとでの学校教育機能の変容を予測していた。市川によれば，ユネスコの「生涯教育」論がわが国に紹介された1960年代後半，生涯教育は社会教育や企業内教育の課題として理解されており，学校教育としては義務教育，基礎教育修了後に労働や余暇などと交互に教育を行うリカレント教育（Recurrent Education[5]）に関連して中等後教育が問題とされているにすぎなかった。学校教育，とくに初等中等教育は生涯教育と直接には関係がないと受け止められ，一般に学校教育関係者の間では生涯教育への関心が乏しい状況にあった。学校教育関係者が生涯教育をこのようにしか受け止めなかったのは，生涯教育論提唱者たちの側に責任の一端があったと市川は指摘している。例えば，ユネスコ教育開発国際委員会報告書である『未来の学習（Learning to be）[6]』では，「生涯教育が従来の学校教育・社会教育・家庭教育・企業内教育等，すべての教育分野を包括する上位概念として提示されてはいるものの，それぞれが，生涯教育のシステムの中に具体的にどう統合されるのかが明らかにされていなかった。とくにこれまで中核的な教育機能を果たすことを期待されてきた学校教育がどのように位置づけられるのか」（市川，1981，144ページ），はっきりと示されていなかったのである。

　市川の関心は生涯教育体制のもとで学校教育がどのように機能変容するのかという観点から学校教育の将来像を推測することであった。市川は，学校の主要な機能として社会全体に対して学校教育がどのような寄与をするのかという「外在的機能」と学校の機能を「認識的教育，価値の伝達，保護者的看護（custodial care），社会的選抜」として捉える「内在的機能」の二つに分けている（市川，1981，145ページ）。市川は，学校教育の「内在的機能」について考察を行っている。科学技術の驚異的な発展と社会経済の急激な変貌により，知識・技術の量的な巨大化と質的な高度化が進むなかで，学校が一生の間に必要となる知識・技術の基本をすべて教え込むということは不可能となる。それゆえ学校教育の第一の任務であった知識の教授とか情報の提供という機能は後退することになるという。学校の主要機能が衰退していくなか，副次的機能である看護機能は増大し，学校は青少年を預かってそのお守りをする青少年保護センターのような機能が強まると市川は予想している（市川，1981，148ページ）。社会状況の変化に対応して学校が担う新しい機能として，青少年に生活力や行動力を身につけさせ成人社会のメンバーとして育成していく社会化（socialization）

▷5　リカレント教育
1969年にスウェーデンの文部大臣オルフ・パルメが提唱し，1973年に出されたOECD（経済協力開発機構）の報告書「リカレント教育――生涯学習のための戦略」によって広く普及された。詳しくは本書の第5章参照。

▷6　『未来の学習』
委員長のエドガー・フォールに因んでフォール報告書とも言われている。わが国では，国立教育研究所内フォール報告検討委員会訳で1975年に第一法規から刊行されている。

序　章　社会教育・生涯学習と学校

の機能が増大することになる。つまり，いつまでも成人になりたがらない子どもを成人社会に統合し，円滑に実社会に送り出すことが学校の課題になると言うのである。その他に学校の新しい機能として考えられるのは，子どもに情報管理能力を獲得させることである。その場合，教師は知識の教授者，情報の伝達者という役割から，児童生徒にどのような教育・学習空間を整えることが効果的な学習成果をもたらすのかという学習の資源・環境・過程の管理者に変身していくものと推測している（市川，1981，150ページ）。

　生涯学習政策が本格的に展開される1980年代後半以降，学校教育はどのような影響を受け対応していったのかを次に見てみることにしよう。その際，社会教育・生涯学習といかなる関係を形成していったのかについて注目することにしたい。

3　生涯学習政策の展開と学校の役割

［1］　「学社連携」の提唱

　わが国において，「生涯学習」が教育政策として取り入れられるのは1987（昭和62）年の臨時教育審議会（以下，臨教審）最終答申において「生涯学習体系への移行」が教育改革の理念として打ち出されて以降であった。1988年に文部省は生涯学習政策局を設置している。1990（平成 2）年 1 月の中教審答申「生涯学習の基盤整備について」の提言を受けて，同年 6 月に「生涯学習の振興のための施策の推進体制等の整備に関する法律（いわゆる「生涯学習振興法」）」が制定された。1996（平成 8）年度までに，すべての都道府県において生涯学習の振興を所管する部局が設置されたのである（文部省編，1996，3 ページ）。このように1980年代後半以降にわが国の生涯学習推進の体制が整い，生涯学習政策が具体的に展開されるようになるのである。それでは生涯学習政策は，学校の役割にどのような変容をもたらしたのであろうか。

　学校と社会教育との関係という点から見ると，1970年代以降一貫して学校と家庭，地域社会との連携の促進が教育政策として打ち出されていた。例えば1971（昭和46）年に社会教育審議会は「急激な社会構造の変化に対処する社会教育のあり方について」と題する答申を出したが，そこでは「家庭教育，学校教育，社会教育の三者を有機的に統合する」ことの必要性を生涯教育という理念から説いている。また同年に出された中教審答申「今後における学校教育の総合的な拡充整備のための基本的施策について」は，生涯教育の立場から教育体系を総合的に再検討する必要性を論じ，社会教育や学校教育などの「さまざまな教育活動の間に有機的な連携が失われたときは，教育という具体的な人間

▷7　臨時教育審議会
1984年の臨時教育審議会設置法に基づき総理府に設置され，内閣総理大臣の諮問に応じて調査審議し提言する審議会。

▷8　文部省
文部省は2001（平成13）年 1 月 6 日に，中央省庁再編にともない文部科学省に改組された。本章では，2001年以降は文部科学省の名称を使用している。

▷9　生涯学習振興法
社会教育法が主に市町村の事業について言及しているのに対して，この法律は主に都道府県の事業を規定している。

▷10　社会教育審議会
文部大臣の諮問機関として設置された。2001年の中央省庁再編で生涯学習審議会社会教育分科会となる。

5

を対象とする仕事は，その本質的な意義を失うであろう」と指摘している。

1974（昭和49）年に出された社会教育審議会建議「在学青少年に対する社会教育の在り方について」では「従来の学校教育のみに依存しがちな教育に対する考え方を根本的に改め，家庭教育，学校教育，社会教育がそれぞれ独自の教育機能を発揮しながら連携し，相互に補完的な役割を果たし得るよう総合的な視点から教育を構想することが重要である」ことを指摘した。この建議以降，学社連携という言葉が使用されるようになったのである（鈴木・佐々木編著，2003，162ページ）。

こうした政策が打ち出された背景には，保護者の学校に対する過剰な期待とそれに対して学校が十分に応えていないという保護者からの批判に応えるという意味があった。1970年代中頃から，学校に行かない，あるいは行けない子どもの数が増加に転じ（木村，2015，15ページ），社会現象として「不登校[11]」，青少年の「ひきこもり[12]」などが顕著となったのである。高度経済成長以降，とくに大都市で顕著となるように，豊かさのなかで人と人の関係が希薄となり，地域の教育力が弱まる一方，高学歴化した親と学校との間で緊張関係が高まっていった。学校に行かなければスムーズに社会に参入できないシステムが形成され，学歴社会化が強まり，学校に依存せざるをえない家庭が学校への要求を強めていったのである。そして，そうした家庭の要求に学校が十分に応えていないという「学校不信」（木村，2015，126ページ）が保護者の間に広がっていったのである。保護者たちの学校への要求のなかには，家庭のしつけや地域社会の希薄な人間関係により失われた子育ての知恵やワザを学校に求めるという過剰な要求も含まれていた。このような学校と家庭や地域社会をめぐる状況のなかで，教師の勤務が次第に長時間化していったのである。教師の授業以外の負担を軽減し学校の教育活動を充実させるためには，学校が地域社会との連携・協力を強めていくことが求められたのである。

2 「開かれた学校」と学校のスリム化論

今日よく言及される「開かれた学校」は，1987（昭和62）年4月1日に出された臨教審第3次答申に由来するという（鈴木・佐々木編著，2003，164ページ）。この答申では，社会・経済の変化に対応すべく学校を地域社会の共同の財産としての観点から見直し，学校・家庭・地域の協力関係を確立することが提言されている（臨時教育審議会，1987，214ページ）。第3次答申を受けて第4次答申（最終答申，1987年）では，生涯学習体系への移行の観点から「学校教育の自己完結的な考え方から脱却し，人間の評価が形式的な学歴に偏っている状況を改め，どこで学んでも，いつ学んでも，その成果が適切に評価され，多元的に人間が評価される」ように社会の仕組みを改善していくことを提言している。ま

▷11　不登校
文部科学省は，何らかの心理的，情緒的，身体的あるいは社会的要因・背景により登校しない，あるいはしたくてもできない状況にあるため年間30日以上欠席した者のうち，病気や経済的な理由による者を除いたものを不登校児童生徒と定義している。

▷12　ひきこもり
厚生労働省は，自宅にひきこもって学校や会社に行かず，家族以外との親密な対人関係がない状態が6か月以上続いており，統合失調症やうつ病などの精神障害が第一の原因とは考えにくいもの，と定義している。

序　章　社会教育・生涯学習と学校

た，都市化が進展する状況のなかで，家庭や地域社会の教育力の低下が顕著となっている事態に対して，子どもの立場から「家庭・学校・地域社会の役割と限界を明確にし，それぞれの教育機能を活性化するとともに相互の連携を図ることが需要である」と指摘している（臨時教育審議会，1987，18ページ）。

　臨教審が，自己完結的な学校教育をあらため，「開かれた学校」を提唱したのは，画一的・硬直的・閉鎖的な体質による各種の教育病理や学校に対する信頼低下という問題を解決するためであった。「開かれた学校」は，(1)保護者や地域住民の意見や意向を学校運営にとりいれること，(2)地域社会の共同財産として学校を開放すること，(3)地域の教育機関相互がネットワークを構築し，相互に活用すること，地域教材を採り入れ，地域住民に教育活動に参加してもらうことなどが具体的な柱であった（鈴木・佐々木編著，2003，166ページ）。

　臨教審最終答申から8年が経過した1995年に，わが国の経営者の団体である経済同友会から「合校」構想が提唱された。この構想は，肥大化した学校機能のスリム化論であった。学校は「基礎基本教室」とされ，その周辺に「自由教室」と「体験教室」が配置される。これらのネットワークとして社会の教育機能を再編しようとする構想であった。同じ頃，1996（平成8）年に出された中教審答申「21世紀を展望した我が国の教育の在り方について」においても「子供の育成は学校・家庭・地域社会との連携・協力なしにはなしえないとすれば，これからの学校が，社会に対して『開かれた学校』となり，家庭や地域社会に対して積極的に働きかけを行い，家庭や地域社会とともに子供たちを育てていくという視点に立った学校運営を心がけることは極めて重要なことと言わなければならない」（中央教育審議会，1996，61ページ）と，「開かれた学校」に言及した。

　答申が現実に立ち現れている学校教育にかかわる症状として問題にしたのは，臨教審答申でも言及されていた過度の受験競争，いじめ，登校拒否である。こうした問題への処方箋として中教審が提唱したのが「生きる力」の育成と「ゆとり教育」である。また，家庭，地域社会との役割分担を見直し，部活動指導を地域にゆだねるなどして学校が本来の役割を果たすため「学校のスリム化」が提言された。答申は，1992（平成4）年9月から月1回で始まった学校週5日制の「完全学校週五日制の実施」を提言した。1996年の中教審答申は，学校をスリム化し，家庭，地域の教育力の向上をはかり，三者の連携によって子どもの教育を進めていこうとするものであった。

▷13　完全学校週五日制
2002（平成14）年4月1日から完全実施された。しかし，「脱ゆとり」の風潮のもとで学校週6日制が広がりつつある。

③　「学社融合」から地域との連携論へ

　1996年の生涯学習審議会答申「地域における生涯学習機会の充実方策について」でも，三者の連携・協力を図るためには，「学校を社会に積極的に開い

て，学校が抱えている問題，置かれている状況などを地域社会の人々に理解してもらい，地域社会が持つ多様な教育力を生かす」とともに学校が地域社会の一員として積極的に地域社会に貢献していくことを生涯学習時代の学校の教育機能として提唱している。

　この答申では「学社融合」が提唱された。学社融合とは，「学校教育と社会教育がそれぞれの役割分担を前提とした上で，そこから一歩進んで，学習の場や活動など両者の要素を部分的に重ね合わせながら，一体となって子どもたちの教育に取り組んでいこうとする考え方であり，従来の『学社連携』の最も進んだ形態」（文部省編，1996，121ページ）として理解されていた。「学社融合」の事例として，例えば，社会教育施設である「青年の家」や「少年自然の家」[14]を利用した宿泊研修などが考えられる。従来，宿泊型青少年施設での活動内容は学校側が決め，施設を貸し館として利用するという形態が多かった。「学社融合」の観点に立てば，施設に配置されている社会教育専門職員や自然体験活動に適した用具など施設の人的・物的機能を活用し，学校側の意図する教育目的をより効果的に達成するためには，活動計画の作成から実施段階における具体的な指導に至るまで学校，施設側双方の関係者の密接な連携・協力関係を形成する必要が指摘された。

　また，同答申は学校に対する地域社会の支援の拡充のためには，学校が情報を発信し地域の人々に協力を求めることが必要であり，そうした役割を担う組織としてPTA[15]活動の活性化が不可欠であると指摘している。しかし，本来，保護者（Parent）会員と教員（Teacher）会員を構成メンバーとする社会教育団体（Association）として結成されたにもかかわらず，学校の下働き的団体となっているPTA活動に対する批判の広がり，PTA役員の担い手不足などからPTAを廃止する動きも見られる。こうした状況のなかで，保護者のみならず地域住民が参画する学校と地域を結ぶ「仕組み」の構築が求められるようになったのである。学校と地域の連携・協働が教育改革の課題として提唱され，2011（平成23）年から実施された学校支援地域本部事業は，連携・協働の具体的な取り組みであった。文部科学省は学校支援地域本部について，「地域による学校の応援団」と位置づけている（『社会教育』2008年5月号，128ページ）ように，この事業は学校教育支援という傾向を色濃くもっていた。学校と地域の連携・協働を目指す改革路線は今日まで続いているが，学校と地域が対等な関係で協働するというところに，それまでにはない今日的特徴がある。次節ではこの取り組みを見てみることにしよう。

▷14　国立施設については，2006（平成18）年に，国立少年自然の家（全国14か所），国立青年の家（全国13か所）と国立オリンピック記念青少年センターが統合して，国立青少年教育振興機構が設置され，「青少年自然の家」と「青少年交流家」とに名称を変更している。

▷15　PTA
1897年にワシントンで設立された全国母親協議会に起源をもつとされている。日本には戦後アメリカ占領軍の強力な指導によって導入され，「父母と先生の会」という名称が用いられていた。社会教育関係団体である。

序　章　社会教育・生涯学習と学校

4　地域と連携・協働する学校

1　地域とともにある学校

　2015（平成27）年12月の中教審答申「新しい時代の教育や地方創生の実現に向けた学校と地域の連携・協働の在り方と今後の推進方策について」を貫く理念は，「未来を創り出す子供たちの成長のために，学校のみならず，地域住民や保護者等も含め，国民一人一人が教育の当事者となり，社会総掛かりでの教育の実現を図るということであり，そのことを通じ，新たな地域社会を創り出し，生涯学習社会の実現を果たしていく」（はじめに）ことである。答申では，今後の学校教育の改革として，社会の変化に開かれ，教育が普遍的に目指す根幹を堅持しつつ，社会の変化を柔軟に受け止めていく「社会に開かれた教育課程」に取り組むことが期待されている。教育課程の実施にあたって，「地域の人的・物的資源を活用したり，放課後や土曜日等を活用した社会教育との連携を図ったりし，学校教育を学校内に閉じず」（中央教育審議会，2015，5ページ）社会と共有・連携することが求められている。「社会に開かれた教育課程」を実施するにあっては，これまで以上に地域との連携・協力関係を築くことが必要となってくる。学校と地域との連携構築にあたっては，「学校と地域は，お互いの役割を認識しつつ，共有した目標に向かって，対等な立場の下で共に活動する協働関係を築くことが重要」（中央教育審議会，2015，9ページ）であると指摘している。これからの公立学校は，「開かれた学校」からさらに一歩踏み出し，地域でどのような子どもたちを育てるのか，何を実現していくのかという目標やビジョンを地域住民などと共有し，地域と一体となって子どもたちを育む「地域とともにある学校」（中央教育審議会，2015，10ページ）へ転換することを提言している。これまでややもすると一方的に，地域が学校・子どもたちを応援・支援するという取り組みとなっていたが，「地域とともにある学校」とは，子どもの育ちを軸として，学校と地域がパートナーとして対等な関係で連携・協働し，お互いに膝を突き合わせて，意見を出し合い，学び合うなかで，地域も成熟化していく関係を築いていくことである。

2　地域学校協働活動

　「社会に開かれた教育課程」に取り組み，「地域とともにある学校」を実現していくためには，学校と連携・協働する地域側の教育力の向上が求められるのであり，これまでの単なる「学校支援」を超えた体制整備が必要となってくる。答申は，そのためには，「社会教育の実施体制を強化しつつ，それぞれの

地域の状況に合ったコーディネート機能を構築するとともに，学校のパートナーとしての機能・実態を持った地域社会を維持することが必要である」（中央教育審議会，2015，44ページ）と指摘している。社会教育の実施体制として答申は次のような機能をもつ「地域学校協働本部」という体制づくりを提言している（中央教育審議会，2015，50～51ページ）。

> 「支援」から「連携・協働」，個別の活動から総合化・ネットワーク化を目指し，地域と学校が連携・協働して，地域全体で未来を担う子供たちの成長を支えていくそれぞれの活動を合わせて「地域学校協働活動」と総称し，その活動を推進する体制を，今後，地域が学校と協働する枠組みとして，「地域学校協働本部」に発展させていくこと

「地域学校協働本部」の特徴は，「社会教育のフィールドにおいて，地域の人々や団体により『緩やかなネットワーク』を形成した，任意性の高い体制」（中央教育審議会，2015，51ページ）としてイメージされている。答申も述べているように，協働体制を構築するにあたり，最初の段階から学校に対して地域づくりへの過度な関与を求めることは，学校現場に過度な負担を増大させることにもなるので，「地域と学校が，子供の教育に関わることを通じ，相互の信頼関係が醸成されていく中で徐々に形成されていくものである」（中央教育審議会，2015，53ページ）ことに留意する必要がある。地域の実情にあわせた多様な取り組み方があるということである。地域学校協働活動は，子どもの教育という共通の旗印の下に，地域住民がつながり，地域と学校が協働することで，従来の地縁団体だけではない新しい人と人のつながりも生まれることが期待されている（中央教育審議会，2015，44～45ページ）。また，地域住民の協力を得ることが教師にとっても，授業や生徒指導などにより力を注ぐことができるというメリットがあることが認識されている（図序-2参照）。

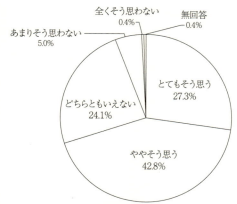

図序-2　地域住民が学校を支援することにより，教員が授業や生徒指導などにより力を注ぐことができた
出所：「平成27年度地域学校協働活動の実施状況アンケート調査」。文部科学省生涯学習政策局（2017）。

序　章　社会教育・生涯学習と学校

5　社会教育・生涯学習に求められる課題

1　生涯学習政策下の学校と地域の関係

　1980年代後半以降の生涯学習政策のもとで進められた学校と地域の連携の取り組みは，「開かれた学校」から「地域とともにある学校」へと展開してきた。地域に存在する多様なキャリアをもつ人々をゲストティーチャーとして招聘し学校内で行う連携・協働事業のみならず，学校教育活動の一環として地域に出向き，地域の芸能・文化，伝統技能，産業にかかわる団体・機関と連携・協働して児童生徒に体験的学びや地域発見の学びなど，学校内では行うことができない多様な学習が展開されるようになった。学校と地域の連携・協働のこのような近年の取り組みをみると，市川昭午がおよそ40年ほど前に生涯教育体制下での学校教育の将来像として学校の内在的機能の変容として予測したことが（本章第2節を参照），部分的に具現化されているように思われる。市川が，1970年代後半に学校の将来像として予測したのは，青少年に生活力や行動力を身につけさせ成人社会のメンバーとして育成していく社会化（socialization）の機能であったが，学校と地域の連携・協働で取り組まれている事業には，市川がいう社会化機能の取り組みとして捉えることができる。また，学校支援地域本部や地域学校協働本部の取り組みには，市川が指摘した学校の副次的機能である「看護機能」，つまり「学校は青少年保護センターとして」の機能に重なる取り組みが見られるのである。

2　連携・協働を支える住民の学習支援

　学校がこのような機能を発揮するには，教師とともに学校を支える地域住民が学校の仕組みや学校教育の課題を理解し支援できる力量を形成する必要がある。地域における子育て，学校のあり方，地域づくりにかかわる学習を通じて地域住民自身がエンパワーメントする必要があるし，教師もまた地域住民のパートナーとしてともに学びあう関係を構築していく必要がある。

　今日，学校を拠点とした地域づくりが提唱されており，学校が地域住民の活動の「場」となることが期待されている。わが国の教育改革は，人々にとって暮らしやすい地域社会をつくっていくという方向が明確になっている。地域住民が地域づくりにかかわっていくためには，地域住民自身が地域の課題を認識し，解決を目指して学びあうことが必要なのである。地域住民が「いつでもどこでも」学ぶことができる地域づくりのためには，地域の社会教育施設と社会教育専門職員の支援が必要なのである。地域住民の「学び」を支援する社会教

育・生涯学習の充実が求められている。

Exercise

① 生涯学習，生涯教育，社会教育，学校教育の相互関係を整理してみよう。
② 生涯学習政策のもとで，学校教育への役割期待がどのように変わってきたのかを調べてみよう。
③ 「地域とともにある学校」づくりにおいて，地域社会がどのような取り組みを行っているのか，調べてみよう。

📖次への一冊

手打明敏・上田孝典『〈つながり〉の社会教育・生涯学習』東洋館出版社，2017年。
　　今日の地球的規模での課題として，環境保全，生態系維持とともに戦争，貧困，差別などを克服し持続可能な社会の取り組みが求められている。本書は持続可能な社会にかかわる社会教育・生涯学習の課題を，〈つながり〉をテーマとして多面的に論じている。社会教育・生涯学習の現代的課題を理解するうえで参考となる。

佐藤一子『地域文化が若者を育てる——民俗・芸能・食文化のまちづくり』（シリーズ田園回帰7）農山漁村文化協会，2016年。
　　地域社会に伝わる祭りや芸能など地域文化を次世代に継承する人々の営みのなかに豊かな人間形成作用があることを明らかにしている本書は，社会教育と連携することによる学校教育の可能性を考えるうえで参考となる。

鈴木眞理・佐々木英和編著『社会教育と学校』（シリーズ生涯学習社会における社会教育第2巻），学文社，2003年。
　　社会教育・生涯学習研究者による学校教育の課題解決にかかわる社会教育からのアプローチとして学社連携・学社融合が論じられている。1990年代の社会教育と学校の関係を理解する参考となる。

引用・参考文献

市川昭午『生涯教育の理論と構造』教育開発研究所，1981年。
木村元『学校の戦後史』岩波新書，2015年。
国立教育研究所内フォール報告書検討委員会訳『未来の学習』第一法規，1975年。
社会教育・生涯学習辞典編集委員会編『社会教育・生涯学習辞典』朝倉書店，2012年。
社会教育審議会「急激な社会構造の変化に対処する社会教育のあり方について（答申）」1971年。
社会教育審議会建議「在学青少年に対する社会教育の在り方について」1974年。
生涯学習審議会「地域における生涯学習機会の充実方策について（答申）」1996年。
鈴木眞理・佐々木英和編著『社会教育と学校』（シリーズ生涯学習社会における社会教

育第 2 巻）学文社，2003年。

全日本社会教育連合会「社会教育」2008年 5 月号。

中央教育審議会「新しい時代の教育や地方創生の実現に向けた学校と地域の連携・協働
の在り方と今後の推進方策について（答申）」2015年。

中央教育審議会「21世紀を展望した我が国の教育の在り方について　第15期中央教育審
議会第一次答申」文部省編『文部時報』 8 月臨時増刊号（第1437号），1996年。

中央教育審議会「今後における学校教育の総合的な拡充整備のための基本的施策につい
て（答申）」1971年。

日本ユネスコ国内委員会『社会教育の新しい方向──ユネスコの国際会議を中心とし
て』1967年。

文部科学省初等中等教育局「平成28年度教員勤務実態調査（速報値）」2017年 4 月。

文部科学省生涯学習政策局「社会教育法の改正及び地域学校協働活動の推進に向けたガ
イドラインについて（地域学校協働活動の推進に関する社会教育法の改正及びガイド
ライン説明会）」2017年。http://manabi-mirai.mext.go.jp/assets/files/201704gaidorain/
siryou02.pdf（2018年10月 4 日閲覧）

文部省編「平成 8 年度　我が国の文教施策」1996年。

臨時教育審議会「教育改革に関する第四次答申（最終答申）」文部省編『文部時報』臨
時増刊号（第1327号），1987年。

第 I 部

社会教育・生涯学習の基礎

第1章
社会教育・生涯学習の思想と歴史

〈この章のポイント〉

　学校教育も社会教育も「近代」という時代のなかで成立し，その時々の社会的背景のなかで実践を通じて鍛え上げられて，今日に至っている。本章では，その歴史の流れを概観し，その背景にある思想を読み解くことで，現代における社会教育・生涯学習の今日的意義とこれからの役割について考え，「社会教育とは何か」という問いに対して，歴史的な経緯を踏まえながら社会教育や生涯学習の思想が豊かに展開してきたことを学ぶ。

1　社会教育の成立とその思想

［1］　社会教育のイメージ

　「社会教育とは何か」という問いについて，簡単に答えることは難しい。おそらく「学校以外の教育」というのが一般的なイメージであろう。社会教育法にも，「学校の教育課程として行われる教育活動を除き，主として青少年及び成人に対して行われる組織的な教育活動（体育及びレクリエーションの活動を含む。）をいう」（第2条）と定義されている。それでは「学校の教育課程として行われる教育活動を除き」，それ以外の（組織的な）教育はすべて「社会教育」だと考えてもよいだろうか。人類の誕生以来，連綿と続けられてきた次世代への知の継承の営為は，すべて社会教育だったと言えるのだろうか。

　宮原（1950）は，「もし社会教育という言葉を，ただたんに学校という特別な教育機関によらない教育活動という意味にもちいるならば，教育の原形態は社会教育である」が，「教育の原形態としての社会教育と，今日われわれの周囲にみられる，いわゆる社会教育とは異なる概念として区別されなければならない」と指摘している。そして，「後者は近代的学校制度の成立の後において，この学校制度にたいするものとして発生し，発達したものである」（傍点は引用者）として，「原形態としての社会教育」と近代以降の「社会教育」を区別している。重要なことは，「学校制度にたいするもの」としての捉え方であり，学校との対比において捉える理解である。換言すれば，近代以降に学校制度が成立・普及したことにより，「学校ではない教育」としての「社会教育」

第Ⅰ部　社会教育・生涯学習の基礎

が現れてきたと言える。

２　社会教育の成立とその思想

　「学校制度にたいするもの」としての社会教育が成立してきた社会背景やその教育目的はどのようなものだったのだろうか。

　「社会教育」という語が冠された初めての書籍は，1892年の山名次郎『社会教育論』だとされている。この書において山名は，明治維新以来の近代化政策のなかで「日本社会風紀の紊乱」を憂いながら，社会教育の役割として主に２点について記している。第一に，「児童は学校に於て教師の薫陶を受け耳に善人の事を聞き目に有益の事を見心に羞悪の念を生じ」るが，「学校家庭に於て受けし所の薫陶教育は一たび社会の暴風に吹き晒らさるゝ時は懇篤なる教育を受けし甲斐もなく其善質美風空しく破壊せらるゝの恐なきにあらず」と言う。そのために，「大いに社会の風俗を一洗し勉めて教育と背馳する所なからしめ」るように「社会自身に教育を修めしめ」る社会教育の必要を説く。第二に，「農工商の如き一般人民は無学にして更らに教育を受けしこと無かりし」と，学校教育を経験していない成人に対して「社会の組織をして学校に昇らずして教育の徳澤に浴せしむるの道を講ずる」ことが社会教育の役割だとした。つまり学校外における「社会風紀」の乱れに対して社会そのものを「薫陶教化」して改良すること，さらに放課後の子どもたちも含め，学校経験をもたない未就学，不就学の一般人に対しても「国家教育の方針を社会自ら実行して国家教育の及ばざるところを補翼する」こととして，社会教育を構想していたのであった。もちろん1890年に頒布された教育勅語の徳目を念頭に，「国家教育」の観点からの発想であることがわかる。

３　社会教育行政の確立

　1919年文部省普通学務局に第四課が設置されたことにより，社会教育行政がはじまる。その後，1921年には通俗教育から社会教育へ官制上の名称が変更され，1924年に第四課から社会教育課へ，1929年には社会教育局が創設された。社会教育局の管掌事項を見ると，業務内容は(1)青少年団体，(2)青年訓練所，(3)実業補習学校，(4)図書館，(5)博物館其の他観覧施設，(6)成人教育，(7)社会教化団体，(8)図書の認定・推薦，(9)其の他の社会教育関係，の９事務に分かれている。(1)や(7)は主に団体など組織に対する統制と「思想善導」を担い，(2)(3)は，上級の学校へ進学しない青年を対象にした職業訓練施設であり，正規の学校教育に代替する教育施設としての性格と青少年を教育機関に再収容し，健全育成を図る目的があった。また図書館や博物館など，文化教養の普及を目的とした施設や普通選挙の実施などを背景に成人教育が重視されたほか，図書の選定な

▷１　山名次郎（1864〜1957）は，慶應義塾において福沢諭吉の教えを受け，時事新報社の記者や実業界において活躍する。1890〜91年にかけて北海道教育課長心得兼北海道尋常師範学校長に着任するが，本書はこの間に執筆したとされている。

▷２　教育勅語
1890年10月30日に発布された「教育ニ関スル勅語」で，全国の学校に頒布され，奉読と訓話が行われるようになった。内容は，天皇の臣民としての徳目が315文字で示されている。

▷３　社会教育の前史として，1886年文部省学務局第三課に「通俗教育ニ係ル事」が分掌に規定され，通俗教育の名称で一般民衆への啓蒙や学校普及のための就学督励などが行われていた。

ど文化の醸成を担う役割もあったことがわかる。

1925年に国会に提出された「社会教育局設置に関する建議」には，「国民教化」と「民衆思想の善導」が目的とされている。こうした大正期における社会教育行政の拡充は，義務教育の定着や大正デモクラシーを背景とした時代のなかで，健全な民衆娯楽の提供や生活改善などにより生活の質を向上し，教養を高める施策として進められた側面があった。しかし，日中戦争から太平洋戦争へと戦争の拡大が進むなかで，日本の教育は内務行政と歩調を合わせて総力戦体制を下支えする翼賛的な思想統制や治安維持対策の役割へと変質していくことになった。

2　公民館の誕生と社会教育法の理念

［1］　社会教育法に見る立法精神

1947年に教育基本法[4]が成立した。前文には，「個人の尊厳を重んじ，真理と平和を希求する人間の育成を期するとともに，普遍的にしてしかも個性ゆたかな文化の創造をめざす教育を普及徹底しなければならない」とある。この理念に基づいて1949年に社会教育法が制定された。社会教育法の起草に深くかかわり，戦後の初代社会教育課長となる寺中作雄は，その著書のなかで「まさに民主主義の基盤の上に，平和国家，文化国家として立つこと，それを除いては日本の起ち上がるべき方途はない筈だ」と記している。

戦後日本の教育，そして社会教育は民主国家，平和国家の実現を目指して再出発をした。とりわけ社会教育は，国民教化と思想善導を通じて文化や思想を統制し，青年団や婦人会など地域団体を通じて組織網羅的に戦争へ加担し，民衆を動員していった反省のうえに構想された。このことは，社会教育法の三つの特徴に表れている。まず第一に，法で定められている主体は国民ではなく「国及び地方公共団体」である。寺中（1949）は，「常に国，地方公共団体というような権力的な組織との関係において，その責任と負担とを明らかにすることによって，社会教育の自由の分野を保障しようとするのが社会教育法制化のねらい」（傍点は引用者）だと述べている。第二に，「国及び地方公共団体」は社会教育の実施にあたって「いかなる方法によつても，不当に統制的支配を及ぼし，又はその事業に干渉を加えてはならない」（第12条）ことが規定されている。社会教育専門職である社会教育主事も，社会教育を行う者に対して「命令及び監督をしてはならない」（第9条の3）とある。公権力による支配・干渉を徹底して排除しながら，学問の自由（日本国憲法第23条）あるいは「社会教育の自由」を保障しようとする立法精神が表現されている。第三に，「国及び地方

▷4　ここでは旧教育基本法をさす。現行は2006年12月に全部改正されたものである。

公共団体」が果たすべき責務は、社会教育を奨励するための「環境を醸成する」（第3条）ことであり、指導や助言、援助など「求め」（第9条の3、第11条など）に応じて提供できるとされている。つまり社会教育法の精神は、公教育として人々が学習するための条件整備を図りつつ、「求め」に応じた助長行政を根幹として、公権力の介入を抑制することで「社会教育の自由」を保障しようとするところにあると言える。

2 公民館の設置と役割

ここで、あらためて社会教育を学校教育との対比において考えてみよう。まず学校教育の対象であるが、学校に通っている人々である。とくに日本においては、そのほとんどが就職するまでの20代以下の世代と考えてよいだろう[5]。しかし社会教育の対象は、「主として青少年及び成人」であるものの就学前の幼児から高齢者に至るまで、まさに生涯学習の言葉が示すとおりすべての人が対象となる。領域についてはどうだろうか。学校には校舎があり、教室があり、そこにグラウンドや体育館などの施設・設備が整っている。しかし社会教育は、公民館や図書館などの社会教育施設もあるが、日々の暮らしのなかのあらゆる場面が学びの場となりうる。仕組みについてはどうだろうか。学校には、教科書やカリキュラムがあり、成績評価があり、教える者と教えられる者（教師と児童生徒）という関係性のなかで教育活動が展開されている。しかし社会教育は、教科書もカリキュラムも教師も、もちろんテストもない。何ら決まった形式はなく、学習者が自らの必要に応じて自由に選びとっていく。つまり、学校は法律によって「いつ、どこで、誰が、何を、どのように」学ぶのかが基本的には規定されている定型教育（formal education）であるが、社会教育は「いつでも、どこでも、誰でも、何でも、自由に」学習することが原則である不定型教育（non-formal education）あるいは非定型教育（informal education）なのである。

とはいえ、人々の学習意欲を喚起し、援助し、励ますこと、つまり「環境醸成」と「助長行政」が公教育としての社会教育行政の役割である。いわば公民館や図書館、博物館、体育施設など地域の教育施設は、誰もが自主的に利用できる教育の場として整備されているのである。なかでも全国に約1万4000館（文部科学省平成27年度社会教育統計）を有する公民館は、憲法も教育基本法も未だ公布されていない終戦間もない1946年7月5日、文部次官から各地方長官に宛てた「公民館の設置運営について」という通牒にはじまる。このなかで「公民館は全国の各町村に設置せられ、此処に常時に町村民が打ち集って談論し読書し、生活上産業上の指導を受けお互いの交友を深める場所」であり、「町村民が相集って教え合い導き合い互の教養文化を高める為の民主的な社会教育機

▷5 文部科学省の学校基本調査（平成29年度）によると、学部レベルにおける入学生のうち25歳以上の割合は0.6％にすぎず、大学院（修士課程、博士課程、専門職学位課程）における社会人学生（科目等履修生、聴講生、研究生を含む）の割合もわずか23.8％である。

関」であるとされている。小林が，戦後初期の公民館構想について「社会教育，社交娯楽，町村自治振興，産業振興，青年養成の諸機能を兼ね備えた郷土振興（村づくり，町づくり）の中核的機関，総合的文化施設」（横山・小林，1986）としてイメージされていたと指摘しているように，公民館の始まりにおいては生産復興，生計向上のための実業的な内容や生活扶助，医療，保健衛生，託児などの福祉的な内容，そして文化教養，生活知識などの教育的な内容と多彩な活動が展開されていた。しかしその後，社会教育法の第20条において公民館の目的が規定されたことで，「総合的」な性格が「教育，学術及び文化」に方向づけられ，教育施設としての性格が強調されていく。

③ 社会教育実践の展開と蓄積

　社会教育法で規定された公民館は，図1−1に見られるように「一定区域内の住民」を対象に地域配置を原則としながら，「実際生活に即する」内容について学び合い，人間形成と社会形成を図ることを目的にして，全国各地に設置されていった。

　そして公民館を主な学習拠点の一つにしながら，社会教育の実践は広がりを見せていった。例えば，「集団（共同体）が必ず話し合いや実践を通して，みんなの力で自主的に学習を推し進める形」である共同学習や話し合い学習，サークル活動などが展開され，生活綴り方などの方法論を取り入れながら生活記録運動が取り組まれた。また原水爆禁止協議会の拠点となり学習活動を展開した杉並公民館，農民の学習運動であった長野県信濃生産大学，沼津・三島石油コンビナート反対運動における学習活動，公民館保育室を設置し託児つき講座を実施した国立公民館など，1950年代から70年代にかけての戦後復興，高度経済成長期においては，その時々の社会や生活に即した学習活動が豊かに繰り広げられていった。

　こうした実践の蓄積を踏まえ，公民館や公民館職員のあり方についての提言が出されている。例えば，文部省社会教育局が作成した「進展する社会と公民館の運営」（1963年），大阪府枚方市の社会教育委員兼公民館運営審議会委員によってまとめられた「社会教育をすべての市民に」（1963年），長野県の飯田・下伊那主事会の「公民館主事の性格と役割」（1965年），全国公民館連合会の「公民館のあるべき姿と今日的指標」（1968年），東京三多摩地域の公民館職員による「新しい公民館像をめざして」（1974年）などが有名である。

　例えば「社会教育をすべての市民に」では，社会教育とは何かを六つの柱で説明しながら「市民と民主主義を守り育て，生活を高める大衆運動の原動力」だと捉えている。

　そして，社会教育が依拠する人間存在に根ざした学習要求について「幸福に

▷6　社会教育法第20条
「公民館は，市町村その他一定区域内の住民のために，実際生活に即する教育，学術及び文化に関する各種の事業を行い，もつて住民の教養の向上，健康の増進，情操の純化を図り，生活文化の振興，社会福祉の増進に寄与する」

▷7　1954年に日本青年団協議会は『共同学習の手引き』を刊行し，アメリカのグループワーク論や生活綴り方などの影響も受けながら，仲間集団での学びの方法を理論化していった。

▷8　1954年にアメリカの水爆実験で日本の漁船「第五福竜丸」が被ばくしたことを契機に，水爆禁止の署名運動が全国で展開された。杉並公民館の学習サークル「杉の子会」は，その中心的役割を果たした。

▷9　長野県下の農村青年を中心に，農業・農村の専門研究者を交えて系統的に学びあう場として，東京大学教授の宮原誠一の指導によって組織された民衆大学。

▷10　静岡県の沼津市，三島市，清水町で1963年から展開された石油化学コンビナート建設計画への反対運動のなかで，地域住民らによって公害の被害や環境への影響などの調査が行われ，それらを教材に公民館などで学習会が広範に開催された。

▷11　国立公民館を先駆に1960年代後半に設置され始めた公民館保育室は，母親の学習権保障だけでなく，ジェンダーの視点の獲得や子育てを母親だけが担う性別役割分業などへの批判的実践としての意義をもつ。

▷12　(1)社会教育の主体は市民である。(2)社会教育は国民の権利である。(3)社会

第Ⅰ部　社会教育・生涯学習の基礎

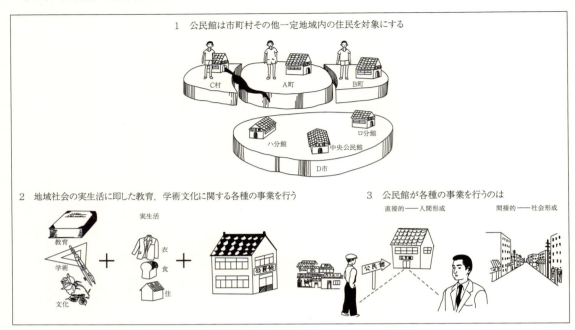

図1-1　公民館の目的（社会教育法第20条）
出所：小和田編著（1954, 13ページ）。

教育の本質は憲法学習である。(4)社会教育は住民自治の力となるものである。(5)社会教育は大衆運動の教育的側面である。(6)社会教育は民主主義を育て，培い，守るものである。

▷13 「四つの役割」とは，住民にとっての公民館を(1)自由なたまり場，(2)集団活動の拠点，(3)『私の大学』，(4)文化創造のひろば，と位置づけ，公民館が実現すべき「七つの原則」を，(1)自由と均等の原則，(2)無料の原則，(3)学習文化機関としての独自性の原則，(4)職員必置の原則，(5)地域配置の原則，(6)豊かな施設整備の原則，(7)住民参加の原則，として示した。

なりたい」という個々人の幸福追求権からこう述べられている。「この願いは先ず，明るく豊かな生活をという生活要求として表われ，この要求を現実の中で解決しようと考え，これを実現しようとする運動の中で学習えの意欲，教育要求が派生して起こってくるのが必然的なものであります」。民主主義国家とは，国家が国民を育てるのではなく国民が国家を育てていくものである。そのために，一人ひとりが幸福になれる国家を目指す主権者であらねばならない。だからこそ住民自治を基本として，国のあり方を示す日本国憲法について考え，個人だけでなく社会全体が幸福になるための学習が要請されてくるのである。

また「新しい公民館像をめざして」は，都市近郊の大規模宅地開発が進む三多摩地域で「公民館づくり」の住民運動のなかから生み出されてきたと言える。公民館を地域住民に対する社会教育の自由と権利を保障する公教育施設と位置づけ，その本質を「四つの役割」と「七つの原則」にして紡ぎ出している。◁13

このように公民館のあり方をめぐって，各地での実践的な蓄積を踏まえて検討され，社会教育における主体形成，つまり地域住民にとっての学習とは何かが問われ続けてきたことがわかる。

第1章　社会教育・生涯学習の思想と歴史

3　生涯教育の理論と広がり

1　ユネスコにおける生涯教育論

　1965年にパリで開催されたユネスコ（UNESCO：国連教育科学文化機関）の第
3回成人教育推進国際委員会において，成人教育部長であったポール・ラング
ラン（P. Lengrand）によって提唱された「生涯教育（lifelong education）」の思想
は，世界の教育に大きな影響を与えた。1960年代の世界は，米ソの冷戦構造の
なかでコンピュータ（自動演算装置）が発明され，デジタル技術の進歩や宇宙
開発の競争などが引き起こされた。高度経済成長下の日本においても，東京オ
リンピックや大阪万国博覧会を契機としたインフラの整備，家電製品の普及な
どを通じて，人々の暮らしが劇的に変化した時代でもあった。こうした時代背
景のなかでラングランは，生涯にわたって知識を更新し続け変化に適応する必
要性を説き，義務教育に象徴される学校中心の教育だけではなく，「学び続け
る」ための生涯にわたる教育体系の再編を提起したのである。こうした発想
は，経済協力開発機構（OECD）によるリカレント教育[14]やロバート・M・ハッチ
ンス（R. M. Hutchins）の学習社会論（*The Learning Society*）[15]などにも見られる。

▷14　本書の序章側注▷5
を参照。

　しかし同時に，1960年代は先進国と開発途上国における経済格差など南北問
題への関心が高まった時代であり，国際連合に国連貿易開発会議（UNCTAD,
1961年）や国連開発計画（UNDP, 1965年）が設立され，70年代に入ると搾取と

▷15　ハッチンス（1899〜
1977）により1968年に出版
された（新井郁男編『ラー
ニング・ソサエティ』（現
代のエスプリ146）至文
堂，1979年）。

表1-1　国際成人教育会議（CONFINTEA）の開催とその概要

1949年	第1回エルシノア会議（デンマーク） 戦後復興に果たす成人教育の役割について討議。
1960年	第2回モントリオール会議（カナダ） 成人教育における学習者の自発性を確認し，ボランタリー組織や非政府の機関による推進を提起。
1972年	第3回東京会議（日本） 成人教育の労働者の生活，労働の質にかかわる課題提起と社会的弱者，教育的無権利層に対する教育機会の提供について提起。
1985年	第4回パリ会議（フランス） 「学習権宣言」を採択。生涯を通して学ぶ権利，フォーマル教育とノンフォーマル教育の接合について提起。
1997年	第5回ハンブルク会議（ドイツ） 「成人の学習に関するハンブルク宣言」とその行動計画である「未来へのアジェンダ」を採択。
2009年	第6回ベレン会議（ブラジル） 成人教育の世界的動向を定期的に「成人の学習と教育に関するグローバルレポート」（GRALE）としてまとめる「ベレン行動枠組み」を提起。

出所：筆者作成。

第Ⅰ部　社会教育・生涯学習の基礎

貧困の構造的問題を捉えた教育理論が提起されはじめる。ユネスコでは，エットーレ・ジェルピ（E. Gelpi）が生涯教育に内在する抑圧構造を指摘し，「生涯教育は政治的に中立ではない」として「教育の目的，内容，方法への個人の統制」を可能とする「自己決定学習（self-directed learning）」を提起した。またパウロ・フレイレ（P. Freire）は，抑圧から「自らを解放する闘い」として「被抑圧者の教育学」を位置づけ，「意識化」を促す学習により支配−被支配という関係性を相対化し，現状を変革し解放への行動につなげることができるとした。

　こうした一連の議論によって，生涯教育は世界各国が進める教育政策の理論的根拠として支持されていった。1985年の第4回ユネスコ国際成人教育会議で採択された「学習権宣言」[16]には，「学習活動はあらゆる教育活動の中心に位置づけられ，人々を，なりゆきまかせの客体から，自らの歴史をつくる主体にかえていくものである。それは基本的人権の一つであり，その正当性は普遍的である」と表明されている。その後も国際成人教育会議では，学習権の内実を豊かにする議論が展開され，その成果は世界に大きな影響を与えている。

▷16　学習権とは，「読み書きの権利であり，問い続け，深く考える権利であり，想像し，創造する権利であり，自分自身の世界を読み取り，歴史をつづる権利であり，あらゆる教育の手だてを得る権利であり，個人的・集団的力量を発達させる権利である」と宣言されている。

２　日本への生涯教育論の導入

　生涯教育の考え方が日本の教育政策へ体系的に導入される契機は，1981年の中央教育審議会答申「生涯教育について」である。このなかでは「人間の乳幼児期から高齢期に至る生涯のすべての発達段階に即して，人々の各時期における望ましい自己形成」という垂直方向と「家庭のもつ教育機能をはじめ，学校教育，社会教育，企業内教育，さらには民間の行う各種の教育・文化事業等にわたって，社会に幅広く存在する諸教育機能」という水平方向を統合し，「生涯教育の推進の観点から総合的に考察」することが提起された。そして「生涯学習」とは，「各人が自発的意思に基づいて行うことを基本とするものであり，必要に応じ，自己に適した手段・方法は，これを自ら選んで，生涯を通じて行うもの」であり，「この生涯学習のために，自ら学習する意欲と能力を養い，社会の様々な教育機能を相互の関連性を考慮しつつ総合的に整備・充実しようとする」ことが「生涯教育」であると定義づけている。その後，1984年に設置された臨時教育審議会が「生涯学習体系への移行」を打ちだし，「学習意欲の新たな高まりと多様な教育サービス供給体系の登場，科学技術の進展などに伴う新たな学習需要の高まりにこたえ」る必要性が強調され，教育サービスの需要に合わせて供給する方向性が示された。これ以降，社会教育に類する教育として捉えられてきた生涯教育の呼称は，生涯学習として定着していくことになる。[17]

▷17　1988年に文部省社会教育局は生涯学習局に改められ，2001年の中央省庁再編にあたり文部省は文部科学省に，生涯学習局（当時）は筆頭局として位置づけられた。

　こうした「教育」と「学習」の使い分けは，「各人の自発的意思」において

24

「自ら選んで」行う学習が，学習需要に応じた「多様な教育サービス供給体系」によって整備・充実されるという生涯学習政策として方向づけられていく。1965年にユネスコの国際委員会に出席し，最初に「生涯教育」の思想を日本に紹介した波多野完治は，「いちばんさいしょに，これに反応したのは，産業界であったようにおもわれる。そのためか，日本では生涯教育は，主として，具体的には職場内の再教育と混同されてしまった」と述べている（波多野，1972，1〜2ページ）。つまり，産業界においては労働力としての人材養成と資質向上のための教育へと矮小化され，同時に学習ニーズに応える教育産業の市場拡大という意向も強く反映して理解されていったと考えられる。こうした理解は，「生涯学習」を教育法体系の枠外におきながら，学習は個人の自発性に依拠した私事であり，学習ニーズをもつ消費者は対価を払い，それに対して相応の教育サービスを提供するという市場原理の論理である。1990年には文部省と通商産業省（現，文部科学省と経済産業省）による「生涯学習の振興のための施策の推進体制等の整備に関する法律」が制定された。ここには，「住民の生涯学習の振興に資するため，社会教育に係る学習（体育に係るものを含む。）及び文化活動その他の生涯学習に資する諸活動の多様な機会の総合的な提供を民間事業者の能力を活用しつつ行う」（第5条）ための基本構想を策定することが明記されている。もちろん個人のキャリア形成や私的な関心からの趣味や教養，資格の取得や研修など，公共性になじまない学習について受益者負担による学習機会の拡充も必要であろう。しかし他方で，公教育としての社会教育が保障すべき公共的な学びもある。それは「民主的で文化的な国家」をつくり「世界の平和と人類の福祉の向上に貢献する」（教育基本法前文）ような学びである。そして，個人や集団の成長が社会全体の発展につながるものとして，公共的な学びは広く解釈されるべきであろう。

4 社会教育・生涯学習の展望

1 公民館の再評価

　今日，アジアを中心に日本の公民館が注目されている。例えば，日本ユネスコ協会連盟（NFUAJ）が中心となってユネスコを通して取り組んでいる世界寺子屋運動がある。これは1989年に識字キャンペーンとしてはじめられた運動であるが，近年では開発途上国において SDGs（持続可能な開発目標：Sustainable Development Goals）の達成に向けて基礎教育を普及するためのノンフォーマル教育を推進する運動として展開されている。そして拠点となるノンフォーマル教育施設 CLC（Community Learning Centres）は，公民館をモデルにしながら普

第Ⅰ部　社会教育・生涯学習の基礎

▷18　イクイバレンシー
（Equivalency）
一般に同等性教育と訳される。学校とは異なる方法や内容のノンフォーマル教育を，学校教育と同等のものとして保障する制度。

及が進められているのである。およそ24か国に17万か所あるとされており，その主要な活動は，学校教育の補完としての識字やイクイバレンシー[18]，生計向上のための職業・技術研修，住民自治を育む地域振興や生涯学習など，各地の実状に即した柔軟な教育プログラムの提供である。またタイ，インドネシア，バングラデシュなどでは，ノンフォーマル教育に関する法制度が整備されている。戦後日本の公民館が果たしてきた郷土振興，産業振興，社交娯楽といった総合的な教育機能に加え，図書室や調理室，ホールに視聴覚設備など，身近な地域に配置された施設機能なども高く評価されている。

［2］　「参加」が創造する社会と生涯学習

　　1995年はボランティア元年と言われる。阪神・淡路大震災を契機とした援助活動への意識の高まりである。これ以降，多くの自然災害に見舞われている日本では，復旧・復興に災害ボランティアが重要な役割を担い，また被災者の支えとなっている。このボランティアの原動力とは何だろうか。活動を通じた人との交流，語られる感謝の言葉，誰かの役に立つ自己有用感，あるいは自分自身を見つめ直し振り返る機会になる場合もあるだろう。しかしいずれにしても，ボランティアという行為は，そこから有形無形の学びを得ているのであり，自らが生きる社会への主体的な参加の形態である。

▷19　SEALDs（自由と民主主義のための学生緊急行動）
「特定秘密保護法に反対する学生有志の会」（SASPL）の大学生メンバーを中心に結成された学生による政治団体で，安全保障関連法に反対する国会抗議デモなどを組織し，全国に支持を広げた。

　　また同様に，2015年安全保障関連法にかかわって学生団体SEALDs[19]の抗議行動を契機として，大規模に展開された国会前のデモは記憶に新しいだろう。立憲主義を掲げ，戦争に加担する法改正に対する異議申し立ては世論に大きな影響を与えた。多くの人々が，自らに社会正義と公正について問いかけ，学び，自分なりの答えを求めて深く思索を重ねたことだろう。直接デモ行進に参加するだけでなく，社会的課題に対して主体的な学びを通して考えることも参加の重要な契機だと言える。

　　こうした社会への参加こそが，生涯学習の重要なキーワードとなっている。ここでいう「参加」とは，主体性のある個人や集団が自らの意思において発言し，行動し，態度を示すことである。先の表1－1の1997年第5回ユネスコ国際成人教育会議で採択された「成人の学習に関するハンブルク宣言」には，「人間中心の開発と参加型社会だけが，持続可能で公正な発展に導く」のであり，「成人教育は行動的な市民性が生み出したものであり，また社会における完全な参加のための条件でもある」と謳われている。すべての人々に社会への十全な「参加」が保障され，また「参加」するための主体を確立するために，すべての人々に成人教育が保障されなければならないという指摘である。

　　日本においては，「平和で民主的な国家及び社会の形成者」（教育基本法第1条）となるための教育は，学校だけで教えられるものではなく，社会の一員と

第1章 社会教育・生涯学習の思想と歴史

して参加することによって学ぶのである。より普遍的には，持続可能な社会を目指して誰もが社会的に排除されず，生存権が保障され，平和で非暴力な文化が支持され，基本的人権や文化的多様性が尊重され，保健衛生と健康医療が享受でき，安全な生活環境が保持される，こうした世界の理想は，個々人が主体的に「参加」を通じて学ぶことで現実に近づくものとなる。そしてこの「参加」の土台に生涯学習の推進による持続可能な開発のための教育（Education for Sustainable Development：ESD）が位置づいている。[20]

3　現代的課題と向き合う社会教育

　2011年3月に発生した東日本大震災は，津波被害の大きさと福島第一原子力発電所爆発による放射能汚染をともない，今日もなお大きな悲しみと苦しみが続いている。しかし発災後，すぐに全国各地から多くの災害ボランティアが駆けつけ，支援の輪が広がり，被災者に寄り添い，支え，現在においても継続的な復興の取り組みが続けられている。「絆」をスローガンにした連帯と共感の重要性が確かめられ，中山間地に見られた地域のつながりも再認識された。こうしたボランティアだけでなく，1998年制定の特定非営利活動促進法で規定されたNPOやNGO，市民活動など，民間による自主的な草の根の取り組みが，公助と自助の間を埋める共助として広がっている。

　かつて松下圭一（1986）は，「社会教育行政は国民の市民性の未熟の上にのみなりたつ」のであり，「都市型社会の成熟にともなう市民文化活動の台頭」により「オシエ・ソダテル」社会教育行政は終わりを迎えるという「社会教育終焉論」を提起した。しかし果たしてそうだろうか。眼前にある現代社会は，課題に満ちている。少子高齢化，経済・教育・地方間の格差の広がり，子どもの貧困，雇用不安，無縁社会にひきこもり，誰もが見通しのもてない未来に漠然とした不安を抱えている。だからこそ，これまでになく地域住民の主体的で非営利な文化的，福祉的な活動が幅広く展開し，存在感を増している。さらに戦後の社会教育実践が示してきたのは，こうした地域住民とともに課題と向き合い，ともに共有しあいながら学習の俎上にあげ，活動を組織化する社会教育職員の姿であった。「つどう・まなぶ・むすぶ」をスローガンにする公民館では，地域住民の学びの拠点として，まさに持続可能な社会をつくる学習の実践が展開されてきた。社会的に不利益を受けている人々にこそ学習が必要であり，社会変革への参加主体として「意識化」（フレイレ，2011）されなければならない。地域住民による非営利でボランタリーな活動を下支えし，助長し，そしてむすぶ（つなげる）ことこそ社会教育行政が果たすべき役割であろう。

　松下の言う「都市型社会の成熟」とは，未熟さを知るための仮初めの成熟にすぎないのではないだろうか。私たちは常に変化のなかに生きている。時代や

▷20　2005〜14年は「国連ESD（持続可能な開発のための教育）の10年」に採用され，その成果を継承して2015年の国連総会で「持続可能な開発のための2030アジェンダ」が採択された。アジェンダには，「人間，地球及び繁栄のための行動計画」として17の持続可能な開発のための目標（SDGs）と169のターゲットが設定されている。

27

社会の変化によって，私たちの実際生活も次々と新たな課題に直面するだろう。社会教育とは，今を生きるすべての人々の主体形成の営為である。主体形成とは，変化に適応し，国家や社会に従順な形成者となることではなく，「自らの歴史をつくる主体」（学習権宣言）であり，学習を核に持続可能な社会の創造を担う主体である。

　学習権が基本的人権として位置づくためにも，生涯学習が個人の私事として矮小化されることなく，また干渉や介入，動員につながらないように見極めながらも，社会教育が公教育として大いに環境醸成・条件整備が図られ，助長されることが重要である。「社会教育終焉論」を批判的に受け止めながら，現代社会の諸課題と向き合う生涯学習の機会の確保と拡充が求められる。

Exercise

①　寺中作雄が主張した「社会教育の自由」とはどのような意味か，具体的な例に即して考えてみよう。

②　これまで6回開催されたユネスコ国際成人教育会議について，それぞれの会議のなかで行われた議論とその成果について調べてみよう。

③　現代の社会的課題を一つあげ，その課題解決のための参加と学習の方法について考えてみよう。

📖次への一冊

松田武雄『近代日本社会教育の成立』九州大学出版会，2004年。
　　社会教育の思想・概念をめぐって，近代における成立過程をたどりながら政策・行政の変遷と地域における社会教育活動との相互規定関係を踏まえながら再検討したものである。
フレイレ，P., 三砂ちづる訳『被抑圧者の教育学』亜紀書房，2011年。
　　ブラジル・レシフェ市での識字教育実践をもとに，1968年に出版された著書。1979年に出された日本語訳を改訂し，フレイレの批判教育学の核心を読みやすい表現で新訳されたものである。
社会教育推進全国協議会『社会教育・生涯学習ハンドブック（第9版）』エイデル研究所，2017年。
　　社会教育・生涯学習を学ぶうえで，重要となる文献の要点を網羅した資料集である。各資料には解題があり，制度・政策，思想・歴史，実践事例，海外動向など社会教育・生涯学習の全体像がより深く理解できる。

引用・参考文献

小和田武紀編著『公民館図説』岩崎書店，1954年（2008年復刻版）。

国立教育研究所編『日本近代教育百年史7』教育研究振興会，1974年。

ジェルピ，E.，前平泰志訳『生涯教育——抑圧と解放の弁証法』東京創元社，1983年。

社会教育推進全国協議会編『社会教育・生涯学習ハンドブック（第9版）』エイデル研究所，2017年。

全日本社会教育連合会編『社会教育論者の群像』1983年。

寺中作雄『社会教育法解説・公民館の建設』国土社，1995年（原著『社会教育法解説』社会教育図書，1949年，『公民館の建設——新しい町村の文化施設』公民館協会，1946年）。

日本公民館学会編『公民館コミュニティ施設ハンドブック』エイデル研究所，2006年。

日本青年団協議会『共同学習の手引き』1954年。

波多野完治『生涯教育論』小学館，1972年。

フレイレ，P.，三砂ちづる訳『被抑圧者の教育学』亜紀書房，2011年。

松下圭一『社会教育の終焉』筑摩書房，1986年。

松田武雄『近代日本社会教育の成立』九州大学出版会，2004年。

宮原誠一編『社会教育』光文社，1950年。

山名次郎『社会教育論』金港堂書籍，1892年。

横山宏・小林文人編著『公民館史資料集成』エイデル研究所，1986年。

コラム①

日本「社会教育」の韓国への伝播

　現在，韓国では「社会教育」という言葉はあまり使われていない。1999年「社会教育法」が「生涯教育法」に全部改正されてから，「社会教育」という用語は「生涯教育（韓国語は"平生教育"）」へ代替された。その背景には，生涯学習時代の到来という国際的な流れもあったが，国内的には「社会教育」が日本植民地時代に朝鮮民衆の同化のために導入された，清算すべき植民地的残滓であるという通説があった。

　1990年代までの先行研究では，韓国に社会教育が導入されたのは日本植民地時代であり，その目的は朝鮮民衆に対する思想統制や教化だったと言われてきた。しかし，筆者の研究によれば，社会教育が韓国に初めて紹介され，その重要性が語られたのは，20世紀初頭の韓国の開明派知識人たちによってである。すなわち，帝国主義化する世界列強の脅威から自国を守り，強い近代国家をつくるための手段として学校教育とともに，社会教育の重要性が当時の開明派知識人たちによって主張されていた。根拠となる代表的な史料としては，大韓帝国末期開明派知識人たちが組織した愛国啓蒙団体である各種の「学会」の機関誌と新聞などがあげられる。そのなかで最も早く社会教育が論じられたのが，1906年7月発行の『大韓自強会月報』に掲載された「教育の効果」という演説で，それは同会の日本人顧問である大垣丈夫によるものである。また当時，在日韓国人留学生たちが組織した太極学会の『太極学報』にも，社会教育の必要性を主張するという論文（蔡奎丙「社会教育」1906年8月）が掲載されている。その他多くの「学会」の機関誌や新聞などにも社会教育が言及されている。一方，同時期の政策用語としては，すでに日本による統監政治が始まったこともあって，日本と同じく「通俗教育」が使われており，その主な内容は公立学校への就学を督励するための民衆に対する教化活動であった。

　その後，日本の植民統治が本格化してからは，朝鮮総督府によって朝鮮民衆に対する精神教化や入学難の解決などのための社会教育施策が行われたが，一方では朝鮮民衆によっても自らの教育欲求や生活向上を図る手段として社会教育（例えば，夜学など）が実践されていた。

　社会教育は，日本の近代国民国家の形成にともなって構築された教育制度である学校教育との関係において成立した，もう一つの教育制度であるが，その後韓国，中国，台湾等の東アジア諸国・地域にも伝播されたのである。

　▷1　李正連『韓国社会教育の起源と展開——大韓帝国末期から植民地時代までを中心に』大学教育出版，2008年。

第2章
社会教育・生涯学習の法制と行政

〈この章のポイント〉

　社会教育及び生涯学習に係る法制並びに行政について，憲法，教育基本法，社会教育法，生涯学習振興法，地方教育行政法等の法を扱うとともに，本章では，学生，市民，地域住民，ひいては国民を主な対象として行われる学びの場や機会の提供及び国民の自主的・自発的な学習活動への支援をするために，教育委員会などの行政機関が推進する教育条件整備のあり方，職員養成，事故の救済制度等について学ぶ。

1　日本国憲法と教育基本法

1 　社会教育の法制

　社会教育に係る法制について考えようとする時，国の最高法規として日本国憲法，そして「我が国の未来を切り拓く教育の基本を確立」するため制定された教育基本法を拠り所としながら，この教育基本法に基づいて制定された社会教育法から出発することが大切である。社会教育法は，後に見るように，社会教育の法上の定義，国や地方公共団体の任務や行うべき事務（事業），社会教育主事などの職務や養成，社会教育関係団体，社会教育委員，公民館，社会教育のための学校施設の利用，そして通信教育について規定している法であり，社会教育基本法と言ってもよい法律である。

　社会教育のための機関たる図書館や博物館については，「図書館法」「博物館法」が，文化財に関しては「文化財保護法」，スポーツに関しては「スポーツ基本法」，音楽文化の振興については「音楽文化の振興のための学習環境の整備等に関する法律」，子どもの読書活動の奨励のために「子ども読書活動の推進に関する法律」，人権教育の推進のために「人権教育及び人権啓発の推進に関する法律」などが制定されている。

2 　日本国憲法第26条の国民の教育を受ける権利と社会教育

　日本国憲法第26条は，2項で構成されているが，第1項は「すべて国民は，法律の定めるところにより，その能力に応じて，ひとしく教育を受ける権利を

有する」と規定する。当然ながら，社会教育は「教育」であり，国民が教育として受ける社会教育は，権利としての教育である。しかも，「法律の定めるところにより」という文言は，社会教育に関連する事項は法律で定める，ということであり，本章で扱おうとしている法は，自ずと権利としての社会教育を保障することとかかわるものと言うことができる。

1946（昭和21）年6月21日の憲法改正に係る第90回帝国議会において，当時の吉田茂首相は，軍国主義と極端な国家主義を完全に払拭し，将来においてもその再生を防ぐため，教育の内容や制度の全面的かつ根本的な刷新を図り，教育の尊重，道徳の浸透，被教育者の人格の完成，個性の完全な育成等を重視し，学校教育，家庭教育，社会教育を尊重してこれらの目的の実現に努めていく旨の所信表明演説を行った（山住・堀尾，1976，270～285ページ）。

1946年11月に制定され，翌年5月施行の日本国憲法に対し，1948年12月国際連合の第3回総会で採択された世界人権宣言第26条第1項は，「すべて人は，教育を受ける権利を有する（一部略）」（市川ほか，2017，1249ページ）と規定するが，仮に，第二次世界大戦直後の人権の世界標準が「世界人権宣言」だとすれば，制定年の順から言えば，日本国憲法は，基本的人権としての「教育を受ける権利」の世界標準を先取りしていたと言うことができるのではないだろうか。

なお，憲法第97条は，「この憲法が日本国民に保障する基本的人権は，人類の多年にわたる自由獲得の努力の成果であつて，これらの権利は，過去幾多の試錬に堪へ，現在及び将来の国民に対し，侵すことのできない永久の権利として信託されたものである」とし，この条項の正訳英文憲法で「自由獲得の努力の成果」の「成果」には，「struggle」が用いられている。struggle は，努力という意味のほかに，もがき，あがき，苦闘，戦い，などの意味があり，基本的人権は，人権保障を求める人類の多年にわたる「戦い」の成果として捉えることは大切なことと思われる。

3 教育基本法における生涯学習・社会教育，教育行政

① 教育の目的

わが国の現行教育基本法は，2006（平成18）年12月制定された。前文と18か条からなる教育の基本法である。現行法の第1条（教育の目的）は，「教育は，人格の完成を目指し，平和で民主的な国家及び社会の形成者として必要な資質を備えた心身ともに健康な国民の育成を期して行われなければならない」と規定している。「人格の完成……健康な」までの長い形容動詞が「国民」を修飾している。すなわち教育の目的は，「国家及び社会の形成者として必要な資質を備えた心身ともに健康な国民の育成」とされている。「必要な資質を備えた」という文言も留意しなければならない。この必要な資質とは，基本法の構

成から同法第 2 条の「教育の目標」に掲げられた五つの「態度を養うこと」と連動しているということである。

　これに対し，戦後，教育勅語体制を改め，1947（昭和22）年 3 月に成立し，準憲法的性格を有するものとして捉えられた旧教育基本法の第 1 条（教育の目的）の「教育は，人格の完成をめざし，平和的な国家及び社会の形成者として，真理と正義を愛し，個人の価値をたつとび，勤労と責任を重んじ，自主的精神に充ちた心身ともに健康な国民の育成を期して行われなければならない」との規定と比べてみると，旧法は，形成者として期待される資質に係る規定を設けてはいなかった。文部科学省のホームページ「教育基本法資料室」には，「公定訳ではありません」としながら現行法と旧法の第 1 条の英訳が示されている。それによると「形成者」が，旧法では「builders」となっていたのに対し，現行法の英訳では，「who form」というような表記となってしまっている。筆者は，やはり教育は，builder 育て，言い換えれば，国家社会の「担い手」を育てる営みであるとして捉えたいと思う。両法におけるこの教育の目的の主語の「教育」は，学校教育に限定されたものではなく，当然に社会教育における目的も同法の目的と同じものであると解さなければならない。

② 　生涯学習，家庭教育，学校・家庭・地域住民等との連携

　教育基本法第 3 条は，生涯学習そのものについて規定したものではなく，構築が目指される「生涯学習社会」における生涯学習の理念として「国民一人一人が，自己の人格を磨き，豊かな人生を送ることができるよう，その生涯にわたって，あらゆる機会に，あらゆる場所において学習することができ，その成果を適切に生かすことのできる社会の実現が図られなければならない」とする。生涯学習は，旧法には規定のなかったものであり，見出しのとおり「理念」としての規定である。この条文のなかの「あらゆる機会，あらゆる場所」とは，学校だけではなく，家庭，地域社会，勤労の場所などの「あらゆる」機会，場所で国民の生涯にわたる学習活動が進められなければならないのである。

　2 項からなる第10条の家庭教育も現行法に初めて規定されたもので，第 1 項において，親又は保護者に期待される家庭教育における努力義務を規定し，第 2 項に，家庭教育に係る情報提供や支援に必要な施策の実施を行政に期待する規定を置いている。

　「学校，家庭及び地域住民等の相互の連携協力」を見出しとする第13条の規定も旧法にはなかったものである。本書の第 6 章で詳しく論じられることになるが，学校，家庭，地域住民を含む各種団体，行政，企業，NPO などの地域のさまざまな関係者（ステークホルダー）との連携・協力（ネットワーク）は，学社連携，学社融合などと言われることがある。また，本条は，地方教育行政の組織及び運営に関する法律第 4 章第 4 節，条文で言えば，第47条の 6 「学校運

▷ 1 　旧教育基本法第 2 条（教育の方針）には，「教育の目的は，あらゆる機会に，あらゆる場所において実現されなければならない」という文言を見出すことができる。

▷ 2 　ステークホルダー（stakeholder）
出資者，利害関係者のこと。

第Ⅰ部　社会教育・生涯学習の基礎

営協議会」に係る規定ともかかわっている。この学校運営協議会を置く学校の
ことを「コミュニティ・スクール」とも称し，運営協議会は地域住民，保護者
等で構成される組織である。

③　社会教育

　　第12条は，社会教育に関する規定である。すなわち，第1項は「個人の要望
や社会の要請にこたえ，社会において行われる教育は，国及び地方公共団体に
よって奨励されなければならない」として，現行法における社会教育を「個人の
要望や社会の要請にこたえ，社会において行われる教育」として定義している。

　　ここでいう「個人の要望」とは，個人が，私は，又は私たちは，何々のこと
について学びたい，調べてみたい，取り組んでみたいなどという文字どおり
「個人の要望」に基づいて行われる学習（要求課題に基づく学習ということがある）
活動であり，これに対し「社会の要請」とは，市民又は地域住民が社会生活を
営んでいくうえで，知らないでいたり，関心をもたないでいることができない
ような，いわば学ぶことが必要とされるような社会的課題，例えば環境，人
権，高齢化社会，地域づくりなどについての学習（必要課題に基づく学習又は現
代的な学習課題と言われたことがある）活動，今日的には「SDGs」の取り組みと
言うこともできよう。

▷3　SDGs（Sustainable
Development Goals）
2015年9月，「国連持続可
能な開発サミット」におい
て採択された2030年までの
新たな「持続可能な開発目
標」のこと。目標の4が
「質の高い教育をみんなに」
で，「すべての人に包摂的
かつ公平で質の高い教育を
提供し，生涯学習の機会を
促進する」ことを目指す。
なお，本書の第5章，76
ページを参照。

　　社会のなかで行われる社会教育のために，第2項は，「国及び地方公共団体
は，図書館，博物館，公民館その他の社会教育施設の設置，学校の施設の利用，
学習の機会及び情報の提供その他の適当な方法によって社会教育の振興に努め
なければならない」としている。旧法は，第7条に社会教育規定を置き，第1
項は，「家庭教育及び勤労の場所その他社会において行われる教育は，国及び地
方公共団体によつて奨励されなければならない」，第2項は「国及び地方公共団
体は，図書館，博物館，公民館等の施設の設置，学校の施設の利用その他適当
な方法によつて教育の目的の実現に努めなければならない」との規定であった。

　　現行法と旧法では，社会教育の捉え方，概念規定が異なっている。両法とも
「社会で行われる教育」ではあるが，旧法が，いわば社会教育が行われる家庭
や勤労の場など「場所」を例示していたのに対し，現行法は，「個人の要望や
社会の要請」にこたえ「社会において」行われる「教育」としている。

　　社会における教育活動を概観した時，誤解を恐れずに言えば，学校教育の主
たる対象が青少年だとすれば，社会教育の主たる対象は成人であると言うこと
ができる。それゆえ，「成人教育（adult education）」と言うこともできる。社会
教育は，励まし合い学び合いの自己教育活動と説明されることがあるが，教育
としての営みであるのなら，やはり教育の目的の達成が求められなければなら
ない。なお，その社会教育は，何を目指して行われるべきかについては，旧法
が，「教育の目的の実現」であったことに対し，現行法は，単に「社会教育の

第**2**章　社会教育・生涯学習の法制と行政

振興」にとどめている。筆者は，国家社会の形成者育てとしての「教育の目的」の実現に努めることが重要ではないかと考える。現行教育基本法の第12条には，旧法の規定に見られた「教育の目的の実現」という文言はないが，単に社会教育の振興にとどまることなく，国家社会の担い手（builder）育て，地域社会の主体的な担い手育てとしての教育の目的の実現に向けた社会教育活動が推進されなければならない。

また，社会教育の機会は，誰に対しても開かれていなければならないという点で教育基本法第4条の「教育の機会均等」，また社会教育における政治的教養は第14条の規定のとおり尊重されなければならないし，宗教的教養についても同第15条の規定に基づいて尊重されなければならないことに留意する必要がある。

2　社会教育法と生涯学習振興法

［1］　社会教育法の「環境の醸成」と社会教育行政

社会教育法は，全7章，57か条ならなる法である。第1条で，「この法律は，教育基本法（平成18年法律第120号）の精神に則り，社会教育に関する国及び地方公共団体の任務を明らかにすることを目的とする」としているように，教育基本法に基づいて制定された社会教育推進，振興のための法と言うことができる。その社会教育は，第2条で「……学校の教育課程として行われる教育活動を除き，主として青少年及び成人に対して行われる組織的な教育活動（体育及びレクリエーションの活動を含む。）をいう」と定義している。上述した教育基本法第12条の「社会教育」の定義と本条の「社会教育」の定義との間では，必ずしも整合していないように筆者には思われる。

社会教育法第1条は，2006年制定の現行教育基本法の精神に則って制定されたとしているが，厳密に言えば，社会教育法の基本的な部分は，1947年制定の旧教育基本法に基づいて1949年に制定されたものであると言わなければならない。

この社会教育を推進，振興する国や地方公共団体の任務は，「社会教育の奨励に必要な施設の設置及び運営，集会の開催，資料の作製，頒布その他の方法により，すべての国民があらゆる機会，あらゆる場所を利用して，自ら実際生活に即する文化的教養を高め得るような環境を醸成するように努め」（第3条第1項）ることである。この任務を行うにあたっては，「国民の学習に対する多様な需要を踏まえ，これに適切に対応するために必要な学習の機会の提供及びその奨励を行うことにより，生涯学習の振興に寄与することとなるよう努め」（第2項），さらに第1項の任務を行うにあたっては，「社会教育が学校教育及び家庭教育との密接な関連性を有することにかんがみ，学校教育との連携の確保に努め，及

▷4　現行教育基本法第12条第2項は，「国及び地方公共団体は，……社会教育の振興に努め」とし，社会教育法第3条第2項では，「国及び地方公共団体は，……生涯学習の振興に寄与することとなるよう努め」るものとされている。

35

第Ⅰ部　社会教育・生涯学習の基礎

び家庭教育の向上に資することとなるよう必要な配慮をするとともに，学校，家庭及び地域住民その他の関係者相互間の連携及び協力の促進に資することとなるよう努めるもの」（第3項）とされている。第2項は，2008年に追加され，第3項は，2001年に第2項として追加され，2008年に第3項として改正された。

　　第1項の「環境の醸成」という文言は，社会教育法制定の精神を示すものと言うことができる。国及び地方公共団体は，主体的に社会教育を推進するという立場ではなく，あくまでも「すべての国民」が，あらゆる機会，あらゆる場所を利用して，実際生活に即した文化的な教養を高めることができるような環境を醸成する（機運・雰囲気などを次第に作り出す。かもし出す）こと。すなわち，国民の主体性を尊重し，その学習を奨励・助長するような雰囲気，環境を作ることが任務とされているのである。

　　社会教育法は以下，国の地方公共団体に対する援助（第4条），市町村の教育委員会の事務（第5条），都道府県の教育委員会の事務（第6条），教育委員会と地方公共団体の長との関係（第7，8条），図書館及び博物館（第9条），社会教育主事等（第9条の2〜第9条の7），社会教育関係団体（第10条〜第14条），社会教育委員（第15条〜第18条），公民館（第20条〜第42条），学校施設の利用（第43条〜第48条），通信教育（第49条〜第57条）という構成である。

　　とくに，第5条の市町村教育委員会及び第6条の都道府県教育委員会の任務の規定並びに第7条の教育委員会と地方公共団体の長との関係に係る規定は，第3条の「環境の醸成」に資する条件整備としての側面を有していると捉えることができるのではないかと思われる。

2　社会教育法と「国民の学習の自由」

　　1949年の社会教育法制定時に文部省社会教育局社会教育課長であった寺中作雄は，社会教育を「国民の自己教育であり，相互教育であり，自由と機動性を本質とする」と述べるとともに，社会教育法の法制下の使命の一つは「国民に自由をもたらすために，自由を阻む方面に拘束を加えて，自由なる部分の発展と奨励とを策すること」であり，「社会教育の自由の獲得のために，社会教育法は生まれたということができる」と述べていた。さらに，「法に根拠を置かない社会教育の自由はいつ侵されるか保障し難いのである」とも述べていた（島田編，1978，103〜110ページ）。つまり，社会教育法は，社会教育の自由の分野を保障しようとするのが法制化の狙いであったと言うことができる。この背景には，日本国憲法の制定・施行，教育基本法の公布さらに教育委員会法の制定がある。寺中は，「国家の任務は国民の自由な社会教育活動に対する側面からの援助であり，奨励であり，且奉仕であるべき」とも述べるように「社会教育の自由」の確保は，社会教育法の立法者意思として受け止めることができる。

▷5　法は，第1条，第2条というように，連続した数字の「条名」が付されているが，社会教育法の場合，1951年に第2章「社会教育主事及び社会教育主事補」を，第9条と第10条との間に追加するため，第9条の2〜第9条の6を○条の2，○条の3というように枝番号を用いて追加した。○条の1は用いない。また，第9条の2としても，第9条とかかわらない場合がほとんどである。2017年に第9条の7が追加され，章名は，「社会教育主事等」となった。

しかしながら，旧教育基本法は，現行教育基本法に改「正」され，教育委員を公選制とするとともに教育長を教育職員の免許状を有する者のなかから任命することなどを規定していた教育委員会法は，地方教育行政の組織及び運営に関する法律に改「正」されるなど，当時の状況と大きく変わった。住民の選挙で選ばれる地方公共団体の長が教育に大きく関与する度合いが強まり，寺中の言う「社会教育の自由」の理念は残念ながら換骨奪胎化してきていると言わざるをえない状況にある。

というのも，社会教育法第23条第1項第2号は，公民館が「特定の政党の利害に関する事業を行」ってはならないと規定している。この規定は，もっぱら公民館が自ら主体的に，特定政党の利害，すなわち「特定の政党を支持し，又はこれに反対する」（教育基本法第14条第2項）こととなる事業（政治教育）を行うことを禁じているのであって，良識ある公民に必要な政治的教養形成のための学習機会を提供することや学習情報の提供（同法同条第1項），さらにそうした学習の成果を発表する機会や場の提供までを禁じるものではないことを確認しておかなければならない。

では，住民にとっての学びとは，どうあるべきなのだろう。住民が個人として又は集団で学びたいという内容や選択した方法に対し，行政はどう向き合うべきであろうか。基本的には，それこそ住民の意思に委ねられなければならないのではないだろうか。たとえ，その内容や選択した方法が行政にとって不都合なことであっても「学び」は保障されなければならないだろう。ましてや，一方の側にとって不都合な内容の学習だから，学習場所を提供しない，学習素材や器具を提供しないということがあってはならない。そういう意味において，住民が学びたいと思う内容や方法を選択し自主的，自発的，主体的に行う「学びの自由」は保障されなければならない。

3 生涯学習の振興のための施策の推進体制等の整備に関する法律と生涯学習

生涯学習の振興のための施策の推進体制等の整備に関する法律（「生涯学習振興法」又は「生涯学習振興整備法」などと略すことがある。以下，「生涯学習振興法」）は，「生涯学習」を冠し，1990（平成2）年制定されたわが国最初の生涯学習に関する法律である。制定された多くの法が，比較的最初の条文で当該法の重要な用語を定義づけているのに対し，この生涯学習振興法では，「生涯学習」が必ずしも概念規定されていない。

生涯学習振興法は，「国民が生涯にわたって学習する機会があまねく求められている状況にかんがみ，生涯学習の振興に資するための都道府県の事業に関しその推進体制の整備その他の必要な事項を定め」るとともに，「都道府県生

第Ⅰ部　社会教育・生涯学習の基礎

涯学習審議会の事務について定める等の措置を講ずることにより，生涯学習の振興のための施策の推進体制及び地域における生涯学習に係る機会の整備を図り，もって生涯学習の振興に寄与すること」(第1条)を目的とするもので，国及び地方公共団体は，「学習に関する国民の自発的意思を尊重するよう配慮するとともに，職業能力の開発及び向上，社会福祉等に関し生涯学習に資するための別に講じられる施策と相まって，効果的にこれを行うよう努める」ことが期待される (第2条)。そのために都道府県の教育委員会は，学習や文化活動の機会に関する情報の収集・整理・提供，住民の学習に対する需要や学習成果の評価に関する調査研究，地域の実情に即した学習方法の開発，住民の学習に関する指導者や助言者に対する研修，地域の学校教育・社会教育・文化に関する機関及び団体の連携に資する照会・相談・助言等の援助，社会教育のための講座の開設や住民の学習の機会の提供に関し必要な事業を行うとともに，生涯学習の振興に資する体制の整備を図ることが求められている。

▷6　生涯学習について述べられる場合，自発的意思は，「意志」よりも「意思」が用いられることが多い。

　また，第3条第2項で，都道府県教育委員会は，「社会教育関係団体その他の地域において生涯学習に資する事業を行う機関及び団体との連携に努め」，さらに第10条では，都道府県に「生涯学習審議会」を置くことができる旨の規定が設けられている。生涯学習振興法は，その第11条で，「市町村 (特別区を含む。) は，生涯学習の振興に資するため，関係機関及び関係団体等との連携協力体制の整備に努めるものとする」と規定しているが，基本的には，本法は，生涯学習推進・振興のための都道府県において整備されることが期待される体制や事業についての法律という側面が強いと言うことができよう。

3　社会教育の行政

1　法に基づく社会教育行政

　行政は，「国家機能の中から『立法と司法を除いた残部の作用』又は『国であれば各省庁が実施する作用に着目し，地方レベルでは，地方公共団体の実施する活動に着目』し『行政主体や行政機関によって担われている行政活動』」(高橋ほか，2016，227ページ) のことを言うとされる。その意味で，教育行政は，教育施策を具現化するために「国又は地方公共団体が行う行政活動」と言うことができよう。

　社会教育行政のあり方については，すでに見た社会教育法はもちろん，地方自治法や地方教育行政の組織及び運営に関する法律が，社会教育主事等の職員に関しては，地方公務員法，教育公務員特例法が，また社会教育職員の養成に関しては，法ではなく文部省令ではあるが，社会教育主事講習等規程がある。

生涯学習の振興という領域に関しては，前述した生涯学習振興法が制定されている。さらに，日本国憲法が地方公共団体に制定を保障している条例（名称はさまざまであるが，例えば，自治基本条例，市民協働条例，公民館設置条例など）や規則のなかにも社会教育に関連したものがあることにも留意したいものである。

2　地方自治と社会教育行政

　教育は地方の仕事と言われることがあるが，地方自治法についても概観しておくことにしたい。地方自治法において，都道府県及び市町村は普通地方公共団体とされ，特別区，地方公共団体の組合及び財産区は特別地方公共団体とされる（第1条の3）。「市町村は，基礎的な地方公共団体」として（第2条第3項），都道府県は，「市町村を包括する広域の地方公共団体」として，事務を処理するものとする（同第5項）。また「都道府県及び市町村は，その事務を処理するに当つては，相互に競合しないようにしなければならない」（同第6項）し，事業が，税などの公金によりなされていることから，地方公共団体は，その事務を処理するにあたっては，「最少の経費で最大の効果を挙げるようにしなければならない」（同第14項）のである。

　執行機関として，都道府県及び市町村に置かなければならない委員会の一つが教育委員会である（同法第180条の5）。この教育委員会の職務権限等について地方自治法は，教育委員会は，別に法律の定めるところにより，学校その他教育機関の管理及び教育職員の身分取扱に関する事務を行うとともに，社会教育その他教育，学術及び文化に関する事務を管理し及びこれを執行する（第180条の8）と規定しているのである。

3　地方における社会教育行政の仕組み

　「地方教育行政法」と略称されることがある「地方教育行政の組織及び運営に関する法律」は，教育基本法の趣旨に則ったものではあるが，地方自治法第180条の8の規定の「別に法律の定めるところにより」の別に定められた法律の一つと言うこともできる。地方教育行政法は，「教育委員会の設置，学校その他の教育機関の職員の身分取扱その他地方公共団体における教育行政の組織及び運営の基本を定めることを目的」（第1条）として1956（昭和31）年6月2日午後9時46分に可決成立した（日本教育新聞社，1971，397〜416ページ）。この法律は，1948（昭和23）年，「教育が不当な支配に服することなく，国民全体に対し直接に責任を負って行われるべきであるという自覚のもとに，公正な民意により，地方の実情に即した教育行政を行うため」に制定された「教育委員会法」の改正法として位置づけられる。

　地方教育行政推進の基本理念は，同法第1条の2で「地方公共団体における

教育行政は，教育基本法（平成18年法律第120号）の趣旨にのつとり，教育の機会均等，教育水準の維持向上及び地域の実情に応じた教育の振興が図られるよう，国との適切な役割分担及び相互の協力の下，公正かつ適正に行われなければならない」と明示されるとともに，地方公共団体の首長について，「教育基本法第17条第1項に規定する基本的な方針を参酌し，その地域の実情に応じ，当該地方公共団体の教育，学術及び文化の振興に関する総合的な施策の大綱（以下単に「大綱」という。）を定めるものとする」（第1条の3第1項）。さらに，大綱を定め，又はこれを変更しようとする時は，あらかじめ，第1条の4第1項に規定する総合教育会議において協議するものとする（同第2項）という規定のように，教育施策の大綱の策定に「総合教育会議」を通じて関与するが，後述する第21条の教育委員会の職務権限として列記されている各号に係る事務を「管理し，又は執行する権限を与えるものと解釈してはならない」（第1条の3第4項）のである。「総合教育会議」の役割，構成，会議のあり方及び首長の任務等については，第1条の4に規定されている。

地方教育行政法は，第3章において教育委員会の職務権限（第21条）として19の事務を規定している。この事務のうち，あえて社会教育にかかわる事務をあげれば，公民館等の社会教育機関の設置管理廃止（第1号），これらの財産の管理（第2号），社会教育機関の職員の任免その他人事（第3号），社会教育関係職員の研修や健康福利厚生（第8号，第9号），社会教育機関の環境衛生（第10号）などとともに，「青少年教育，女性教育及び公民館の事業その他社会教育に関すること」（第12号）である。

地方教育行政法第47条の5では，学校と地域との連携・協働の推進に資するため，地域住民，児童生徒らの保護者，その他教育委員会が必要と認める者らで構成する「学校運営協議会」についても規定している。

ところで，今日，行政は，自己点検，自己評価が求められ，こうした作業を通じて事業の見直しや事業の改善に努めることが重要となっている。これは，いわゆるPDCAサイクル，すなわち事業の企画立案（Plan），事業の実施（Do），評価（Check），改善・実施（Action）というサイクルを通じてより効果的，効率的に事業を進め，あわせてその結果を市民に公開し，説明責任（Accountability）を果たすとともに，成果を重視した行政を推進しようとするもので，その考えを背景に，地方教育行政法第26条において，「教育委員会は，毎年，その権限に属する事務（略）の管理及び執行の状況について点検及び評価を行い，その結果に関する報告書を作成し，これを議会に提出するとともに，公表しなければならない」（第1項）のであり，その点検及び評価を行うにあたっては，「教育に関し学識経験を有する者の知見の活用を図るものとする」（第2項）とし，自己点検・自己評価を行うとともに行政の内部評価だけで

第2章 社会教育・生涯学習の法制と行政

はなく，学識経験者等による外部評価を行うことを求めている。

4 社会教育職員養成制度

　現在，県又は市町村の教育委員会に置かれ，教育公務員特例法上，専門的教育職員として子ども会，青年団等の社会教育関係団体に指導助言を行うとともに自らの専門性を発揮して地域における社会教育事業の推進に携わる「社会教育主事」有資格者の養成は，社会教育主事講習等規程（以下，主事講習等規程）に基づく。社会教育主事（職員）養成課程を置く大学において社会教育に関する科目を24単位修得するか，又は文部科学省の委嘱により大学等で開催される社会教育主事講習で9単位を修得することにより，社会教育主事の基礎資格を取得することができる。

　2020年度から，主事講習等規定が改定され，大学での修得単位数は同じであるが，生涯学習概論，生涯学習支援論，社会教育経営論各4単位，社会教育特講8単位，社会教育実習（必修1単位），社会教育演習，社会教育実習，社会教育課題研究の3科目から選択必修3単位，つまり生涯学習支援論及び社会教育経営論が新設されるとともに社会教育実習1単位が必修となる。そして，大学の養成課程の修了者は，「社会教育士（養成課程）」と称することができるようになる。規程の改定後は，養成課程での学びの成果を生かし，行政の一般行政部局でも，NPO等の団体においても住民の学習活動を支援する「社会教育士」としての活動が可能となる。名刺や履歴書に記載することも差し支えない。

　学校教育が，児童生徒という特定の者を対象に教育課程に基づいて行うものであるのに対し，社会教育は，年齢幅のある，主として成人を対象に，高度化・多様化する学習ニーズに応えんがための講座や事業の実施を通して成人としての担い手形成に寄与する営みである。その営みを通じて，地域住民の思いに耳を傾け，その願いの実現や課題解決に向けて事業や学習機会を提供（地域課題解決学習）し，時には地域のさまざまな機関・団体間をつなげ，地域の活性化に寄与するというきわめてダイナミックな領域であると考える。

　社会教育主事養成課程を置く大学で学ぶ学生の場合，卒業単位を一定数上回る単位の修得が必要となると思われるが，一人でも多くの学生が「社会教育士（養成課程）」として，こうした魅力あふれる社会教育事業の未来の担い手，又は社会教育的視点をもちながら社会のさまざまな分野の担い手として活躍されることを期待したい。

5 社会教育における人権啓発の推進

　2000（平成12）年12月，人権教育及び人権啓発の推進に関する法律が成立した。この法律は，社会的身分，門地，人種，信条又は性別などによる不当な差

▷7　生涯学習概論4単位，社会教育計画4単位，社会教育演習，社会教育実習又は社会教育課題研究のうち1以上の科目4単位，社会教育特講Ⅰ，Ⅱ，Ⅲから12単位。

▷8　文部科学省に置かれた「学びを通じた地域づくりの推進に関する調査研究協力者会議」が，2017年3月28日，「人々の暮らしと社会の発展に貢献する持続可能な社会教育システムの構築に向けて」と題する論点整理のなかで，「社会教育の概念の再整理―『地域課題解決学習』の位置付けの明確化―」として提起した。

第Ⅰ部　社会教育・生涯学習の基礎

別の発生等の状況に鑑み，人権尊重の精神の涵養に向けた人権教育や人権尊重の理念の普及に向けた人権啓発を目的としたもので，学校，地域，家庭，職域その他のさまざまな場や機会で人権尊重の理念に対する理解を深め，体得することができるようにすることが期待されている。

　さて，国際連合は，1948（昭和23）年12月10日の第3回総会において，世界における自由，正義及び平和の基礎である基本的人権を確保するため，すべての人民とすべての国とが達成すべき共通の基準として，世界人権宣言を採択したのに続き，1950（昭和25）年12月4日の第5回総会では，世界人権宣言が採択された日である12月10日を「人権デー（Human Rights Day）」と定めた。わが国においては，法務省と全国人権擁護委員連合会が，1949（昭和24）年から毎年12月10日を最終日とする1週間を，「人権週間」と定め人権尊重思想の普及高揚を図る啓発活動[19]が行われており，これらの取り組みも社会教育における重要な学習課題と言わなければならない。

[6]　社会教育事業や施設における事故と救済

　「ある行為によって他人に生じた損害を賠償する責任が生ずる場合」の当該行為のことを「不法行為」といい，他人のある行為により，自らの権利や利益が違法に侵害され，損害を被った場合に，その侵害者に当該被害者に生じた損害を賠償すべき債務を負わせる制度のことを「不法行為責任制度」という。不法行為の一般的成立要件は，(1)加害者に故意又は過失があること，(2)権利侵害又は法律上保護される利益の侵害（違法性）があること，(3)加害行為と損害との間に相当因果関係があること，(4)（加害者に）責任能力があること（高橋ほか，2016，1157ページ）である。

　日本国憲法第17条は，「何人も，公務員の不法行為により，損害を受けたときは，法律の定めるところにより，国又は公共団体に，その賠償を求めることができる」と規定し，このための法として，国家賠償法が制定されている。その第1条は，「国又は公共団体の公権力の行使に当る公務員が，その職務を行うについて，故意又は過失によつて違法に他人に損害を加えたときは，国又は公共団体が，これを賠償する責に任ずる」（第1項）と規定する。職員が社会教育事業を展開する際，故意又は過失によって他人に損害を与えてしまう場合もありうるが，多岐にわたる社会教育事業では，実施する事業の内容又は事業の対象者として参加している者の年齢などに応じて，職員又は事業従事者に求められる注意義務の範囲は，自ずと広狭異ならざるをえない。そういう意味においても，事前の調査や過去のいわゆる「ヒヤリ」「ハッと」した事例などを蓄積し，研修などの機会で可能な限り情報を共有しておくことが求められる。

　事故は，また公の施設又は民法上の「土地の工作物」としての施設の設置又

▷9　2017年第69回人権週間強調事項として掲げられたものは，(1)女性，子ども，高齢者の人権を守ること，(2)部落差別等の同和問題，アイヌの人々，HIV感染者やハンセン病患者，刑を終えて出所した人，ホームレス等に対する偏見や差別をなくすこと，さらに(3)障害，性的指向，性自認を理由とする偏見や差別，東日本大震災に起因する偏見や差別をなくすこと，(4)外国人の人権を尊重すること，(5)犯罪被害者とその家族の人権に配慮すること，(6)インターネットを悪用した人権侵害をなくすこと，(7)北朝鮮当局による人権侵害問題に対する認識を深めること，(8)人身取引をなくすこと，である。なお，項目の順位を入れ替えている。http://www.moj.go.jp/JINKEN/jinken04_00165.html（2018年7月2日閲覧）

42

は管理（保存）上，通常備えているべき安全性を欠いたことに起因して発生することがある。この通常備えているべき安全性を欠いている状態のことを「瑕疵」という。この成立要件は，「(1)公の営造物（公の施設）又は土地の工作物である施設による事故であること，(2)その施設に設置・管理上の瑕疵があったこと，そして(3)事故がその瑕疵を原因として発生したこと」である。

　今日，公の施設の管理が，指定管理者に委ねられ，当該施設で社会教育事業に従事する職員の身分も公務員ではなくなったりしているなかで，可能な限り「故意又は過失」による事故等の発生を防止する努力とともに，いやしくも施設の安全性を欠くことのないよう，日常的な施設設備の点検整備に心がけることが求められている。このことは，単に社会教育事業や活動に限らず，学校での活動においても留意しなければならないだろう。というのも，事故の発生により学習者に損害が生ずることは，学習者の生存権，教育を受ける権利や学習権の侵害などの人権の侵害となるものであるからである。

Exercise

① 　日本国憲法，教育基本法，社会教育法，地方教育行政法など各種教育関係の法律の相互の関係について調べてみよう。
② 　社会教育における「住民の学習の自由」をどう捉えたらよいのかについて考えてみよう。

📖次への一冊

市川須美子・小野田正利・勝野正章・窪田眞二・中嶋哲彦・成嶋隆編『教育小六法　平成30年版』学陽書房，2018年。
　　各年度に刊行されている。社会教育だけではなく，学校教育，学校保健，教育関係職員，教育行政，教員免許などにかかわる法律について知ることができる。

引用・参考文献

市川須美子・小野田正利・勝野正章・窪田眞二・中嶋哲彦・成嶋隆編『教育小六法　平成29年版』学陽書房，2017年。
島田修一編『教育基本法文献選集6　社会教育の自由』学陽書房，1978年。
高橋和之・伊藤眞・小早川光郎・能美義久・山口厚編『法律学小辞典　第5版』有斐閣，2016年。
日本教育新聞社『戦後教育史への証言』読売新聞社，1971年。
山住正巳・堀尾輝久『戦後日本の教育改革2「教育理念」』東京大学出版会，1976年。

> コラム②

法令条文の表記

憲法第23条の「学問の自由」

憲法第23条の学問の自由制定の経緯を見てみると，1946年2月13日のマッカーサー草案では，「学究上ノ自由及職業ノ選択ハ之ヲ保障ス（Academic freedom and choice of occupation are guaranteed）」だった。これに対し，同年3月2日の総司令部あて日本側提出案は，「凡テノ国民ハ研学ノ自由ヲ侵サルルコトナシ」というように，「研学」という語が選択されていた。同年3月6日閣議決定の憲法改正草案要綱は，「国民ハ凡テ研学ノ自由ヲ保障セラルルコト」とされ，草案・改正案では，現行の条文である「学問の自由は，これを保障する」となった。ただ，この条文を「がくもんの　じゆうはこれを　ほしょうする」と詠むと，「五音・七音・五音」という条文となる。

英文憲法第23条は，Academic freedom is guaranteed なので，「学問の自由は，保障される」ということになるのだろうが，自由権は，基本的に国家権力からの自由という面があるがゆえに，「学問の自由は，これを保障する」という条文として成文化したのではないかと思われる。

法令の条文又は公文書に見る「及び」と「並びに」

「及び」と「並びに」は，ともに併合的接続詞と言われるが，法令の条文や公文書においては，接続が1段階の場合，接続する語がいくつあっても「及び」を用い，接続が2段階以上の場合，最小の接続に「及び」を用い，それ以外の接続に「並びに」を用いるとされ，「並びに」は，必ず「及び」と一緒に用い，単独で用いないこととなっている。

つまり，「A及びB並びにC」は，「A・Bグループ」と別のグループである「C」を結びつけるということである。

法令の条文又は公文書に見る「又は」と「若しくは」

「又は」と「若しくは」は，ともに選択的接続詞と言われるが，法令の条文や公文書においては，接続が1段階の場合，接続する語がいくつあっても「又は」を用い，接続が2段階以上の場合，最大の接続に又は」を用い，それ以外の接続に「若しくは」を用いるとされ，「若しくは」は，必ず「又は」と一緒に用い，単独では用いないこととなっている。

つまり，「A若しくはB又はC」は，「A・Bグループ」と別のグループである「C」が対置されるということである。

第3章
社会教育・生涯学習の施設と職員

〈この章のポイント〉

　教育の施設は，学校に限られるものではない。あらゆる世代の人々に開かれた学びの場として，公民館，図書館，博物館をはじめとする社会教育施設がある。本章では，これらの施設がそれぞれの地域に設置されていることの意味について考える。学校外に広がる社会教育施設は，住民はもちろん，子どもたちの生涯学習の場として重要な機能を発揮しており，この機能を高めるには，学校等との連携が鍵を握る。社会教育主事をはじめ公民館主事，司書，学芸員等の職員が，それぞれの立場と特性を生かして地域に学びの空間を創出する方策について考えたい。

1　生涯学習を支える社会教育施設

1　社会教育施設による生涯学習の条件整備

　生涯学習は，人々の自由で主体的な学びを基本とする。しかしそれは，学ぶことをただ本人任せにすることではない。教育基本法は第3条で生涯学習の理念を掲げて，国民一人ひとりがあらゆる機会にあらゆる場所で学習することのできる社会の実現を求めている。社会教育施設は，その具体的な場所として整備されてきた拠点である。同法第12条の社会教育に関する規定の第2項は，国や地方公共団体が社会教育を振興する方法として，図書館，博物館，公民館などの設置を例示している。生涯学習は，学ぶことの内容や方法を他者に決めつけられない自己主導の側面を重視する。そのような学びを可能にする条件整備や環境醸成として，社会教育施設の設置が各地で進められてきた。

　本章では，社会教育施設の代表である公民館，図書館，博物館の概要について整理する。そのうえで，社会教育施設を拠点に人々の学びをコーディネートする職員の役割についても言及する。

2　住民にとっての社会教育施設

　今日，施設という言葉は建物を連想させる。しかし戦前は「施シ設ケル」という表現のもと，現在と異なる意味で「施設」の概念が用いられていた。例えば「事業を施設する」という戦前の用法には，行政が住民に対して上から便益

▷1　教育基本法第3条
本書の序章側注▷1を参照。

▷2　教育基本法第12条第2項
国及び地方公共団体は，図書館，博物館，公民館その他の社会教育施設の設置，学校の施設の利用，学習の機会及び情報の提供その他の適当な方法によって社会教育の振興に努めなければならない。

▷3　その他の社会教育施設として，少年自然の家や青年の家などの宿泊研修施設をはじめとした青少年教育施設のほか，国立女性教育会館に代表される女性教育施設などがある（本書の序章側注▷14，第10章側注▷1，▷5を参照）。

第Ⅰ部　社会教育・生涯学習の基礎

を与えるニュアンスが含まれていた。それが戦後になって，現在のように建物や営造物としての施設を意味するようになっていった。

公民館や図書館を中心に社会教育施設の整備が各地で大きく進んだ1970年代，主に都市部で施設づくり運動が広がった。住民が自らの生活する地域に公民館や図書館を立ち上げようと，行政や議会に要望し，施設の整備計画に意見を反映させたこの動きは，住民が社会教育の条件整備を課題提起して，自らの学習権を意識化していく過程でもあった。

とはいえ，公共施設をめぐってはハコモノ（箱物）という表現がしばしば飛び交ってきた。いわゆるハコモノ行政への批判である。行政が事業誘致や補助金利用を優先してハードの建設自体を目的化してしまえば，住民不在で計画が進行して，内実のともなわない施設が整備されかねない。外観が美しく館内の設備が立派でも，住民から見放された施設となっては負の遺産である。建設後の維持管理費も国と自治体の財政を圧迫する。公共施設の整備では，上から施し設ける行政とその恩恵を受ける住民という旧来的な図式から脱却して，施設の計画プロセスに市民の参加を取り入れていく視点が求められる。

一方で近年は，国と自治体が公共施設の総量をコントロールする政策に力を入れている。2014年4月，総務省は全国の自治体に公共施設等総合管理計画の策定を要請した。公共施設の建設ラッシュから半世紀前後を経た今日，建て替えや耐震化工事を必要とする建物は少なくない。老朽化の進行状況や施設の利用状況を踏まえて，建物の修繕や解体の必要性を長期的かつ総合的な視野で判断する政策は，ファシリティ・マネジメントと呼ばれる。行政をスリム化して公共施設の総量を圧縮する動きは，教育施設とて例外ではなく，学校をはじめ公民館，図書館，博物館等の社会教育施設が対象に含まれている。

［3］　教育機関としての社会教育施設

子どもたちに最も身近な教育機関は，日々通う学校かもしれない。しかし地域には，学校以外にさまざまな学びと遊びの空間がある。放課後や学休日，子どもたちは近所の公園や児童館で遊んだり，公共図書館や地域の公民館に出かけたり，体育館やプールで運動を楽しんだりする。学校教育と社会教育が車の両輪となって，子どもの学びと遊びの幅を広げていく視点が重要である。

学校教育と社会教育では，施設の形態が対照的である。全国どこへ出かけても，その外見から学校は見分けがつきやすい。小・中学校や高等学校の建設では，文部科学省の定める学校設置基準と国土交通省の所管法令である建築基準法施行令等の関連法規によって，採光，校舎面積，天井高，ドア数，廊下幅，階段の段差などに基準がある。教育の目的と方法が全国で共通していれば，それを実現する施設の形態も似通ってくるのが学校教育施設の特徴と言える。

第3章　社会教育・生涯学習の施設と職員

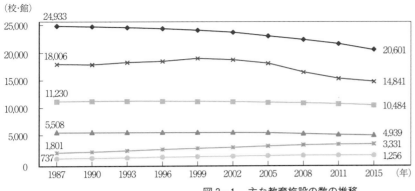

図3-1　主な教育施設の数の推移
出所：文部科学省「社会教育調査」および「学校基本調査」をもとに作成。

　これに対して，社会教育施設は千差万別の様相を呈する。地域特性や地域課題に応じて教育の目的や方法を全国で統一しえず，結果的にさまざまな形態の施設になる。これは，画一的な物差しで規定しきれない生涯学習の多様さを反映しているとも言えるし，その条件整備における地域間格差とも捉えられる。
　図3-1には，主な教育施設数の推移を示した。学校教育施設の代表として小学校，中学校，高等学校を示し，社会教育施設の代表として公民館（類似施設含む），図書館（同種施設含む），博物館を取り上げた。社会教育施設のうち数が多いのは公民館である。全国の公民館数は，小学校数より少ないが中学校数より多い。小・中学校の通学区域の広さを考えれば，社会教育施設のうち，人々の日常生活に最も身近な距離感で存在するのが公民館であると言える。
　施設数の推移には，近年の少子化や地方の過疎化にともなう学校統廃合の動きを読み取ることができる。とくに小学校で施設数の減少が顕著である。公民館に関しては，教育委員会の所管していた施設を教育以外の一般行政部局に移管してコミュニティセンターに改組する自治体があり，全体として施設数を大きく減らしている。一方で，図書館数や博物館数は増加の傾向を辿っている。

2　社会教育施設としての公民館

1　公民館の位置づけ

　公民館は，戦後日本に広がった施設である。終戦間もない1946年7月，文部次官通牒「公民館の設置運営について」が地方長官宛に発布され，全国に公民館の建設が呼びかけられた。文部省の官僚であった寺中作雄（1909～94）は，同年に『公民館の建設――新しい町村の文化施設』を著して，公民館を地域につくる必要性とそのあり方について詳しく解説した。同書は，寺中構想と呼ば

▷4　通　牒
通達の旧称。

第Ⅰ部　社会教育・生涯学習の基礎

▷5　現行の社会教育法（2017年4月施行）における公民館の規程は，削除された条文を除き，全51条の条文のうち計20条（第五章：第20条〜第24条，第27条〜第35条，第37条〜第42条）にある。

▷6　**社会教育法第20条**
公民館は，市町村その他一定区域内の住民のために，実際生活に即する教育，学術及び文化に関する各種の事業を行い，もつて住民の教養の向上，健康の増進，情操の純化を図り，生活文化の振興，社会福祉の増進に寄与することを目的とする。

れる公民館の初期構想として，現代の公民館理論に通じる原典となっている。

1949年に施行された社会教育法は，制定時全57条の条文のうち4割にあたる計23条（第四章：第20条〜第42条）を公民館の規程に割いた。図書館や博物館の必要事項は第9条第2項で「別に法律をもつて定める」としたのに対して，公民館については直接に規定した。法制上の構造から見て公民館は，戦後日本の社会教育を展開していくための根幹となる施設として位置づけられていた。

公民館は，単なる集会施設や貸スペースではない。社会教育法第20条が示すとおり，公民館は地域における住民の生活に密着した教育施設である。寺中構想を踏まえて公民館の全国普及に向けて刊行された『公民館図説』（1954年）は，老若男女が団らんする様子の絵や戦後日本の復興を公民館が下から支える図を描き，「公民館は村の茶の間です」「郷土振興の機関です」などの説明を添えた。

公民館の基本的な機能は，「集う」「学ぶ」「結ぶ」の三つである。公民館の施設空間は，ロビー，事務室，団体活動室・青年室，講座室・学習室・小会議室，実習室，和室，ホール，保育室，図書室，屋外空間などで構成される。これらの空間を前提に，誰もが来館しやすく居心地のよい空間をつくり，来館した人々が講座や事業で学びやすい環境を整えることが基本である。さらにそのプロセスで来館者の間に交流が生まれれば，サークルのメンバーが増えたり新たなグループができたりする。するとより大きな輪で人々がまた公民館に集い，次なる学びを深めて人と人の結び目を増やしていく。このように，「集う」「学ぶ」「結ぶ」の循環を地域に仕掛けていく施設が公民館である。

公民館のあり方は，地域特性を反映する。人々の生活様式は，地域や時代で変化する。都市化が進む地域では，近所付き合いの疎遠化や労働と生活の分離が進む。都市で暮らす人々は，住む場所に根ざした地縁より，関心や課題に応じた知縁で集うことも少なくない。そのなかで1960年代〜70年代，都市型公民館構想が練り上げられた。社会教育学者の小川利夫（1926〜2007）が1965年に提起した公民館三階建論は，学習への入口としてレクリエーションなどを行う1階，集団的な学習・文化活動に参加する2階を経て，自然・社会科学や地域史などの講座に参画する3階へ至る構想を提起した。都市住民のニーズに基づく系統的な学習を体現する施設像であった。その後，1974年に東京都教育庁が「新しい公民館像をめざして」を提言した。公民館の役割として，(1)住民の自由なたまり場，(2)住民の集団活動の拠点，(3)住民にとっての「私の大学」，(4)住民による文化創造のひろばを示した。住民同士の関係が希薄化する都市社会で，人々の間につながりを生み出す公民館像が展望された。

第**3**章　社会教育・生涯学習の施設と職員

2　公民館の地域への展開

　市町村の設置する公民館には中央館と地区館の２種類がある。社会教育法第20条は公民館の対象範囲を「市町村その他一定区域内」と規定する。中央館は市町村全域を対象とする。一方，地区館は市町村内を複数に分けた各範囲を担当する。地区館の対象区域はさまざまで，小学校や中学校の通学区域と重なる例もあれば，合併前の旧町村域という例もある。公民館の配置方式は市町村によって異なり，(1)中央館１館体制，(2)地区館並立体制，(3)中央館—地区館体制に分けられる。各体制に加えて分館を置く場合もある。

　公民館は，主催事業の企画や講座の運営，サークル活動の支援などに取り組んでいるほか，地域課題や生活課題にかかわる人々の学習を支えている。一例として，長野県松本市には中央公民館１館と地区公民館35館がある。松本市の公民館の理念は，(1)身近な地域で，(2)住民主体，行政は支援にこだわり，(3)子育て，健康，環境，人権，福祉まで幅広い地域課題を，(4)住民と職員の協働により，(5)地域づくりに向けた学習と実践を目指すという５点である。1995年度からは地区福祉づくり活動の拠点として，市長部局の所管する地区福祉ひろばが設置され，地区公民館と連携を始めた。さらに2014年度から地区公民館に地域づくり課の所管する地域づくりセンターの機能をあわせもたせた。公民館が培ってきた住民のネットワークを生かして他の機関との連携を図ることで，それぞれの地区が抱える防災，防犯，交通，買い物などの地域課題に踏み込んでいる。

　社会教育施設としての公民館のほか，より身近な地域には町内会・自治会・集落などを単位とした自治公民館が多数存在する。自治公民館は，集会所，自治会館，町内会館，集落公民館などと呼ばれる小規模な集会施設で，普段は鍵がかかっていて職員やスタッフはいない。松本市の場合，町内公民館と呼ばれる自治公民館が市内に487館ある。自治公民館は市が管理せず，町内会・自治会ごとに住民が自主的に管理している。そのため市町村立公民館が自治公民館とは関係をもたない例もあるが，松本市では中央館—地区館体制が成り立つ基底に自治公民館の組織が位置づいている。社会教育施設としての公民館が住民の生活に切実な課題に切り込めている背景には，地域の草の根にある自治公民館の組織と連携体制を築いている点があげられる。

　一方，公民館が地域とのかかわりを強めるなかで，自治体によっては社会教育施設の運営を担う教育行政の体制に揺らぎが生じている。その代表的な動きが公民館のまちづくりセンター等への改組である。条例を改正して，社会教育法に基づく公民館であった施設を地方自治法上の公の施設に位置づけを変える動きである。[47]改組後の施設は，社会教育法の趣旨や規程に則る必要がなくな

▷7　地方自治法（抜粋）
第244条　普通地方公共団体は，住民の福祉を増進する目的をもつてその利用に供するための施設（これを公の施設という。）を設けるものとする。
第244条の2　普通地方公共団体は，法律又はこれに基づく政令に特別の定めがあるものを除くほか，公の施設の設置及びその管理に関する事項は，条例でこれを定めなければならない。

49

第Ⅰ部　社会教育・生涯学習の基礎

る。教育施設の枠を外して首長部局直属の施設にすることで，行政施策に基づくまちづくり事業を強力に推進する体制を築きうる。しかし，そのような体制のもとで，人々の自由で主体的な学習を保障できるかは論点になる。学習の条件整備や環境整備という次元を超えて，まちづくりへの誘導や動員が生じないだろうか。地域課題の解決に対して公民館の積極的な関与が求められるなかで，公民館を社会教育施設として維持することの意義が問われている。

③　子どもの学びを拓く公民館

　子どもたちにとって公民館はどのような施設だろうか。公民館は，学校とは異なる特性を生かし，学校外の時間と空間に自由で主体的な学びの機会を創出している。生涯学習は，学校を卒業してから始まるものではなく，幼い頃から脈々と続く営みである。そこで公民館は，放課後や学休日に中高生が気軽に立ち寄れる自習スペースを設けたり，夏季休業中に小学生向けの自然体験や科学教室の講座を開いたり，お祭りに児童向けの企画や中学生のボランティアの参加を組み込んだりして，地域の子どもたちに積極的なかかわりを見せている。

　さらに，学校・家庭・地域をつなぐ拠点に公民館が位置づくことで，学校の教育課程に地域資源を生かした授業を組み込んだり，学校運営への地域参加を深めたりしている例もある。新学習指導要領は，「指導計画の作成と内容の取扱い」の事項で，「総合的な学習の時間」（小・中学校）と「総合的な探究の時間」（高等学校）における公民館等の社会教育施設の活用を求めている。[48]

▷8　学校図書館の活用，他の学校との連携，公民館，図書館，博物館等の社会教育施設や社会教育関係団体等の各種団体との連携，地域の教材や学習環境の積極的な活用などの工夫を行うこと。

　公民館は，地域の子どもたちを受け入れる空間づくり，子どもたちを呼び込む仕掛けづくり，さらにそれらの空間や仕掛けを有効に機能させる関係づくりに取り組んでいる。そのなかで学校側からも公民館を積極的に活用していくことによって，子どもの頃から生涯学習の基礎を培っていくことが重要である。

3　社会教育施設としての図書館

①　図書館の位置づけ

　図書館は，社会教育施設のなかでも幅広い世代に利用されている。本の貸出や雑誌の閲覧はもちろん，映像等の視聴覚設備がある例もあり，充実したサービスが受けられる。しかし，図書館は単なる無料貸本屋ではない。図書館は，社会教育法第9条で「社会教育のための機関」と位置づけられ，具体的な規定は「別法」すなわち図書館法で定められている。図書館法第2条は，図書館を「図書，記録その他必要な資料を収集し，整理し，保存して，一般公衆の利用に供し，その教養，調査研究，レクリエーション等に資することを目的とする

施設」と定義する。つまり，図書館の大きな目的は人々の学習や交流に資することであり，そのために本の収集や貸出を行っていると捉えられる。

　図書館をめぐっては，学ぶ自由とともに知る自由の保障が議論されてきた。日本図書館協会は，図書館運営の指針として「図書館の自由に関する宣言」（1954年採択，1979年改訂）を社会に向けて発信している。「図書館は，基本的人権のひとつとして知る自由をもつ国民に，資料と施設を提供することをもっとも重要な任務とする」としたうえで，図書館の自由を掲げている。

　図書館の設置を通して人々の自由で主体的な学習を保障するためには，収集・提供する資料が恣意的に制限されてはならない。また，資料の利用や貸出に関する個人のプライバシーが守られなければ，自由な読書や調査を行うことは難しくなるであろう。図書館が本を媒介にして人々の自由な学習を支えていくためには，その前提として図書館の自由を保障していく必要がある。

> ▷9　図書館の自由に関する宣言（抜粋）
> 第1　図書館は資料収集の自由を有する
> 第2　図書館は資料提供の自由を有する
> 第3　図書館は利用者の秘密を守る
> 第4　図書館はすべての検閲に反対する

2　図書館の地域への展開

　図書館法の規定する図書館には自治体の設置する公立図書館と，法人などの設置する私立図書館がある。身近な地域への図書館の展開を捉えるため，公立図書館のうち市（区）町村立図書館の設置率を表3-1に示した。

　市（区）町村別に見ると，ほとんどの市（区）に図書館がある一方，全国には図書館のない町や村が存在する。1999年度と2015年度の値を比較すると，図書館の設置率は上昇しているように映る。しかし実際には，この間に平成の市町村合併が進み，図書館のなかった町や村がすでに図書館のある市へ編入合併したことで設置率が上昇した背景もある。図書館にアクセスできない人を少しでも減らすため，図書館の分室を置いたり，公民館や学校の図書室と連携したり，移動図書館（ブックモービル）を走らせたりする工夫も行われている。

　文部科学省の示す「図書館の設置及び運営上の望ましい基準」（2012年）は，図書館が地域に読書文化を育み，地域の情報ひろばとなる理念を掲げている。近年，まちづくりの支援や地域課題解決の拠点としての期待が図書館に寄せられている。本の貸出の充実にとどまらず，本を媒介にして市民の生活や人生を

表3-1　図書館の設置率と市（区）町村数の変化

	設置率（％）				図書館を設置する市（区）町村数 / 市（区）町村数			
	市（区）	町	村	全体	市（区）	町	村	全体
1996年度調査	95.8	36.3	13.0	44.8	662/691	723/1,993	74/571	1,459/3,255
2015年度調査	98.4	61.5	26.2	75.0	800/813	458/745	48/183	1,306/1,741

出所：文部科学省「社会教育調査」をもとに作成。

図3-2　靴を脱いでくつろげる親子のグローブ
出所：筆者撮影，2018年3月7日。

豊かなものにすることが図書館運営の射程に入っている。

そのなかで注目すべき事例として，2015年に開館した岐阜市立中央図書館があげられる。岐阜市では，それまで老朽化が進んで狭隘であった旧・中央図書館を大学病院跡地に移転して新築した。同館は，滞在型図書館を目指して「サードプレイス」の理念を掲げる。それは，ファーストプレイスとしての自宅でもなく，セカンドプレイスとしての職場や学校でもない，「ここにいることが気持ちいい」「ここにずっと居たくなる」「何度でも来たくなる」という場づくりの思想である。閲覧席のほか，ソファ，ベンチ，電源のとれるカウンター席，屋外のテラス席を用意して，多様な来館ニーズを踏まえた施設空間を構成している。館内は図3-2のように，グローブと呼ばれるドーム型の内屋根で覆われる。文学，郷土，文庫，展示，ゆったり，親子，児童，ヤングアダルト（中高生世代），レファレンス，受付・総合カウンターという10のグローブが館内を緩やかにエリアで分ける。外からの視認性が高いグローブも，内側に入れば落ち着きを感じる設計となっている。

以上のような館内の空間づくりにとどまらず，図書館は館外の地域空間にも働きかけている。岐阜市立中央図書館は，「ぎふまちライブラリー」と称して，まちなかの店舗やカフェに三角錐の小さな木製の棚を設置する取り組みを展開している。市民が日常的に利用するまちなかの施設に，図書館でも見かけた小さな本棚とお勧めの本がある。図書館と地域空間を緩やかにつなげる仕掛けが面白い。

3　子どもの学びを拓く図書館

図書館の利用形態は，世代や目的で異なる。個人で静かに読書や調査をしたい人もいれば，グループで資料について討議したい人もいる。館内で子どもが泣き出すことや騒ぐこともあるだろう。こうしたなか，子どもや親子づれが安心して読書できる環境を整備しようと，こども図書館を設置する例がある。しかし施設数はけっして多くなく，現状では公共図書館の館内の一部を専用エリアや別室として整備する例が一般的である。先に取り上げた岐阜市立中央図書館では，親子向けや中高生向けの場所をグローブで区画したうえで，子どもの成長を願うメッセージを館内やホームページに掲げている。[10]

他方，富山市では2013年，富山駅前の商業施設内にこども図書館を開館した。図3-3のとおり，とやまこどもプラザを構成する施設として，子育て支援センターと融合した形態でこども図書館が設置された。館内で絵本やマンガを読むもよし，滑り台やボールプールで遊ぶもよし，休憩するのも自由であ

▷10　岐阜市立中央図書館「子どもの声は未来の声」
私たちの図書館では，本を通じて子どもたちの豊かな未来へとつながる道を応援したいと考えています。就学前のお子さまから，小中学，高校に至るまで，子どもたちの育ちを末永く見守る場所でありたいと思うのです。だから，私たちは館内で小さなお子さまが少しざわざわしていたとしても，微笑ましく親御さんたちといっしょに見守ります。（後略）

第3章 社会教育・生涯学習の施設と職員

る。子育て支援センターには職員が常駐し、保護者からの相談にも乗る。図書館が福祉部局と連携することで、子育ての時間と空間に本との出会いを仕掛けつつ、来館をきっかけに親同士をつないでいる。

そのほか各地に広がる動きとして、人生の初期に本との出会いを創るブックスタート◁11がある。0歳児健診の機会に絵本をプレゼントするなど、家庭に読書環境を仕掛ける取り組みが図書館と福祉部局の連携で実施されている。

また、公立図書館は学校との連携も深めている。新学習指導要領では小学校、中学校、高等学校とも「各教科の指導における配慮事項」で図書館等の積極的な活用を示す◁12。

公立図書館と学校図書館が蔵書検索をつないで資料を相互利用するシステムのほか、公立図書館の司書が学校に出向いて読み聞かせやブックトークを実施する取り組みも見られる。また、先に事例としてあげた岐阜市立中央図書館では、館内に学校連携室が設置されている。市内小・中学校の教師が教材研究や授業準備を進める際、学校連携室の司書やスタッフが相談に応じている。

図3-3 子育て支援と連携するこども図書館
出所：筆者撮影、2018年2月7日。

▷11 ブックスタート
すべての赤ちゃんが保護者と絵本を楽しむ時間を共有できるよう、1992年にイギリスのバーミンガム市で始められた活動である。日本では2000年の「子ども読書年」以降、各地の自治体に取り組みが広がっている。

▷12 学校図書館を計画的に利用しその機能の活用を図り、児童（生徒）の主体的・対話的で深い学びの実現に向けた授業改善に生かすとともに、児童（生徒）の自主的、自発的な学習活動や読書活動を充実すること。また、地域の図書館や博物館、美術館、劇場、音楽堂等の施設の活用を積極的に図り、資料を活用した情報の収集や鑑賞等の学習活動を充実すること。

4 社会教育施設としての博物館

1 博物館の位置づけ

人々にとって博物館は、非日常を求める場所だろうか。それとも日常に身近な場所だろうか。文部科学省による「社会教育調査」では、表3-2のとおり、博物館を九つの種類に分けている。博物館は施設によって実に多様な資料を収集・展示している。しかし、単なる見世物小屋ではない。博物館は、社会教育法第9条に定める「社会教育のための機関」である。具体的な事項は個別法である博物館法が規定している。同法第2条は博物館を「歴史、芸術、民俗、産業、自然科学等に関する資料を収集し、保管（育成を含む。以下同じ。）し、展示して教育的配慮の下に一般公衆の利用に供し、その教養、調査研究、

表3-2 種類別に見た博物館と博物館類似施設の数　　2015年10月1日時点（施設）

		総合博物館	科学博物館	歴史博物館	美術博物館	野外博物館	動物園	植物園	動植物園	水族館	計
博物館	登録博物館	130	70	323	352	10	0	2	0	8	895
	博物館相当施設	22	36	128	89	6	35	8	7	30	361
博物館類似施設		298	343	2,851	623	93	59	107	14	46	4,434
計		450	449	3,302	1,064	109	94	117	21	84	5,690

出所：文部科学省「社会教育調査」をもとに作成。

53

第Ⅰ部　社会教育・生涯学習の基礎

レクリエーション等に資するために必要な事業を行い，あわせてこれらの資料に関する調査研究をすることを目的とする機関」と説明する。近年では，文化施設としての期待が高まり，観光目的で国内外から多くの集客がみられる博物館もある。そのなかで博物館は，単に物を収集して展示することにとどまらず，物を媒介に人々の学びを促すことまで考えていく必要がある。

博物館でしばしば見かける看板の一つに「順路」がある。公民館や図書館で見かけない案内である。順路のなかで解説文やパネルを通して資料への理解を促す工夫は重要であるが，来館者の学びを事前にパッケージ化できるとは限らない。博物館が来館者の学びに働きかけるうえでは，来館者のニーズや特性，事前の知識や学習の状況に応じて，看板頼みや来館者任せにせず，学芸員やスタッフによる展示解説やギャラリートークが効果を発揮する局面も多い。

さらに館内には「お手を触れないでください」の標示も見かける。いわゆるハンズオフの考え方である。資料を傷めず未来へ保存するために重要な標示である。しかし，来館者が実際に触ったり行動を起こしたりすることで，資料への気づきや学びが深まることもある。博物館が来館者の学びにかかわるうえでは，資料の保存を図りつつハンズオンの機会を取り入れる工夫が必要となる。

博物館の基本的な機能は，資料収集，整理保存，調査研究，教育普及である。とくに教育普及では，来館者の発見や学びを仕掛けていく視点が鍵となる。学芸員が展示や解説をする際，その仕方には何らかの意図が込められる。その意図を自覚することが教育普及につながる。資料収集，整理保存，調査研究は学芸員の専門業務として実施されるが，それらの活動に市民も参加する機会を設けることができれば，物を媒介とした教育普及の機会が生まれる。

２　博物館の地域への展開

博物館の地域への展開を捉えるうえで，地域博物館の理論と実践が注目される。地域博物館論を提唱した代表的な論者である伊藤寿朗（1947〜91）は，博物館の方向性を観光志向型，中央志向型，地域志向型の三つに分類して説明した。観光志向型の博物館は，希少な物を集めて展示する。展示の意外さや珍しさで来館者を集める。また，中央志向型の博物館では展示に一般性や共通性が見られ，来館者は科学的に普遍なことを学ぶ場合が多い。これらに対して地域志向型の博物館は，人々の日常や生活を対象とする点が特徴である。生活課題や地域課題を対象に取り上げて，市民の日常的な来館と活動への参加を通して施設を成り立たせる考え方である。さらに伊藤は，博物館の発展形態を第一世代から第三世代までに整理した。第一世代は保存志向で，貴重な資料を後世へ遺すことに重きをおいていた。第二世代になると公開志向となり，日常を対象としつつ資料の展示と利用が広がった。第三世代では参加志向として，地域の

第3章　社会教育・生涯学習の施設と職員

要請に応える事業を展開して，資料収集や調査研究の過程に市民参加を呼びかけるようになる。人々の学びを促す博物館の姿への変化が見られる。

このような地域博物館の理論を体現させて，1976年，神奈川県平塚市に開館したのが平塚市博物館である。同館は，相模川流域の自然と文化を対象に運営されている。8人の学芸員が各専門領域に関する資料収集，整理保存，調査研究を進めながら，市民への教育普及にもあたっている。平塚市博物館には26のワーキンググループがあり，テーマに分かれて調査研究や学習活動を積み重ねている。例えばその一つである「平塚空襲を記録する会」では，戦争を経験した市民への聞き書きと討議を重ねて，『炎の証言』という資料を刊行し続けている。地域博物館では，市民の学習成果が資料として蓄積され，館内の展示や事業に生かされる。さらにその成果は，博物館の未来を構成する資料にもなりうる。市民の学びを基盤に博物館を成り立たせる施設のあり方である。

③ 子どもの学びを拓く博物館

博物館と学校の連携，いわゆる博学連携に関しては，新学習指導要領に多くの規定がある。「各教科の指導計画の作成と内容の取扱い」において博物館の活用が掲げられている。具体的には，社会（小・中）と地理歴史（高校）で博物館のほか校種に応じて資料館，郷土資料館，公文書館との連携が示されている。理科では博物館と科学学習センターの利用，図画工作（小）と美術（中・高校）では美術館の利用が想定されている。とはいえ，博物館等の施設が単なる遠足の行き先や授業の下請け機関にされていては意義ある活用にならない。

岐阜県美濃加茂市には，博学連携の代表的な事例として注目を集めるみのかも文化の森・美濃加茂市民ミュージアムがある。ここでは，博物館の教育普及を担当する職員として学習係を置いている。市内小・中学校の授業を受け入れるにあたっては，学校側の教師と博物館側の学習係による事前の打ち合わせを重視している。博物館を利用する授業の学習指導案を協議しながら作成して，学校では事前・事後学習を計画する。博物館と学校が館の収蔵資料や地域資料と学校の教育課程を突き合わせながら，互いの特性を生かすことで地域の子どもをともに育てていこうとする意思が共有されている。

5　生涯学習を支える社会教育職員

都道府県と市区町村の教育委員会事務局には，社会教育を行う者に専門的技術的な指導や助言を行う職員として社会教育主事が置かれている。社会教育主事は，社会教育法に定められた専門職員として，大学での養成または講習によって任用資格を得ることができる。人々の自由な学習を行政の立場から支え

▷13　社会教育職員養成制度
本書の第2章を参照。社会教育主事（スポーツ担当）については本書の第11章を参照。

55

第Ⅰ部　社会教育・生涯学習の基礎

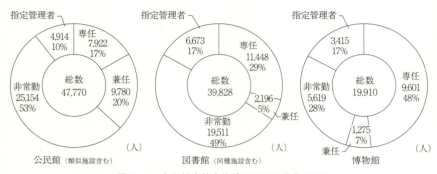

図3-4　主な社会教育施設における職員の状況
出所：文部科学省「社会教育調査」をもとに作成。2015年10月1日時点。

ていく役割を担う職員である。

　また，社会教育施設の運営に携わる職員は，行政機構のなかでも市民と日常的にコミュニケーションを交わす存在である。本章で取り上げた公民館，図書館，博物館の各館では，館長以下，専門的な力量や資格を有する職員が働いている。公民館主事には明確な資格要件がないため，職員の専門的な力量を法制度上は十分に担保できていない。そこで自治体によっては公民館主事に社会教育主事を発令したり，主事同士の職員研修を組織化したりしている例がある。一方，図書館には図書館法で定められた司書，博物館には博物館法で定められた学芸員が置かれる。社会教育施設の職員には，あらゆる世代の人々の多様な学習を支えるため，コミュニケーションの資質，地域への理解，個人や集団の学習を支援する力量などが求められる。社会教育施設に指定管理者制度を導入して施設を運営している自治体もあるが，市民により身近な施設を目指すため，職員の研修を充実させたり有資格者を採用したりしている例もある。

　図3-4には，公民館，図書館，博物館における職員の全国的な状況を示した。自治体や施設によって職員体制は異なるが，全国的に見れば専任職員の占める割合は博物館で半数程度にとどまり，公民館や図書館ではさらに低い状況である。とくに，住民の日常生活に最も身近な距離にあるはずの公民館に配置されている職員は，半数以上が非常勤の立場という現状にある。

　社会教育に携わる職員は，市民に学ぶことを押しつけず，市民が自ら学びたくなるような時間と空間をコーディネートする立場にある。図書館では本と人，博物館では物と人の出会いを職員が支えている。公民館では人と人の出会いを職員が仕掛けていると言えるが，近年では図書館や博物館も本や物をツールに人と人を結ぶ取り組みに注力している。それぞれの社会教育施設が果たす機能に重なり合いが見られるなか，社会教育職員には，市民の生涯学習を軸に緩やかなネットワークを張っていく力が求められていると言えよう。

▷14　指定管理者制度
公の施設を効率的に管理する目的で2003年から導入された。管理委託方式と異なり，株式会社やNPO法人等の民間事業者が公の施設の管理に参入することを認める。民間のノウハウを生かした住民サービスの向上と施設管理経費の節減をねらった制度。

第**3**章　社会教育・生涯学習の施設と職員

Exercise

①　身近な市区町村の地図を机の上に広げて，社会教育施設のある場所に目印をつけて立地を確認してみよう。学校にも目印をつけて比較してみよう。

②　社会教育施設を実際に訪れて，空間づくりにどのような工夫があるか観察してみよう。その工夫に込められた意図を分析してみよう。

📖次への一冊

日本公民館学会編『公民館のデザイン——学びをひらき，地域をつなぐ』エイデル研究所，2010年。

　　公民館という施設が，どのように設計されて現状の空間を構成しているかについて理解できる。教育と建築の双方の視点から公民館の施設空間を捉える。

日本社会教育学会編『地域を支える人々の学習支援——社会教育関連職員の役割と力量形成』東洋館出版社，2015年。

　　生涯学習・社会教育に携わる職員の現状を理解できる。社会教育主事や公民館主事の役割を関連領域の専門職員や海外の動向に触れながら考える。

引用・参考文献

猪谷千香『つながる図書館——コミュニティの核をめざす試み』筑摩書房，2014年。

伊藤寿朗『市民のなかの博物館』吉川弘文館，1993年。

生島美和「『地域社会教育施設論』構想への試論——寺中構想と地域博物館論の検討を通じて」『日本公民館学会年報』3，2006年，62～75ページ。

小和田武紀『公民館図説』岩崎書店，1954年。

栗山雄揮「平塚市博物館がめざす地域博物館像」神奈川県博物館協会編『博物館の未来をさぐる』東京堂出版，2015年，8～16ページ。

小林文人編『講座・現代社会教育Ⅵ——公民館・図書館・博物館』亜紀書房，1977年。

佐藤一子編『地域学習の創造——地域再生への学びを拓く』東京大学出版会，2015年。

寺中作雄『公民館の建設——新しい町村の文化施設』公民館協会，1946年。

日本公民館学会編『公民館・コミュニティ施設ハンドブック』エイデル研究所，2006年。

浜口哲一『放課後博物館へようこそ——地域と市民を結ぶ博物館』地人書館，2000年。

松岡享子『子どもと本』岩波書店，2015年。

吉成信夫『ハコモノは変えられる！——子どものための公共施設改革』学文社，2011年。

> **コラム③**

地域に根ざす，学校と公民館
──地域で見守る，おらが「ふもとの子どもたち」

　秋元小学校は，千葉県君津市清和地区鹿野山の麓に位置する。「炭焼く煙に清和を偲び　九十九谷に朝が来る」と校歌にあるように，一昔前は炭焼き産業で賑わったこの地域も，今では少子高齢化が著しく，2018年２月の在籍児童数は54人。２年後には近隣の小学校と統合することが決定している。この小学校の隣に位置するのが，私の勤務する清和公民館である。開館47年という時間のなか，地域住民と一緒に秋元小学校の子どもたちを見守り続けている。その一部を紹介したい。

　まずは，2005年から実施した「秋元小学校通学合宿」。これは正規授業の一環として，４〜６年生の全児童が，公民館で３泊４日間を過ごす。子どもたちは学校での授業を終えた後，公民館で夕食を作って食べ，就寝。翌日は朝食を作り，公民館から学校へ通学する。これだけでも大変なことであるが，私が一番驚いたのは，「もらい湯」である。期間中，子どもたちが学区内の一般家庭にお風呂を借りに行くのだが，高齢者世帯など，子どもが住んでいない家庭から大変喜ばれている。なかには「おもてなし」を受ける子どもたちもおり，「先生には内緒よ！」と，アイスや果物をこっそりといただいているようである。このほかにも，公民館利用サークルが講師役となる「サークル入門体験」や，地元住民から郷土史を学ぶ授業など，地域住民が子どもにかかわる場面は多い。子どもたちが地域住民からさまざまなことを学びつつ，子どもたちとのかかわりによって，「おらが子ども・孫」という感覚が，地域住民の心に生まれているように思う。

　新しい取り組みでは，「遊びの王国」を実施した。近所に住む子どもが少なく，下校後に集団で遊べない状況を背景に企画した，公民館主催事業である。下校後の小学校を会場に，太巻き寿司作りやドッジボールを計画した。なかでも，「けいどろ（＝警察と泥棒）」遊びでは，地元の駐在さんも交えた本物の「けいどろ」となり，大盛り上がりとなった。

　このような関係は，公民館職員の私にとって日常的なことである。「地域に開かれた学校づくり」を耳にして久しいが，清和地区ではごく自然に学校が地域に開かれ，根づいている。多忙をきわめる学校現場では，地域とのこうしたかかわりづくりは難しいのかもしれない。そういう時こそ，公民館をフル活用してほしい。学校と公民館がかかわりをもつことが，互いの可能性を地域に広げると，私は信じている。

第4章
社会教育・生涯学習の対象と方法

〈この章のポイント〉

　幅広い年齢層の人々が，学校卒業後も学び続ける理由はさまざまであり，生涯学習の多種多様な世界を，学校教育と同じ枠組みだけで把握することはできない。学ぶ側である対象や，学びを広げ，深める方法への理解が不可欠となる。本章では，社会生活を営む成人の学習の性格，成人の学習をめぐる考え方や，社会教育の系譜にある青少年の学びを検討する。また，学びを実現する形態・方法を分類し，生涯学習の不平等を解消するアウトリーチの方法を解説する。そして，海外の先進事例に注目しつつ，対象と方法にアプローチする意味を考える。

1　対象を理解する

［1］　生涯学習をしている理由

　学習は青少年期や学校に限定されない。今日，カルチャーセンター，スポーツクラブ，公民館，eラーニングおよび生涯学習センターなどの多様な学びの場が広がっている。また，世界最高水準の高齢化率を背景に，人生100年時代構想会議▷1で，「人づくり革命」や学び直しのあり方が議論されている。経済，政治，社会，情報ないし文化などのグローバル化が進み，社会状況が複雑化するなかで，自分らしい生き方や地域文化の創造に向けて，年齢に関係なく，新しい知識やスキルを身につけたり，市民社会の共通課題を学び合う生涯学習が，ますます重要になっているのである。

　今日，義務教育制度の下で，ほとんどすべての子どもは学校に通っているが，学校卒業後も人々が学び続けるのは，なぜだろうか。内閣府の調査は▷2，「この1年くらいの間に『生涯学習をしたことがある』」とする者に，何のためにしているかを複数回答で聞いている。その結果，「教養を深めるため」が37.1％，「人生を豊かにするため」が36.2％，「現在の，または当時就いていた仕事において必要性を感じたため」が32.7％，「家庭や日常生活に生かすため」は32.1％，そして，「健康の維持・増進のため」が29.9％等であった（内閣府，2018，2ページ）。これらは，知的活動自体を楽しみ，生きがいを見出す場合と，社会生活に役立つ実利を手に入れようとする場合に大別できる。理由

▷1　人生100年時代構想会議（議長は安倍晋三首相）は，超長寿社会を見据え，新しい経済・社会システムを実現する政策のグランドデザインを検討する会議である。2018年6月にとりまとめた『人づくり革命基本構想』のなかで，より長いスパンで個々人の人生の再設計が可能となる社会の実現に向けて，何歳になっても学び直し，職場復帰，転職が可能となるリカレント教育の抜本的な拡充などに言及している。

▷2　全国18歳以上の日本国籍を有する者3000人を対象とし，有効回収数は1710人（回収率は57.0％）であった。調査期間は，2018年6月～7月で，この1年くらいの間に「生涯学習をしたことがある」とする者の割合は，58.4％だった。

59

第Ⅰ部 社会教育・生涯学習の基礎

の重複を考慮すれば，その個人差はかなり大きくなるだろう。このことは，生涯学習の対象や方法の多様性を示唆している。

２ 子どもの学習と成人の学習

日本で暮らす子どもは，ほぼ一様に小学校や中学校で学んでおり，全国的な一定水準や共通性の確保が前提となっている。国家的統合や経済的要求の手段となった学校の歴史的性格を反省し，子どもの興味を尊重する教育が模索されてきたとは言え，学習指導要領や教科書などの制度的枠組みからは完全に自由ではない。また，先行世代である教育者は，発達途上にある子どもの文化継承にかかわり，使命感，専門性や人間性が求められている。この意味で，学校教育における子どもは，未熟さや不完全さをもち，教育者と対等な存在ではない。

これに対して，生涯学習の場合，人々の発達段階は，乳幼児期から老年期まで幅広く，その中心に位置するのが成人期である。この時期は，社会的責任の負担や心身の変化から，悩みや葛藤を抱えやすく，一人ひとりの意志や決断に応じた柔軟で多様な学びによって，新しい生き方への転換がしばしばなされる。その際，特定領域に精通した専門家から，得意分野を生かすボランティアまで，支援者もバラエティに富んでいる。このような生涯学習の多種多様な世界を，学校教育と同じ枠組みだけで把握することは適切ではない。学ぶ側である対象や，学びを広げ，深める方法への理解が不可欠となる。

以上を踏まえ，本章では，社会教育・生涯学習の対象と方法に関する基本的問題について学んでみたい。まず，第２節では，生涯学習の広がりを確認し，社会生活を営む成人ならではの学習への関心や行動の性格を理解する。ついで，第３節で，成人の学習の独自性をめぐる代表的な考え方や，社会教育の系譜にある青少年の体験活動を通じた学びのあり方を検討する。さらに，第４節では，さまざまな学びを実現する形態・方法を類型化したうえで，生涯学習の不平等を解消するアウトリーチの方法を解説する。そして，最後に，第５節で，海外の先進事例に注目しつつ，対象と方法にアプローチする意味を考えたい。

２ 社会生活を営む成人の学び

１ 多様な生涯学習の場

前述の内閣府の調査は，どのような場所や形態で生涯学習をしたことがあるかを複数回答で聞いており，生涯学習の具体的な場の動向がわかる。調査結果を見ると，「インターネット」が22.6％，「職場の教育，研修」が21.5％，「自

宅での学習活動（書籍など）」が17.8％，「図書館，博物館，美術館」が13.8％，「公民館や生涯学習センターなど公的な機関における講座や教室」は10.4％，また，「同好者が自主的に行っている集まり，サークル活動」が8.0％などとなっている（内閣府，2018，1ページ）。世代，居住地，性別やライフスタイルなどの影響を受け，全体として，多様な生涯学習の場が広がっている。

　本調査から，個人で比較的行いやすい「インターネット」や「自宅での学習活動」とともに，地域を中心とする学びの場である「図書館，博物館，美術館」「公民館や生涯学習センターなど公的な機関における講座や教室」や「同好者が自主的に行っている集まり，サークル活動」が，一定の割合を占めている様子を読み取ることができる。このなかで，第二次世界大戦後に普及した公民館は，これまで，人々の教養の向上や生活文化の振興に寄与してきた。近年では，アジア諸国において，地元住民の生活の改善やコミュニティの開発を目指し，識字教育や技術訓練等のノンフォーマル教育を行う「コミュニティ学習センター（community learning center）」のモデルとして，公民館への国際的関心は高い。国内では，利用者数の減少や運営形態の改革などの問題に直面しているが，それでも地域に根ざす学習を創造する場として，果たすべき役割は大きい。わが国の生涯学習の現状を理解するにあたって，このような社会教育の視点を重ねることが欠かせない。

2　成人の学習への関心と行動

　生涯学習が浸透する一方で，タイミングやきっかけがつかめず，また，何らかの事情や制約があり，行動していない人々が少なくないのも現実であろう。成人の学習行動過程に注目した研究成果の一つに，藤岡英雄の「学習関心の階層モデル」（図4-1）があり，参考になる（藤岡，2008，36～38ページ）。

　藤岡は，行動化している学習を「学習行動」，まだ行ってはいないが，今後行いたい学習を「学習関心」と呼ぶ。また，「学習関心」を，行動化の可能性の大小により，日常的に意識の表層にあり，行動化の可能性が高い「顕在的学

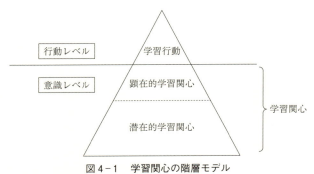

図4-1　学習関心の階層モデル
出所：藤岡（2008, 37ページ）。

習関心」と，外部環境からの刺激や手がかり（例えば，学習内容のリスト）を与えられて，はじめて意識化される「潜在的学習関心」の二層に分けた。なお，学習への関心が未だ存在しない状態は，「無関心」である。藤岡は，行動レベルを海面上，意識レベルを海面下，無関心を周りの海水部分と重ねながら，成人の学習への関心と行動の連続体を海に浮かぶ氷山にたとえている。

学習行動に至る過程に注目したこのモデルから，学習の意欲が高く，学ぶ必要性を自覚し，実際に行動に移す人々が，実は限定的であること，また，学ぶ必要性が高いにもかかわらず，学習へのネガティブな感情や生活の不安があり，スムーズに行動に結びつかない人々が存在すること，さらに，行動化を促す，外部からの適切な支援が重要であることなどが推量できる。学習行動過程全体を考え合わせて，施設運営，事業開発および広報・学習相談などに工夫を凝らすべきであろう。

多忙な社会生活を営む成人の場合，学習への関心と行動のずれが生じやすい。学習活動への参加の障害が作用するからである。ダーケンバルトとメリアムは，それを境遇的障害 (situational barriers)，制度的障害 (institutional barriers)，情報的障害 (informational barriers) ならびに心理・社会的障害 (psychosocial barriers) の四つに整理している (Darkenwald & Merriam, 1982, pp. 136-137)。まず，境遇的障害は，経済的・時間的制約のような個人の生活状況から生じる障害である。ここには，移動手段や託児施設の欠如も含まれる。また，制度的障害とは，不便なスケジュール，教育内容の魅力の欠如等の教育機関の問題をいう。そして，情報的障害は，学習機会に関する教育機関の情報提供の不足と，教育に不慣れな学習者の情報活用能力の問題の両面からなる。最後に，心理・社会的障害とは，「学ぶには年を取りすぎている」や「学びを楽しめない」などの言い方に見られる，計画的な学習活動への参加を抑制する成人の態度や価値観をさしている。これらの障害を抱えがちな成人の立場の理解は，学びの支援の出発点となる。

たしかに，今日，多様な学びが展開されているものの，成人の学習への関心と行動のずれや，学習への参加を阻む複合的障害があり，人生をよりよいものにしようとする成人の意志や決断を尊重し，快適な学びの環境を備えた社会が実現した，とは言えない。生涯学習のいっそうの普及が求められている。

3 成人・青少年の学習をめぐる考え方

1 ノールズのアンドラゴジー論

学校卒業後の成人の学習の独自性を理解するためには，学校教育とは異なる

教育学的アプローチが不可欠である。この問題にはじめて本格的に取り組み，その後の理論と実践に大きな影響を与えた人物が，ノールズであった。ノールズは，「子どもを教える技術と科学（the art and science of teaching children）」を意味する伝統的なペダゴジー（pedagogy）に対して，アンドラゴジー（andragogy）を「成人の学習を援助する技術と科学（the art and science of helping adults learn）」と定義した。そして，成人学習者の特性をめぐる重要な考え方として，以下の4点を指摘している（ノールズ，2002，38～58ページ）。

　第一に，自己概念が，依存的なものから自己決定的な人間のものに変化していく。ノールズは，成人が自己決定的でありたい，という深い心理的ニーズをもっている，と考えた。自己決定性（self-directedness）が増大する成人の場合，押しつけは馴染まず，支援者の役割は学習者の援助が中心となる。第二に，人は経験を蓄積するが，これが学習の豊かな資源になる。職業・余暇などの過去の経験から，自己定義を行うのが成人であり，学習者の経験を引き出し，お互いの経験に学び合う技法が有効となる。第三に，学習者の心身の発達，知識や経験等の内的状態をさす学習へのレディネスは，社会的役割の発達課題に向けられる。子どもの発達課題は，生理的・精神的成熟の産物である。他方，成人は，職業人・家庭人としての社会的役割を担う学習を求めるため，成人にとっての学習の適時の把握が欠かせない。第四に，学習への方向づけは，教科中心的なものから課題達成中心的なものへと変化する。子どもの学習は，将来の人生で役立つ教科の蓄積だが，成人の学習は，現在直面する生活問題に取り組む能力の向上という問題解決中心的枠組みで行われる。それゆえ，カリキュラムは，学習者の実用的な関心に即して取り扱われることになる。

　ノールズのアンドラゴジー論は，成人の自己決定性とその支援に焦点を当てており，子どもとは異なる，成人学習者の特性を把握するうえで大きな手がかりとなる。成人は，あらかじめ決められた知識・技能の習得というよりも，自らの経験を生かし，日常生活を豊かにする主体的な学習を進めようとする存在なのである。

2　メジローとフレイレの学習論

　成人の学習に着目しつつ，ノールズとは違う見方を示したのが，メジローである。メジローは，子ども期の社会化や学校経験がもたらす形成的学習（formative learning）に代わり，成人期には，「変容的学習（transformative learning）」が重要になると考えた。変容的学習とは，ものの見方や感じ方の習慣的枠組みである意味パースペクティブや意味スキームを，よりよく変えていく学習のことをさす。パースペクティブ変容のプロセスは，これまで当然と思ってきたことがうまくいかなくなるジレンマから始まる。そして，自己の前

▷3　マルカム・ノールズ（M. S. Knowles, 1913～97）アメリカの成人教育学者。ハーバード大学卒業後，青年育成事業などにかかわり，シカゴ大学で修士号と博士号を取得した。その後，ボストン大学とノースカロライナ州立大学で成人教育の研究と教育に従事した。

▷4　ジャック・メジロー（J. Mezirow, 1923～2014）アメリカの成人教育学者。ミネソタ大学で学士号と修士号，また，カリフォルニア大学ロサンゼルス校で博士号を取得した。コロンビア大学ティーチャーズ・カレッジの教授を務め，成人の学習に関する研究や教育に携わった。

▷5　意味パースペクティブ（meaning perspective）は，経験の意味を解釈する枠組みの総体であり，それを具体的に明示する意味スキーム（meaning scheme）は，特定の意味を解釈する際に用いられる枠組みとされる。メジローは，後者が，批判的なふり返りによって，より変容しやすいと考えた。

第Ⅰ部　社会教育・生涯学習の基礎

提を批判的にふり返り，異なる選択肢の探索や行動計画などを経て，新たな
パースペクティブに基づく条件を土台に，自己の生活を再統合することで，完
了する（メジロー，2012，234〜236ページ）。自己の前提をふり返り，内面化した
社会規範等の根拠を問い直す変容的学習は，既成の意味パースペクティブから
人々を自由にする，解放の学びの性格をもっている。

　また，メジローに影響を与えた人物の一人で，成人の識字教育実践にかかわ
り，抑圧からの解放に向けた教育を提唱したのが，フレイレ[6]だった。フレイレ
は，教育を二つに分けて論ずる。一つは，預金するかのように，教師が一方的
に生徒に知識を入れ続ける「銀行型教育」である。このような教育では，生徒
は知識を受け入れ，覚えるだけの受動的存在になってしまう，と批判する。他
方，教師と生徒の対話的コミュニケーションを通じて，生徒自らが主体とし
て，自分とのかかわりのなかで世界を捉え，理解する能力を開発させるのが，
「問題解決型教育」である。ここでは，生徒と教師がともに探究者となる。フ
レイレは，現実を静的で固定的なものではなく，変革の過程にあるものと認識
し，抑圧を受けている人々が批判的意識を高め，社会変革に取り組んでいく学
びのあり方を提示したのだった（フレイレ，2011，78〜115ページ）。

　成人の学習の解放的性格に着目したメジローや，抑圧構造の変革を目指した
フレイレの考え方と，自己決定性を重視し，個人主義・心理主義的性格をもつ
ノールズのアンドラゴジー論には隔たりがある。しかしながら，成人が蓄積す
る固有の経験を，学習の基盤に組み込みつつ，理論化を試みた点は，共通す
る。成人の学習をめぐる考え方は，複雑で困難な出来事を繰り返し経験するな
かで，学びを通じた，創造的・建設的な生き方への転換を促す，成人の人間的
成長や深まりをめぐる教育学的アプローチなのである。

3　青少年の体験活動の学び

　ところで，欧米の「成人教育（adult education）」は，対象に即した用語で，
学校教育との関連が深い。このことが，前述した成人の学習をめぐる活発な議
論を生み出す土壌になっている。これに対して，欧米の近代的学校教育制度を
採用した日本では，知育への評価は必ずしも安定しておらず，学校教育との対
比において，日本独自の社会教育の概念を必要とした。例えば，川本宇之介[7]
は，教師中心の方法で暗記注入主義となり，子どもの学習能力や創造力を練磨
せず，自治・自律の精神が不十分となる，という学校の教授法の問題点を指摘
したうえで，子どもの自己教育観念を高める社会教育の意義を唱えた（川本，
1931，270〜271ページ）。学校外における子どもの豊かな成長をめぐる問いが，
社会教育の概念の中核に存在している。

　そして，今日，社会教育の系譜で議論されているのが，青少年教育である。

▷ 6　パウロ・フレイレ
（P. Freire, 1921〜97）
ブラジルの教育者であり，
識字教育の理論家・実践家
として知られる。民衆文化
運動に参画した後，軍部の
クーデターで亡命を余儀な
くされたが，著作活動など
で世界に大きな影響を与え
た。帰国後は，サンパウロ
市教育長として教育改革に
も尽力した。

▷ 7　川本宇之介（1888〜
1960）
東京帝国大学哲学科を卒業
後，東京市教育課，文部省
普通学務局および東京教育
大学附属国立聾学校などに
勤務した。幅広い教育の研
究・調査に取り組んだが，
とくに，障害児教育・社会
教育の分野や，第二次世界
大戦後の教育改革で重要な
役割を果たした。

64

地縁的な青少年団体の活動が振るわず，青少年の主体性や参画を尊重する取り組みが増えており，その一つとして，体験活動があげられる。2013年1月に中央教育審議会は，青少年の体験活動に関する答申を取りまとめた。この答申は，これまで身近にあった遊びの場や「本物」を見る機会の減少，核家族化やライフスタイルの多様化による子どもたちの人間関係能力の低下等の背景を踏まえ，体験活動の機会を創出する必要性を指摘している。そのうえで，社会で求められるコミュニケーション能力，自立心，主体性，協調性，チャレンジ精神，責任感，創造力，変化に対応する力および異なる他者と協働する能力などを育む体験活動の効果を指摘している（中央教育審議会，2013，2～5ページ）。

　また，文部科学省は，2016年9月に「青少年の体験活動の推進方策に関する検討委員会」を開催し，同年11月には今後の時代に合った推進方策を示した。このなかで，効果が高い長期宿泊型の体験活動や，ネット依存や貧困家庭などで困難な状況にある青少年を対象とした体験活動の機会の充実，また，用意された体験活動ではなく，失敗体験も含め，体験プログラム自体を子どもたちが自ら提案するような主体的な体験活動が必要であるなどの意見をまとめている（青少年の体験活動の推進方策に関する検討委員会，2016，2～3ページ）。

　これらの議論では，青少年の体験活動を通じた学びのあり方について，社会的・職業的自立に欠かせない課題解決能力などの他者とかかわり合う実践的能力を高めることに重点を置いている。生涯学習の基盤的能力を育む，青少年教育の充実が期待されているのである。そのためには，教師の多忙化が深刻な学校中心の取り組みだけでなく，学校，家庭ならびに地域などの多様な担い手が連携し，幅広い世代の人々の交流や地域づくりにつながる機会として位置づけることが重要となる。地域の人的・物的資源の効果的なコーディネートにより，魅力と価値を備えた青少年の主体的な学びの場を実現する，社会教育の果たす役割は大きい。

4　生涯学習の形態・方法とアウトリーチ

1　生涯学習の形態・方法の分類

　人々が自発的に取り組む生涯学習では，対象と支援者の双方が，さまざまな形態・方法を選択している。教室における授業のように，教育者と学習者の関係が固定的な場面に限定されないことから，学校教育とは異なる，多様な学びを実現する形態・方法の理解が必要である。そこで，以下では，生涯学習の主要な形態・方法について，社会教育審議会の議論も参考にしながら，(1)個人学習，(2)集会学習および(3)集団学習の三つに分類し，考えてみたい（社会教育審

▷8　体験活動
体験を通じて何らかの学習が行われることを目的として，体験する者に対して意図的・計画的に提供される体験のことである。放課後に行われる遊びやお手伝い，野遊び，スポーツ，部活動，地域や学校における年中行事などの「生活・文化体験活動」，登山，キャンプ，ハイキング，星空観察や動植物観察などの「自然体験活動」，ボランティア活動，職場体験活動やインターンシップなどの「社会体験活動」の三つに大別される。

▷9　個人あるいは集合という学習の態様が「形態」，学習・教育の具体的方法が「方法」である。

第Ⅰ部　社会教育・生涯学習の基礎

議会，1971，34〜38ページ）。

　まず，(1)個人学習とは，資格試験の合格，教養や語学力の向上などのために，一人で学問・知識を身につける学習の形態である。その方法として，読書，音楽鑑賞，遠隔教育の学び，博物館の展示鑑賞や図書館の資料閲覧などをあげることができる。個人学習は，特定の教育機関に通う時間的・経済的制約を受けることなく，自分のペースで興味あるテーマを学習しやすい。都合のよい時間や場所で進められるため，社会生活を営み，多忙な成人に向いている。例えば，通勤・通学時間にビジネス書や教養書などで学び，目標達成に役立てている人々は少なくないだろう。他方，学習習慣が継続しにくいことや，自分が得た知識の信頼性の検証やアウトプットが難しい，という側面もある。

　次に，(2)集会学習は，学習のねらいやテーマに応じ，学習者がその都度自由に参加する集会的性格の学習の形態をさす。一人ひとりの学習者と講師との関係を軸に，専門的知識や最新情報を得て，体系的な学びを深めることができる。集会学習には，学校開放講座，講演会・映画会・音楽会等の大会，また，シンポジウムやパネルディスカッションなどの公開討議の方法がある。教える側を中心とする学校教育の形態に近く，受け身の学習になりがちなデメリットがあるが，参会者を交えた質疑応答や集団学習を丁寧に組み込むことで，学習者は知識や情報を自分の経験や日常生活に重ねることができる。

　最後に，(3)集団学習とは，少人数の参加者同士の相互作用を重視する学習の形態である。同じ悩みや課題をもつ学習者が集い，話し合い学習を行う家庭教育学級や高齢者学級は，社会教育の代表的方法である。また，グループやサークルは，しばしばメンバーの役割分担やリーダーシップをともない，人間関係の学びの場になっている。先にあげた青少年教育も，仲間同士の交流や切磋琢磨が，学習の励みや刺激となる集団学習の形態で行われることが多い。また，さまざまな人生経験をもつ学習者同士の対話が，価値観の変容や新しい文化の創造を促す点は，個人学習や集会学習と比べて，優れたところである。なお，学習者の参加・体験を重視し，ロールプレーイングやシミュレーションなどの方法を用いて，相互的・創造的に学ぶワークショップは，集団学習の現代的展開の一つである。

　以上の学習の形態・方法の選択にあたって，それぞれの長短の把握は肝要である。例えば，あるテーマの理解を深めようとする読書で，個人は好きな図書や著者を選択することができるが，目標に照らし，それらが必ずしも最善とは限らない。また，多人数を対象に，理論的なテーマを扱うことができる講演会だが，それぞれの参会者の意欲や理解度の影響を避けることはできないだろう。さらに，話し合い学習で，学習者の参加度が高まるが，脱線しやすく，内向的な学習者には不向きかもしれない。学習の形態・方法の効果を高めるため

▷10　遠隔教育（distance education）
教育者と学習者が離れた場所にいる状態で行われる教育のことをいう。印刷教材，放送メディアの教材，インターネットの通信教材などを用いる。近年，情報通信技術の進歩，コンピュータやタブレットなどの普及を背景に，その開発が進んでいる。

▷11　シンポジウムは，特定のテーマについて，複数の講演者が発表を行い，その内容を参考に，参会者とともに質疑応答や意見交換を行うものである。また，パネルディスカッションとは，あるテーマで意見が対立する複数の代表者が，見解の発表や討論を展開し，コーディネーターの進行の下，参会者とのやり取りを行う方法である。後者は討論により重点を置いている。

▷12　ロールプレーイングは，ある特定の場面を設定し，参加者が役割を演じながら，問題解決の糸口を探るもので，シミュレーションは，暮らしのなかで直面する問題状況のモデルを設定し，実際の活動からその特性や解決法を学ぶ方法である。ともに，ワークショップで用いられることの多い，参加型学習の方法である。

には，自らの学習を深めようとする学習者の学びへの意識と，学習者の学ぶスタイルに対する教育者の配慮が求められる。

2 アウトリーチと不平等の解消

　個人は適切な形態・方法を選ぶことで，学びを広げ，深めることができるが，同時に，社会生活を営む人々の学びは，社会の維持・発展と不可分である。経済のグローバル化等を背景に，競争に結びつく学習だけを過度に強調すると，学歴偏重を克服するはずの生涯学習が，新たな格差を生み出しやすい。その結果，人々の多様な学びが抑制されてしまい，学びの質が悪化するおそれがある。また，養育者である成人の経済的背景や学習への参加は，子どもの学力や進学に影響を及ぼし，貧困の世代間連鎖が懸念される。したがって，不利な環境にある人々の学びの保障や生涯学習の不平等の解消は，私たちが取り組むべき社会的課題だと考えられるのである。

　この問題解決の糸口の一つとなるのが，「アウトリーチ（outreach）」の方法である。もともとはアメリカの用語だが，支援者が，教育機関で学習者を待っているのではなく，コミュニティに出ていき，支援を必要とする人々に応じることを意味し，今日，学校教育だけでなく，成人教育や若者支援でも重視されるようになっている（Gordon & Lawton, 2003, p. 180）。学習への意欲や能力の高い成人が，学習を積み重ねていく一方で，切実な問題を抱えた人々が学びに参加しないという傾向は，国際的な共通現象であろう。アウトリーチは，成人であっても，自分の力だけではどうすることもできず，不利な環境に取り残されたままの人々の学びを支援する方法である。

　実際，アウトリーチは，成人教育の現場に影響を与えてきた。例えば，参加する学習者の偏りに直面したロンドンの成人教育関係者は，現状維持型のプロバイダーズ・モデルと，社会・政治変革型のコミュニティ・モデルに分類した理論を一つの議論の手がかりに，よりよい実践を目指した。前者は，教育機関を拠点に，専門家の管理下で，支配的文化の伝達を図るものであり，教科中心の伝統的な教育学（ペダゴジー）の性格を反映している。これに対して，後者は，パートナーとしての学習者のコミュニティに学習資源を分配するもので，問題解決中心の成人教育学（アンドラゴジー）の特徴をもっている。アウトリーチを織り込んだコミュニティ・モデルは，新しい成人教育のあり方を検討するうえで，示唆に富むものであった（National Institute of Adult Continuing Education, 2000, p. 59）。

　このように，学習者の立場に立つアウトリーチは，不利な環境にある人々の学びの保障に結びついている。わが国でも，2018年6月に閣議決定された第3期教育振興基本計画が，「誰もが社会の担い手となるための学びのセーフティ

第Ⅰ部　社会教育・生涯学習の基礎

ネットを構築する」ことを，今後の教育政策に関する基本的な方針の一つに掲げ，「多様なニーズに対応した教育機会の提供」に言及した。生涯学習が普及するなかで，多様性と平等性を重視する学びの質が問われているのである。

5　多様性と平等性を重視する学びの支援

1　イギリスのコミュニティ教育の事例

　あらゆる人々の豊かな学びとその支援が求められている現代社会において，イギリスロンドンのタワー・ハムレッツ区（London Borough of Tower Hamlets）が新設したアイディア・ストア（Idea Store）は注目に値する。タワー・ハムレッツ区は，マイノリティのエスニック集団が増大し，労働・健康問題に直面するイギリスの最貧困地区の一つである。生活に困難を抱える住民が集住しているにもかかわらず，成人の基礎教育を含む公共サービスの利用は低調だった。そこで，1999年に同区が構想したのが，図書館（library），学習（learning）および情報（information）をコア・サービスとするアイディア・ストアだった。従来の図書館，成人教育センターに加えて，情報技術，カフェ，キャリア・健康支援などを統合した新しいコミュニティ教育施設である。世界中の言語に存在する「アイディア」と，住民の日常的言葉の「ストア」を合わせて命名することで，堅苦しく，自分たちとは無縁の世界に映っていた，不参加層の生涯学習へのイメージを変えようとしたのだった。

　全7館からなるネットワークを目指すアイディア・ストアの構想において，2002年以降，ショッピング・センターの中心などの公共交通機関の集中する利便性の高い場所に，5館のアイディア・ストアが開館した。既存の施設をめぐる懸案事項だった，立地の弱点の克服を図ったのである。また，世界的建築家のアジャイ[13]が設計したデザインは，周囲の伝統的なストリート・マーケットと調和しつつ，地域に存在感を示している。なお，調査の結果，人々は顧客対応や店舗感覚に好感をもっていることがわかった。その目的は営利ではなく，無償の公共サービスだが，職員はカウンターで利用者を待っているのではなく，フロアで友好的に支援するのである。

　アイディア・ストアでは，情報技術や書籍などによる個人の学びの促進，外国語としての英語[14]などの各種の学習コースにおけるフォーマルな学びの専門的指導，そして，誰でも気軽に参加できるイベントやクラブなどのインフォーマルな学びの支援が，それぞれの固有の役割を果たしながら，相乗効果を発揮している。その結果，利用者数は大幅に増加し，また，エスニック集団別に見た，地域人口と利用者の構成比が比例する成果も得られた。さらに，地元の親

▷13　デイヴィッド・アジャイ（D. Adjaye, 1966〜）タンザニア出身の建築家。1979年にイギリスに移り，英国王立芸術大学卒業後，世界中の個人住宅や公共建築等の幅広い作品を手掛けてきた。区の依頼によるホワイトチャペルおよびクリスプ・ストリートのアイディア・ストアは，彼の代表作である。

▷14　外国語としての英語（English for Speakers of Other Languages）は，タワー・ハムレッツ区が提供する900を超える生涯学習コースのなかで，重点分野の一つとなっている。また，英語習得を目指す地元住民による自主的なクラブ活動も活発である。

子や子どもを重要な対象と認識し，家庭教育の地域的支援に大きく貢献している。このようにして，不参加層の開拓に成功したアイディア・ストアは，イギリスの最貧困地区の一つが直面する切実な地域問題を解決する鍵となっているのである（関，2017，187～196ページ）。

２ 対象と方法へのアプローチ

今日，学校卒業後の成人や，学校外における青少年の学びの機会が浸透している。社会生活を営む人々は，物理的・内面的制約から自由ではないものの，自分なりの目標を設定し，適切な形態・方法を選択して，学習を進めている。人生100年時代を展望すると，生涯学習がますます求められるようになり，学習を支援する技術や環境の整備が，さらに進むことが予想される。人づくりの原点である青少年の体験活動と，人生経験と結びついた成人の学習は，長寿化する個人の人生や持続可能な社会の発展に欠かせない，生涯学習の中心要素になるであろう。それと同時に，現代教育で大きな位置を占めている学校教育を相対化し，人々の人間的自立や深まりをもたらす，多様性に富んだ学び合いの価値を共有する社会の実現が図られなければならない。

また，学んだ人はさらに学ぼうとする傾向が見られることから，単に学習を奨励するだけでは，不利な環境にある人々との学習の格差が拡大してしまう。そこで，学習資源の公正な管理や生涯学習の不平等の解消が，社会的課題となるのである。機関中心の発想で，保守的・権威的になりがちな教育に，アウトリーチの方法を導入したのが，タワー・ハムレッツ区だった。従来の不参加層に焦点を当てた抜本的改革は成功し，学びの場は，地元住民の日常生活に不可欠の一部となった。ここにおいて，職員は，知識や情報の伝達者というよりも，複雑で多様な文化的・社会的背景をもつ人々の人生に寄り添い，主体的学習を促すファシリテーターの役割を担っている。学びのセーフティネットの構築や地域学習の創造という課題に直面するわが国でも，この事例を参考にしつつ，豊かなコミュニティ学習の場の創造に向けて，努力と創意工夫を積み重ねていく必要がある。

来るべき生涯学習とその支援を中心に据えた学びの世界は，フォーマルな学校教育の延長線上に必ずしも位置づくわけでない。生涯学習・社会教育の対象・方法へのアプローチは，既存の教育や社会の問い直しと深く結びついており，多様性と平等性を重視する学びのあり方を探究する重要な糸口になる，と考えられる。

▷15　ファシリテーター（facilitator）
学習者の主体的参加や体験を促し，それぞれの関心や意欲を引き出しながら，学習活動全体を活性化させる役割を担う支援者のことである。指導者というよりも，援助者の立場に立っている。

Exercise

① 独学や仲間で行う生涯学習が広がっている。学校卒業後も何かを学び続けている身近な成人を見つけて，その人に学習をしている理由や具体的な方法，そして，学びの楽しさや大変さを聞き，気づいた点をまとめてみよう。

② 義務教育と大学の学習の相違点をあげてみよう。また，自分の経験も踏まえて，学校内の学習と学校外で自由に選ぶ学習の違いを考えてみよう。そのうえで，豊かな学びとは何かについて，みなで話し合い，意見を整理してみよう。

③ 学歴偏重を克服するはずの生涯学習が新しい格差を生み出している，という議論がある。現代社会で不利な環境にあり，学びの機会に恵まれない人々を考え，その人たちの学びを支援するアイディアを出してみよう。

📖次への一冊

ノールズ，M., 堀薫夫・三輪建二監訳『成人教育の現代的実践——ペダゴジーからアンドラゴジーへ』鳳書房，2002年。
　　ペダゴジーとの対比においてアンドラゴジーの概念を提唱し，具体的なプログラムの組織化を論じたノールズの主著である。成人教育の学問的体系化を試みた開拓的研究である。

日本社会教育学会編『成人の学習（日本の社会教育第48集）』東洋館出版社，2004年。
　　日本社会教育学会の研究成果である。欧米の成人学習論やわが国の社会教育における学習論を踏まえ，成人の学習のプロセスや方法の革新，学習支援者の力量形成等を検討している。

日本社会教育学会編『子ども・若者支援と社会教育（日本の社会教育第61集）』東洋館出版社，2017年。
　　日本社会教育学会による研究報告である。子ども・若者支援の社会教育的アプローチ，歴史的展開，担当職員の専門性や養成の視点，国内の実践的広がりを検討している。

アンニョリ，A., 萱野有美訳『知の広場——図書館と自由』みすず書房，2011年。
　　司書として長年勤務してきた著者が，あらゆる人々の参加を促し，豊かな体験を提供する「屋根のある広場」という新しい公共図書館のコンセプトを提示し，具体的改革案を論じている。

メジロー，J., 金澤睦・三輪建二監訳『おとなの学びと変容——変容的学習とは何か』鳳書房，2012年。
　　哲学，言語学，心理学，社会学や教育学等の成果を取り入れながら，成人が経験を解釈する際に用いる準拠枠が変容するプロセスに着目する変容的学習論をまとめている。

引用・参考文献

川本宇之介『社会教育の体系と施設経営　体系編』最新教育研究会，1931年。

社会教育審議会「急激な社会構造の変化に対処する社会教育のあり方について（答申）」
　　1971年。

青少年の体験活動の推進方策に関する検討委員会「『青少年の体験活動の推進方策に関
　　する検討委員会』における論点のまとめ」2016年。http://www.mext.go.jp/b_menu/
　　shingi/chousa/shougai/036/gaiyou/__icsFiles/afieldfile/2017/06/21/1386845.pdf（2018
　　年5月30日閲覧）

関直規「コミュニティ学習の場の創造――イギリスの事例から」手打明敏・上田孝典編
　　著『〈つながり〉の社会教育・生涯学習――持続可能な社会を支える学び』東洋館出
　　版社，2017年。

中央教育審議会「今後の青少年の体験活動の推進について（答申）」2013年。http://
　　www.mext.go.jp/component/b_menu/shingi/toushin/__icsFiles/afieldfile/2013/
　　04/03/1330231_01.pdf（2018年5月30日閲覧）

内閣府「『生涯学習に関する世論調査』の概要」2018年。https://survey.gov-online.go.jp/
　　h30/h30-gakushu/gairyaku.pdf（2018年9月23日閲覧）

ノールズ，M.，堀薫夫・三輪建二監訳『成人教育の現代的実践――ペダゴジーからアン
　　ドラゴジーへ』鳳書房，2002年。

藤岡英雄『学習関心と行動――成人の学習に関する実証的研究』学文社，2008年。

フレイレ，P.，三砂ちづる訳『新訳被抑圧者の教育学』亜紀書房，2011年。

メジロー，J.，金澤睦・三輪建二監訳『おとなの学びと変容――変容的学習とは何か』
　　鳳書房，2012年。

Darkenwald, G. G., & Merriam, S. B., *Adult Education: Foundations of Practice*, Harper
　　& Row, 1982.

Gordon, P., & Lawton D., *Dictionary of British Education*, Woburn Press, 2003.

National Institute of Adult Continuing Education, *Aylesbury Revisited: Outreach in the
　　1980s*, National Institute of Adult Continuing Education, 2000.

コラム④

社会教育職員は地域の応援団

　社会教育では，家庭教育，青少年教育，人権教育などのさまざまなテーマを取り上げ学習活動を行うが，地域住民がかかわり合い，理解し合い，地域の課題に取り組みながら学んでいくことが，社会教育の土台であると感じている。だが実際には，社会とかかわらず孤立している人が多い地域の現状があり，住民に社会や人との交流についてまず関心をもってもらうことが，今の社会教育の大きな課題であると考えている。

　人は置かれている環境や育ってきた状況が違うため，それぞれ価値観やかかわり方も違う。職員は住民の「その人らしさ」「その地域らしさ」を尊重しながら，社会とのかかわりがもてるように働きかけていくことが重要ではないだろうか。試行錯誤しながら一緒に悩み，時には失敗もあるが，嬉しさや楽しさを共有することができた時には，社会教育に携わる職員としてのやりがいを感じることができる。

　近年では，就労している親が増え，地域の子ども会活動を支援する大人が活動を続けられないといった状況がある。職員は一つひとつの活動状況を丁寧に聞き，活動内容の見直しや関係機関とのかかわり方など，参加する大人ができる範囲で無理なく活動を続けていくにはどうしたらよいのかについて，ともに方策を考えている。

　こういった活動の完成度や活動数は重要ではない。大切なのは，みなで困難を乗り越え一つの活動を作り上げること，さらに活動が地域にかかわることのきっかけとなり，地域で多くの人がかかわって子どもを育てていることに気づくことである。1年間の活動を終えたお母さんより，「地域での活動を通じてたくさんの方々とかかわったが，子どもたちのために多くの方がご尽力いただいていたことを知り，地域の方々に感謝の気持ちでいっぱいになりました」と感想をいただいたことがある。「今まで当たり前だと思っていたことは，実は誰かがやってくれていたのだ」と気づくこと。小さなことだが，立派な社会教育の成果ではないだろうか。その気持ちから，地域に恩返しをしようと活動を始めたお父さんやお母さんを何人も知っている。

　人は人とのかかわりのなかで気づき，理解し，学んでいく。そのきっかけは学校や町内会の役員，公民館での講座や文化祭とさまざまであろうが，どんな活動のなかにも人とのかかわりがある。地域住民の豊かな関係づくりのために，職員として，人として，ともに悩みかかわり合いながら，これからも地域を応援していきたいと思う。

第5章
世界の生涯学習政策

〈この章のポイント〉

　生涯学習の考え方は，1965年にユネスコで「生涯教育」が提唱されたことを出発点として，教育，とくに成人教育に関する国際会議などでの議論を通して発展してきた。その過程において生涯にわたって学ぶことの意義や権利が確認され，近年は持続可能な社会の構築や能動的市民性の涵養などの点からも生涯学習が重要視されている。本章では，1965年以降の生涯教育・生涯学習概念の発展を概観するとともに，各国の政策や実践に影響を与えてきたユネスコやOECD，EUの生涯学習に関する政策や取り組みについて学ぶ。

1　ユネスコにおける生涯教育の提唱から権利としての学習へ

1　教育システムの再編を目指す原理

　人は生涯にわたって学び続けるものであるという考え自体は特別新しいものではない。『論語』で知られる孔子の「子曰く，吾れ十有五にして学に志す」で始まる言葉は人間として成熟していく生涯の過程を示したものである。また近代教育学の祖とされるコメニウスは生まれる前から死に至るまでを8段階に区分し各段階に応じた「学校」を構想した。

　しかし学校教育の普遍化を前提に，生活のあらゆる領域（lifewide）における生涯にわたる（lifelong）学習の必要性と保障を重視する考え方が国際的に広まったのは1960年代半ば以降である。その契機は1965年にユネスコの成人教育推進国際委員会に提出した作業文書において，成人教育部長であったラングラン（P. Lengrand）が教育システム全体の根本的な変革を意図する概念として「生涯教育」を提唱したことである。提唱の背景には，加速化する社会の変化や人口の増大，科学知識や技術の進歩，余暇時間の増大など当時の世界を取り巻く新たな状況のなか，人々が生活上抱える問題や社会の課題の解決に必要な知識や技術は日々急速に変わっており，「百科事典的な」カリキュラムを提供し，網羅的な知識を暗記させる伝統的な教育はもはや有効ではないという認識があった。「学習もまたひとつの習慣であり，児童期に修得のしかたを身につ

▷1　子曰く，吾れ十有五にして学に志す。三十にして立つ。四十にして惑わず。五十にして天命を知る。六十にして耳順う。七十にして心の欲する所に従って，矩を踰えず（井波，2016，25ページ）。

▷2　ユネスコ
国際連合教育科学文化機関。教育・科学・文化分野における人々の間の協力を促進することで，平和の構築に寄与することを目的とする国際連合の専門機関。1946年設立。

第Ⅰ部　社会教育・生涯学習の基礎

けた人は，いつでも新しい学習実践の手ほどきを受け，導入されることができる」（ラングラン，1984，50ページ）のであって，必要な知識や技術を必要な時に学べるように「学習の技能」を身につけられる教育への転換が求められた。

　教育システムの再編に向けてラングランが提示したのは二つの「統合」である。一つめは，学齢期の子どものみではなく生まれてから死ぬまで学習を継続し，人生の各段階に適した学習を行えるように教育機会を保障するという時間軸での統合である。もう一つは，学校を含めた教育施設や家庭，職場などあらゆる場で行われている教育・訓練を相互につなげ体系化するという空間軸での統合である。これらの統合により一人の人の発達において教育が一体化され，個々人が自身の可能性を広げ自己実現を図っていくことが可能になるとされた。

[2]　生涯教育論の展開

　ラングランの生涯教育の理念は1972年にユネスコの教育開発国際委員会が刊行した報告書『未来の学習』（*Learning to be*：通称，フォール報告書）に結実する。報告書の題名になっている "learning to be" は "learning to have" の対義語として用いられている。すなわち，学歴や地位，財産をもつ（have）ための学習ではなく，身体的・知的・感情的・倫理的に統合された「完全な人間」になっていく（be）ための継続的な学習が必要だとされた。そして，そのような学習を可能にする「学習社会」の建設が提唱されている。

　同じく1972年には，ラングランに代わりジェルピ（E. Gelpi）が成人教育部長に就いた。生涯教育を実践の概念として考えたジェルピは，生涯教育には生産性の向上や従属の強化により規制秩序を強める危険性がある反面，労働や余暇，家庭生活のなかで人々を抑圧しているものに対して対抗する力にもなると，その両義性を指摘している。つまり，生涯教育は政治的に中立ではないのであり，既存の権力に挑戦し新しい社会を創る力を育む自己決定学習に基づくものを重視すべきことを唱えた。とくに労働者や少数民族，高齢者，発展途上国の人々など，社会のなかで周縁的で抑圧的な状況に置かれた人々の解放という視点を強調した。

[3]　「成人教育の発展に関する勧告」と「学習権宣言」

　このように発展してきた生涯教育論は，「成人教育の発展に関する勧告」（1976年）と「学習権宣言」（1985年）の基底をなしている。

　第19回ユネスコ総会で採択された「成人教育の発展に関する勧告」は成人教育について，既存の教育システムの再構築と教育システムの外にあるあらゆる教育の可能性の発展を目的とした枠組みである生涯教育・生涯学習の不可欠な一部としている。また成人教育の原則の第一として参加者のニーズに基づき参

▷3　学習社会
アメリカの元シカゴ大学学長 R. ハッチンスが提唱した理念。真に人間的になるための学習を目的とし，その目的の実現に向けて教育のみではなく，あらゆる分野が構造的に統合されるように価値の転換に成功した社会。すべての集団，協会，連合，地域社会，中間組織が教育の責任を共有する。

▷4　自己決定学習
学習者自身が自らの学習に関する計画，実施，評価の第一義的な責任を引き受けるという，単なる独学・独習の域を超えた学習者中心の主体的な学習。

加者のさまざまな経験を生かすことをあげるとともに，とくに非識字者，十分な教育を受けられなかった青年，移民労働者や難民，失業者，少数民族，障害に苦しむ人々，社会適応が困難な人々，囚人など教育的に最も恵まれていない集団を最優先とすべきとした。

　後者の「学習権宣言」はユネスコの主催による第4回国際成人教育会議で採択された。学習権とは，読み書きの権利であり，問い，分析する権利であり，想像し創造する権利であり，自分自身の世界を読みとり歴史を綴る権利であり，教育資源へのアクセスをもつ権利であり，個人及び集団の技能を発展させる権利とされている。そして，すべての教育活動の核にある学習という行為は出来事に翻弄される客体から自分自身の歴史を創る主体へと人々を変容させるのであり，学習権は豊かな人々や学校教育を受けられた一部の恵まれた人々のみのものではなく，普遍的な基本的権利として認識すべきことが提起された。社会の変化に自身を適応させるためではなく社会を変え，創っていくための学習への権利として規定された点にジェルピ以降の思想が表れている。

2　平和で持続可能な社会を創るための学習

1　学習の4本柱

　1996年にユネスコ21世紀教育国際委員会が刊行した『学習——秘められた宝』(通称，ドロール報告書) は，グローバル化による急激な社会変化のなかでより公正で住みよい世界を創る21世紀への鍵の一つとして生涯にわたる学習を位置づけた。そのうえで今後の教育の基盤として，learning to know (知ることを学ぶ)，learning to do (為すことを学ぶ)，learning to live together (ともに生きることを学ぶ)，そしてフォール報告書の主題でもあった learning to be (人間として生きることを学ぶ) という学習の4本柱を提起した。

　4本柱のなかでも最も重視されているのが「ともに生きることを学ぶ」である。これは他者や他者の歴史・伝統・精神的価値観についての理解を深め，その理解を土台として協力したり知的かつ平和的な方法で衝突を解決したりする精神を涵養する学習である。従来の経済発展が失業や排除される人々の増加，不平等の拡大を世界的にもたらし，また国家や民族間の紛争が続くなか，国家・集団・個人それぞれの次元での相互理解と平和的な交流，調和の実現に不可欠とされた。さらに「人間として生きることを学ぶ」が4本柱に入っているように，ここでの学習は人間全体を形成する継続的な過程を意味している。そして，そのような学習を可能にするものとして学習社会の構築があらためて唱えられた。

第Ⅰ部　社会教育・生涯学習の基礎

▷5　NGO
非政府組織の略称で，市民により設立・運営される非営利の組織。もともとは国際連合が作った用語である。教育，貧困削減・開発，人権，環境など広範な分野でNGOによる活動が行われている。

▷6　基礎的な学習のニーズ
人間が生存し，潜在能力を十分に伸ばし，尊厳のなかで生きて働き，開発に十全に参加し，生活の質を高め，情報に基づいて判断し，学習を続けるために求められるもので，不可欠な学習のツール（識字，口頭による表現，計算能力，問題解決能力など）と基礎的な学習内容（知識，技能，価値観，態度など）の双方から構成される。

▷7　世界教育フォーラム
EFA世界会議で設定された六つの到達目標にそって基礎教育普及の進捗状況を確認するために開催された。この会議で新たに設定された到達目標の達成期限を迎えた2015年にも開催されている。

▷8　持続可能な開発目標
2000年に策定されたミレニアム開発目標の後継として設定された，2030年を期限とする包括的な17の目標。互いに統合され不可分な目標として経済，社会，環境という持続可能な開発の三側面を調和するもので，貧困や飢餓，保健，教育から気候変動，海洋や陸上の資源など幅広い分野を対象としている。

▷9　成人学習及び成人教育に関する勧告
1976年の「成人教育の発展

ドロール報告書は学習の4本柱や学習社会の実現が理想郷かもしれないことにも言及している。しかしそれは皮肉や諦めの危険な悪循環から私たちが脱するために不可欠な理想郷であるという。ユネスコの戦略や方針は理念的で現実的ではないという批判もあるが，理想主義であることを自認しながらも理想を掲げ，その達成に向けた動きを促していく必要があるというユネスコの姿勢が看取される。

2　持続可能な社会を創る生涯学習

　1997年に開催された第5回国際成人教育会議は，各国政府のみではなくNGO[45]や民間団体など市民社会組織が同等の参加者として参加した画期的な会議であった。同会議で採択された「ハンブルク宣言」では，人類が生き抜き未来の課題に対応できるよう持続可能で公正な開発を実現するには人間中心の開発と参加型の社会が必要であり，そのなかで成人教育・成人学習は権利にとどまらず21世紀への鍵であると述べられている。2009年の第6回国際成人教育会議で採択された「ベレン行動枠組み」においても，生涯学習の重要な要素である成人学習・成人教育は，権利を行使し運命を自分で切り拓くために必要な知識や能力を人々に備え，公正と包摂を実現し，貧困を解消し，公正で寛容かつ持続可能な知識基盤社会を創るために絶対必要なものであるとされた。

　このように1990年代以降，生涯教育・生涯学習は持続可能な開発や社会の構築と結びつけて語られるようになった。この背景には1990年に開催された「万人のための教育（Education for All：EFA）世界会議」を契機に活性化したEFAの動きがある。EFA世界会議では「基礎的な学習のニーズ[46]」とそれを満たすための教育としての「基礎教育（basic education）」という概念が提唱され，従来，別々に実施されてきた初等・中等学校教育と青年・成人を対象とする識字教育などの教育を統合的・包括的に捉えることが提起された。またEFAの実現に向けた六つの到達目標が設定され，その一つとして，あらゆる教育手段を通じて個人や家族がよりよい生活や健全かつ持続可能な開発のために必要な知識・技能・価値観を獲得する機会を拡大することが掲げられた。教育は持続可能な開発への鍵であるという立場は2000年の「世界教育フォーラム[47]」での議論においても引き継がれている。さらに持続可能な世界の実現に向けて2015年に設定された「持続可能な開発目標（Sustainable Development Goals：SDGs）[48]」では，目標4（SDG 4）に「すべての人に包摂的かつ公平で質の高い教育を提供し，生涯学習の機会を促進する」ことが掲げられた。同年の第38回ユネスコ総会で採択された「成人学習及び成人教育に関する勧告[49]」では，成人学習・成人教育を統合的に進めていくことがSDG 4の達成に寄与するとされている。

　このように学習の4本柱や「ハンブルク宣言」などを経て「学習」がキー

ワードとなり，また持続可能な社会の実現の基盤に生涯を通した学習が据えられるようになるなか，ユネスコにおいては「生涯教育」から「生涯学習」への転換が生じた（笹井・中村，2013，25〜26ページ）。

3 ユネスコによる近年の生涯学習の取り組み

1 学習都市ネットワークの構築

学習社会の実現に向けてユネスコが近年進めている取り組みの一つに学習都市（learning cities）国際ネットワークの構築がある。学習都市という概念はいわゆる先進国を中心に1980年代頃から用いられていたが，近年では発展途上国でも急速に勢いを得てきているという。

ユネスコは学習都市を次の6項目から定義している。すなわち，(1)基礎教育から高等教育に至るまでのインクルーシブな学習の推進に向けた効果的な資源の結集，(2)家庭や地域社会における学習の活性化，(3)仕事のための，また職場での学習の促進，(4)最新の学習技術の使用拡大，(5)学習における質と卓越性の向上，(6)生涯を通した学習という文化の醸成である。これらの定義と学習都市の構築による恩恵（個人のエンパワーメントと社会的結束，経済発展と文化的繁栄，持続可能な開発），そして基本条件（強い政治的意志と関与，ガバナンスとすべての関係者の参加，資源の結集と活用）を合わせて学習都市の主要な特徴の枠組みとし，その下に市政府などが学習都市の構築に向けて取り組むための包括的なチェックリストともなる42項目の量的・質的な特徴を提示している（UNESCO Institute for Lifelong Learning, 2014, pp. 27-36）。

これらの定義や特徴は，会議での議論，専門家や都市からの意見，複数の都市での試行に基づく協議過程を通して生み出されたものである。各自治体による学習都市の取り組みを促進するためユネスコは，国際会議の開催やネットワーク加盟都市などの実践についての情報発信，関連資料やガイドラインの公開などを進め，関係者間での政策対話や実践と知見の共有を促進している。このように関係者による協議を通して規範形成を進め，当事者による実践に基づく知見の共有や蓄積の公開により政策形成や実践の展開を促していくというアプローチは，ユネスコの取り組みに共通して見られる特徴である。

2 ノンフォーマルな学習・インフォーマルな学習の認証・確認・認定

もう一つの取り組みとしてノンフォーマルな学習やインフォーマルな学習による学習成果の「認証・確認・認定（recognition, validation and accreditation：

に関する勧告」の改訂版として，加盟国における成人学習・成人教育の推進と開発の指針を示した。識字と基礎的スキル，継続教育と職業的スキル，能動的市民性の三つを成人学習・成人教育の主要領域として提示している。

▷10 ノンフォーマルな学習
学校などの教育・訓練施設で行われ国家当局により認証されている学習（フォーマル学習）の付加または代替として行われる構造化された学習。公民館講座での学習などが該当するが，学校教育を十分に受けられていない子どもや成人に対する識字教育などでの学習も含まれる。

▷11 インフォーマルな学習
日常生活上の経験や活動を通して，また家庭，職場，地域社会など自身を取り巻く環境から影響を受けることによって，知識や技能を獲得したり態度を形成したりする構造化されていない学習。

RVA)」がある。学習が学齢期に，そして学校で行うものに限られないことはここまで確認してきたとおりである。しかし例えば教育や雇用の機会を考えると，多くの場合学校教育での学習やその成果が重視される一方，ノンフォーマルな学習やインフォーマルな学習で獲得された能力は見落とされがちである。その結果，機会を得られなかったりそのことで自信や動機づけが失われたりすることも少なくない。この状況を変えるため，人々がさまざまな時期にさまざまな場で獲得してきたあらゆる学習成果を適切に評価しようとするのがRVAである。

　RVAの「認証（R）」とは，個々人の学習成果やもっている能力に公的な位置づけを与える過程であり，社会でその価値が認められることを促すものである。二つめの「確認（V）」とは，規定の参照基準に照らして学習成果や能力を評価し，それを公的に認められた機関が確証することである。最後の「認定（A）」とは，学習成果や能力の評価に基づいて，公的に認められた機関が資格や単位等を与えたり能力の証明書を発行したりする過程である（UNESCO Institute for Lifelong Learning, 2012, p. 10）。各国におけるRVAの制度構築を支援するためにユネスコが発表したガイドラインでは各国の鍵となる行動領域として，生涯学習政策の主要素としてRVAを位置づけることや，すべての人が利用できるRVA制度を開発すること，RVAを公的な教育・訓練制度に統合させることなどがあげられている。またユネスコは，RVA制度の開発に関する優れた実践についての情報を収集・普及するためのオンライン上でのプラットフォームの構築やRVAに関する専門家会議の開催，RVAの制度や仕組みに関する調査の推進などを通して，各国での取り組みを促進している。

　RVAは学校教育を十分に受ける機会のなかった人々などがノンフォーマルな学習やインフォーマルな学習を通して得た能力も正当に評価することによって，生きるうえでの選択肢の幅を広げるという意義がある。他方，本来自由かつ自主的または無意図的でそれゆえ多様なノンフォーマルな学習やインフォーマルな学習を，そのような意図はないとしても結果としてRVAにより評価されるもの，評価基準が作成されやすいものに収斂させ，それ以外の学習を軽視したり自主性を弱めたりする危険性もはらむ。人々のあらゆる学習成果を公的機関が把握するという管理する権力への批判もなされている（赤尾，2015，12〜14ページ）。

4 OECD の生涯学習政策

1 リカレント教育と生涯学習への移行

リカレント教育とは，1960年代後半にスウェーデンの文部大臣パルメ（O. Palme）が紹介した概念で，1970年に OECD（経済協力開発機構）が取り上げたことにより普及した。OECD ではもともとは教育の機会均等保障政策として導入されたが，1973年刊行の「リカレント教育」では生涯学習を実現するための方策としてあらためて位置づけられた。リカレント教育の本質は個人の生涯にわたって循環する形で教育を散りばめることである。つまり，仕事に就く前の青少年期に集中的に教育を受けるのではなく，生涯を通して教育と労働や余暇などの他の活動を交互に繰り返すことを意味している。教育と他の活動の循環というこの原則を中核に置くことに一番の特徴がある。リカレント教育が提唱された背景には，技術革新や労働力需要の変化が激しく知識の拡大が急速に進む社会ではすべての人々が生涯を通して学習することが必要となる一方で，学校教育制度を制限なく拡大させていくのは難しいという状況があった。

以上からわかるように，OECD は「学習」と「教育」を明確に区別している。「学習」は生存のために必要不可欠な営みであり，知識の収集と適用という意味において家庭や職場を含めあらゆる状況で起きているものとされる。他方「教育」は学校に代表されるような意図的に作られた状況で行われる組織的・系統的な学習として，労働や余暇など他の活動から一定程度距離をとって行われるものに範囲を限定して捉えられている。したがって OECD にとっては生涯にわたって「教育」を受け続けることは想定できないため，生涯教育という用語は使用されていない。

報告書「リカレント教育」ではリカレント教育の基本原則として，義務教育後については生涯の適切な時期での教育機会を保障すること，学習と仕事を往復しながらキャリアを追求することを可能にし重視すること，教育休暇期間をとる権利を保障することなどがあげられている。このようにリカレント教育は，既存の学校教育の対象を成人にも広げたり狭義の職業スキルのみの習得を意図したりするものではなく，個々人の職業経験や他の社会経験が生かされるカリキュラムの設計なども含めた教育改革と生涯にわたる教育機会を保障するための社会変革への志向性をもった概念であった。また1974年には国際労働機関（ILO）の総会で「有給教育休暇に関する条約」（第140号）が採択されたなど，リカレント教育は理念にとどまらず，とくにヨーロッパ諸国を中心に政策・制度としても進められた。

▷12　教育休暇期間
リカレント教育を実現するためには，雇用の継続や社会保険などの保障をともなう休暇制度を法制化，もしくは労使交渉によって設置することが必要だと考えられた。

▷13　国際労働機関
「世界の永続する平和は，社会正義を基礎としてのみ確立する」という原則のもと，不正，困苦，窮乏を人々にもたらす労働条件の改善を目的とする国際連合最初の専門機関。1919年設立。

第Ⅰ部　社会教育・生涯学習の基礎

しかしながら教育施設の配置や有給教育休暇の実施など生涯にわたる教育機会の公的保障には莫大な国家予算が必要になる。1980年代にヨーロッパの経済状況が後退局面に入るとリカレント教育政策は撤退を余儀なくされ（赤尾，2012，80ページ），1990年代になると OECD はリカレント教育に代わって生涯学習を前面に打ち出し政策を転換させた。そのことが顕著に現れたのは，1996年の閣僚級会合教育委員会において加盟国大臣が「すべての人に生涯学習を（lifelong learning for all）」を教育政策枠組みとして採択したことである。2001年に出された政策方針では「すべての人に生涯学習を」の実現に向けた制度上の主要領域として，あらゆる形態による学習の認証，動機づけや自己管理学習能力を含めた基盤となる技能の獲得，生涯学習の視点からの学習へのアクセスや公平性についての再考，効果的な資源配分，教育以外の省庁も含めた多様な関係機関間での協調が指摘された。

このように OECD の生涯学習戦略は，労働や社会活動からは空間的に切り離された学校等における教育の公平な機会の保障から，家庭や職場，地域社会におけるノンフォーマルな学習・インフォーマルな学習も含めたさまざまな学習の機会保障と成果認証へと大きく変容した。

2 国際成人力調査（PIAAC）

OECD は国際的な標準学力の策定・定義と各国における人々の学力調査も進めてきた。学力調査の代表的なものが15歳の生徒を対象として行われている PISA（Programme for International Student Assessment）である。PISA の結果が日本を含め各国の教育政策に影響を与えてきたことはよく知られているが，OECD は成人を対象に同様の調査を実施している。それが国際成人力調査（Programme for the International Assessment of Adult Competencies：PIAAC）である。

▷14　国籍や市民権等に関係なく調査対象国・地域に居住する16歳から65歳の成人のうち，病院，介護施設，刑務所，軍の基地などの施設の居住者を除いた全員のなかから調査対象者が抽出された。

PIAAC は16歳から65歳の成人を対象に，OECD が労働や教育，社会生活への十分な参加に不可欠として「さまざまな情報の処理・活用に関するキー・スキル」と呼ぶ「読解力」「数的思考力」「IT を活用した問題解決能力」の3分野のスキルを直接測定することを目的としている。また回答者の属性や社会経済的背景等についても合わせて幅広く情報を収集することで，学校教育や職業訓練，仕事や仕事外におけるスキルの使用がキー・スキルの習熟度とどの程度関係しているか，キー・スキルの習熟度が雇用・賃金などの経済的アウトカムやボランティア活動への参加等の社会的アウトカムとどの程度関係しているかなどを検証することも目的となっている。第1回目の調査は2011〜12年に24か国・地域の約15万7000人を対象に実施された。

▷15　日本では2011年8月から2012年2月にかけて実施され，全国の約5200人が対象となった。

調査の結果，多くの国において読解力と数的思考力の習熟度レベルが比較的低い成人や，ICT 利用の経験がなかったり基礎的スキルが不足していたりす

る成人の割合が大きいことが明らかになった。さらに，読解力・数的思考力・問題解決能力の習熟度が，所得格差や失業のリスク，国家の競争力など経済的要素のみならず，健康や社会参加，他者への信頼度などとも相関していること，学校教育は基礎的スキルの獲得に主要な役割を果たすがその適切さや質が重要であるとともに学校教育以外でのスキル向上の必要性も高まっていること，教育などを通して身につけたスキルと労働市場で求められるスキルとを十分に調和させることが重要であることなどが指摘された。調査報告書ではこれらの結果とともに，人々のスキルを向上させるための政策手段が提示されている。

　PIAAC ではキー・スキルの習熟度との関連性の検証にあたって，社会的な面にも目を向けつつも就業者の賃金や失業率，国家の生産性や競争力といった観点を中心的に取り上げている。このように，OECD の生涯学習政策や能力の捉え方には経済的視点が強く表れているという特徴がある。これは加盟国の経済成長や雇用・生活水準の向上による世界の経済発展や世界貿易の拡大などに寄与する政策の推進という OECD の目的をかんがみれば自然なことであるが，人としての全面的な成長を掲げるユネスコの理念との違いを見てとれるであろう。

5　ヨーロッパとアジアにおける生涯学習

1　EU の生涯学習政策

　EU（欧州連合）は，経済を中心に，外交や安全保障，教育など幅広い分野における統合・協力を進める地域機関である。欧州連合条約（通称，マーストリヒト条約）の第126条及び第127条には，教育及び職業訓練分野について加盟国の責任と文化的・言語的多様性を尊重しつつ，EU として事業を実施していくことが定められている。

　EU の政策に生涯学習が取り上げられるようになったのは1990年代の半ばである。EU の発足やヨーロッパにおける高い失業率を背景に，教育や職業訓練分野での国家間協力が人々の雇用状況の改善と EU 市民の育成双方に役立つという意識が高まり（田村，2016，15ページ），教育と職業訓練を統合する概念として生涯学習が用いられるようになった。1996年がヨーロッパ生涯学習年に指定されたり EU の雇用ガイドラインで生涯学習の重要性が謳われたりしたものの，この頃は生涯学習の認知度は各国間で隔たりがあり抽象的議論にとどまっていた（吉田，2009，48ページ）。

　2000年代に入って EU の生涯学習政策は内実をともなって展開され始めた。2000年の欧州理事会は，「2010年までに世界中で最も動的かつ競争力のある知識基盤社会を構築する」という目標を掲げ，知識基盤社会・経済の構築に向け

た基本原則に生涯学習を据えた。これを受けて策定された2000年の「生涯学習に関する覚書」は，生涯学習をEUの最優先事項とする理由として２点あげている。一つめは，知識基盤社会に移行するなかで最新の情報や知識の獲得が従来以上に地域の競争力の強化と労働力の向上の鍵になっていることである。もう一つは，複雑化する社会・政治状況のなかで教育は人生を設計し社会に参加し肯定的に生きるという課題に立ち向かう方法を理解する鍵であることである。以上から，生涯学習の目的は能動的市民性（active citizenship）と雇用可能性（employability）の推進に置かれている。能動的市民性とは社会・経済生活のあらゆる領域への参加やその方法，機会とリスク，居住地域への所属意識などに目を向ける概念である。雇用可能性は雇用を獲得し維持する能力であり，能動的市民性の主要な一側面であるとともにヨーロッパの競争力や繁栄を高める決定的条件とされている。これらの能力を高めるために最低限必要な基礎的スキルとして，従来の読解力や計算力に加え，ITスキルや外国語，技術文化，起業家精神，社会的スキルを含めるべきことも提起された。

　具体的な実践としては2007～13年に実施された「生涯学習プログラム」がある。これは高等教育，職業訓練，学校教育，成人教育の四つのサブプログラムと複数の横断プログラムから構成される包括的な支援事業であった。約70億ユーロの予算のもと人的交流や調査，ネットワーク形成に関する事業を支援することで，ヨーロッパ域内における人的移動と多国間協力の促進を図り生涯学習の推進を通した先進的な知識基盤社会の構築を目指した。加盟国政府ではなく，教育機関等によるプロジェクトや個人に対して財政支援が行われた点に特徴がある（吉田，2009，49ページ）。期間終了後の2014年からは，教育，職業訓練，青年とスポーツ分野の財政支援プログラムとして「エラスムス・プラス」が実施されている。

［2］　アジア・太平洋地域におけるコミュニティ学習センター

　アジアではASEAN（東南アジア諸国連合）などが設立されているもののEUのように教育分野全般に権限をもつ地域機関はない。それとは性格が異なるが，ユネスコ・バンコク事務所[16]が1998年より「アジア太平洋万人のための教育計画」のもとコミュニティ学習センター（Community Learning Centres：CLC）事業を展開してきている。

　CLCとは「地域開発及び人々の生活の質向上のためのさまざまな学習機会を提供する，村落または都市部における公教育制度外の地元の教育施設で，通常地元の人々によって設置，運営される」施設である。ユネスコ・バンコク事務所は，人口増による非識字者数の増加と急激な社会変化に学校教育のみでは対応できないことや地域開発につながる学習の必要性から，組織的・継続的に

▷16　ユネスコ・バンコク事務所
教育分野に関するアジア太平洋地域局として，当該地域の加盟国や現地事務所等に対し助言や知の生産と共有，評価などを通した支援を行っている。旧ユネスコ・アジア太平洋地域中央事務所。

人々の学習機会を保障する学校以外の教育の場が不可欠であるという認識に基づき，各国における CLC の普及・発展を促進するための知的・技術的支援を行ってきた。

2013年までにアジア・太平洋地域内の25か国が CLC や類似施設を設置している。ただし，CLC の設置主体や制度化の状況，活動内容，学習の内容や形態などは各国の経済的・文化的背景や教育の普及状況に応じて多様になっている。CLC 事業も他の取り組みと同様，ユネスコが世界標準やモデルを示して加盟国に普及するものではなく，地域内での実践経験に基づく議論を通してその基準が形成されてきている。

CLC の特徴としては，(1)地域に対する応答性，(2)多機能性・多目的性，(3)地域の参加とオーナーシップの３点がある（河内，2010，89～91ページ）。１点目の地域に対する応答性は，CLC の活動が地域開発や地域住民の生活の質向上に役立つものになるよう，地域住民の社会経済的状況や地域の問題とその要因，一人ひとりの住民の関心などに関して事前調査や情報収集を行って地域のニーズを把握し，そのニーズに基づいて学習や活動の内容や方法を計画し確認することにより高められる。ニーズに応じて，具体的には識字教育や職業訓練，健康や農業，地域づくりなどに関する学習や活動など幅広い内容が取り入れられている。多様な地域のニーズに応える学習機会を提供するためには，CLC は多機能かつ多目的な施設である必要がある。これが２点目の特徴である。CLC の機能には教育と訓練，地域の情報と資源の普及，地域開発，調整とネットワークづくりと大きく四つあり，そのうち教育と訓練が中心的機能とされるが，それぞれの CLC が４機能すべてを果たさなくてはならないということではない。３点目の地域の参加とオーナーシップは CLC の最も重要な性質である。これは学習や活動への地域のニーズの適切な反映を保証するため，また物的・財的・人的資源の自己調達を進め活動の持続性を高めるためにも重視されている。参加のあり方には，住民が活動に動員される段階，次に住民が自由な意志により活動に参加する段階，さらに住民が活動について決定権をもつ段階と参加の度合いにより３段階あるが，長期的には住民による意思決定に基づき住民自身が CLC の運営を主導するという第３段階の達成が期待されている。

地域の誰もが行くことのでき，地域住民が運営の主体となって地域課題や住民の生活課題に即した学習機会や活動機会を提供する教育施設として，CLC は日本の公民館との類似性が指摘されてきた。実践においても CLC 関係者による公民館視察のほか，2014年に開催された「ESD 推進のための公民館─CLC 国際会議」の開催など，CLC や公民館等の関係者間の相互交流や経験共有が活発に進められている。CLC の発展状況や活動内容は各国間や各国内の地域間でも多様であるものの，アジア・太平洋地域における人々の生涯にわた

▷17　アフガニスタン，バングラデシュ，ブータン，カンボジア，中国，フィジー，インド，インドネシア，イラン，日本，カザフスタン，韓国，キルギスタン，ラオス，モルディブ，モンゴル，ミャンマー，ネパール，パキスタン，フィリピン，サモア，スリランカ，タイ，ウズベキスタン，ベトナム。

第Ⅰ部　社会教育・生涯学習の基礎

る，そして生活上のあらゆる領域での学習機会を保障するための重要な施設となっている。

Exercise

① ユネスコ生涯学習研究所のウェブサイトには，各国の生涯学習政策や戦略がまとめられている（http://uil.unesco.org/lifelong-learning/lifelong-learning-policies　2018年9月18日閲覧）。国を二つ選んで，それぞれの政策を比較してみよう。

② 各国の生涯学習政策にはどの程度，ユネスコやOECD，EUの取り組みによる影響が見られるだろうか。考えてみよう。

③ 学習の4本柱のひとつである「ともに生きることを学ぶ」ために学校や学校外では何ができるだろうか。考えてみよう。

📖次への一冊

ラングラン，P.，波多野完治訳『生涯教育入門』第一部，再版，全日本社会教育連合会，1984年。
　　生涯教育を提唱したラングランによる書の訳本。生涯教育という考え方による教育システム全体の転換の必要性と生涯教育の意義，目的，範囲などについて論じている。
新海英行・松田武雄編著『世界の生涯学習——現状と課題』大学教育出版，2016年。
　　「権利としての生涯学習」をいかに実質化するかという視点から，日本を含めたアジア，ヨーロッパ，北米・南米諸国の生涯学習に関する政策，制度，実践が取り上げられている。
千葉杲弘監修，寺尾明人・永田佳之編『国際教育協力を志す人のために——平和・共生の構築へ』学文社，2004年。
　　30年にわたりユネスコ職員として教育分野の国際協力に携わった監修者らによる書。国際教育協力の歴史や現状，ユネスコの役割やその成果が臨場感をもって具体的に描かれている。
国立教育政策研究所編『成人スキルの国際比較——OECD国際成人力調査（PIAAC）報告書』明石書店，2013年。
　　第1回PIAAC調査結果のうち日本にとってとくに示唆的な内容とデータを整理・分析したもの。他国の結果も掲載されており比較できる。

引用・参考文献

赤尾勝己『新しい生涯学習概論——後期近代社会に生きる私たちの学び』ミネルヴァ書房，2012年。

赤尾勝己「生涯学習社会におけるノンフォーマル・インフォーマル学習の評価をめぐる問題——ユネスコと OECD の動向を中心に」『教育科学セミナリー』46，2015年，1～16ページ。

井波律子訳『完訳　論語』岩波書店，2016年。

河内真美「ユネスコ事業にみるコミュニティ学習センターの役割——地域づくりの観点から」『日本公民館学会年報』7，2010年，86～95ページ。

経済協力開発機構（OECD）編著，矢倉美登里・稲田智子・来田誠一郎訳『OECD 成人スキル白書——第1回国際成人力調査（PIAAC）報告書』明石書店，2014年。

笹井宏益・中村香『生涯学習のイノベーション』玉川大学出版部，2013年。

ジェルピ，E.，前平泰志訳『生涯教育——抑圧と解放の弁証法』東京創元社，1983年。

田村佳子「EU 生涯学習政策の検討——アクティブ・シチズンシップとエンプロイアビリティ」『愛知県立大学教育福祉学部論集』65，2016年，15～21ページ。

吉田正純「EU 生涯学習政策とアクティブ・シティズンシップ——成人教育グルントヴィ計画を中心に」『京都大学生涯教育学・図書館情報学研究』8，2009年，47～58ページ。

ラングラン，P.，波多野完治訳『生涯教育入門』第一部，再版，全日本社会教育連合会，1984年。

Commission of the European Communities, *A memorandum on lifelong learning*, Commission of the European Communities, 2000.

Delors, J., Al Mufti, I., Amagi, I., Carneiro, R., Chung, F., Geremek, B., Gorham, W., Kornhauser, A., Manley, M., Padrón Quero, M., Savané, M-A., Singh, K., Stavenhagen, R., Suhr, M. W., & Nanzhao, Z., *Learning: the treasure within, report to UNESCO of the International Commission on Education for the Twenty-first Century*, UNESCO, 1996.

Faure, E., Herrera, F., Kaddoura, A-R., Lopes, H., Petrovsky, A. V., Rahnema, M., & Ward, F. C., *Learning to be: the world of education today and tomorrow*, UNESCO and George G. Harrap, 1972.

Kallen, D., & Bengtsson, J., *Recurrent education: a strategy for lifelong learning*, Organization for Economic Cooperation and Development, 1973.

UNESCO Institute for Education, *Adult education: the Hamburg Declaration; the agenda for the future*, UNESCO Institute for Education, 1997.

UNESCO Institute for Lifelong Learning, *Belém framework for action: harnessing the power and potential of adult learning and education for a viable future*, UNESCO Institute for Lifelong Learning, 2010.

UNESCO Institute for Lifelong Learning, *UNESCO guidelines for the recognition, validation and accreditation of the outcomes of non-formal and informal learning*, UNESCO Institute for Lifelong Learning, 2012.

UNESCO Institute for Lifelong Learning, *Conference report. 21-23 October 2013, Beijing, China. International conference on learning cities. lifelong learning for all: inclusion, prosperity and sustainability in cities*, UNESCO Institute for Lifelong Learning, 2014.

UNESCO global network of learning cities. http://uil.unesco.org/lifelong-learning/learning-cities（2018年4月27日閲覧）

World Conference on Education for All, *World declaration on education for all and framework for action to meet basic learning needs*, UNESCO, 1990.

コラム⑤

「寄せ鍋」交流

　私がユネスコ・バンコク事務所に着任した1992年5月，所内には「万人のための教育（Education for All：EFA）」世界会議（1990年）後の熱気があった。基礎教育普及に向け，アジア・太平洋地域の教育政策を推進する高揚感である。EFA部署には，初等教育や識字教育担当官が配置され，通常予算や日本の信託基金など外部資金により事業が展開されていた。

　当時，開発機関によるEFA事業の多くは「定食」方式であった。外部専門家が地元のニーズを把握し，メニューを作り調理，地元関係者の試食を経て国内に広めていく。とくに「初等教育」定食がイチ押しで，日本の専門家も初等教育が普及すれば，人々は学習方法を身につけ継続できるとの考え方であった。

　一方，ユネスコEFA事業は「寄せ鍋」方式と言える。各国の専門家が基礎教育における教材，研修方法，事例研究などの具材をもち寄り調理し味見，レシピを公開，もち帰り本国で生かす。識字・継続教育教材の開発と普及はこうして行われ，ユネスコはその方向性や全体の調整を行った。

　アジアの国々では学校外の学習機会が限られ，先進国のように図書館や公開講座などの学習施設や機会が充実していなかった。とくに南アジアでは，小学校や識字教室を終えた後，また，経済的な理由などによる中途退学者が学習を継続できるか大きな課題とされた。こうした状況に対して，「寄せ鍋」方式が効果的に機能した。コミュニティ学習センター（Community Learning Centres：CLC）がその一例である。

　ユネスコのCLC事業は，1990年代後半から，従来の実践をもとに，教育・学習施設と同時に地域振興機関としての役割を明確にした。私はアジア・太平洋地域での交流，人材養成，教材作り，政策提言を中心に，バングラデシュやインドネシアなどでCLC立ち上げに携わった。それまで，政府やNGOによるコミュニティ学習施設の設置・運営の経験はあったが，単発事業中心で，制度化，経験蓄積がされていなかった。各国のさまざまな経験をもち寄り，議論と試行錯誤を重ね，CLCの枠組みに集約され，多くの国でEFA政策に加えられた意義は大きい。

　2000年代に入り，CLCが多くの国でEFA政策として認識され，日本の公民館への注目が高まった。近年，持続可能な開発のための教育（Education for Sustainable Development：ESD）の下，公民館における住民参加，地域課題の気づき，学びを通した課題解決や職員の役割など，日本の経験を学びたいとの希望も多い。私は2016年に帰国し，岡山市でESDを中心とした公民館の国際交流にかかわってきた。海外からの視察受け入れは，公民館活動の振り返りと同時に他国の経験，例えば高齢化への対応や地域おこしなどを学ぶよい機会であった。これからも内外の多彩な具材を生かした「寄せ鍋」交流を続けていきたい。

第 **Ⅱ** 部

学校と社会教育の連携

第6章
「開かれた学校」にみる社会教育

〈この章のポイント〉

「開かれた学校」とは，さまざまな意味があると考えられるが，本章では(1)学び直しという意味での社会人に開かれた学校と，(2)子どもや学校，地域の諸問題の解決のために，地域に開かれた学校から地域とともにある学校へと変化する学校という二つの観点から検討する。そのためにまず「開かれた学校」が求められてきた経緯や社会的背景を概観する。そのうえで，今日「開かれた学校」の発展として「学校・家庭・地域の連携による教育の推進」が求められていること，さらにその教育改革の法的根拠や求められる人材を明らかにし，社会教育に期待される役割について解説する。

1 「開かれた学校」の求められる経緯・社会的背景

［1］ 「開かれた学校」が提唱されてきた経緯

日本において「開かれた学校」が議論されるようになったきっかけは，1996（平成8）年4月の国の生涯学習審議会の答申「地域における生涯学習機会の充実方策について」（生涯学習審議会，1996），および同年7月に出された第15期中央教育審議会答申「21世紀を展望した我が国の教育の在り方について」（以下，中教審答申とする。中央教育審議会，1996）だと言われる（吉武，2005）。

前者の生涯学習審議会の答申は，大学における社会人特別選抜などの社会人に高等教育機関への学習機会を拡充する取り組みや，小・中・高等学校での地域人材の活用などを促すものであった。社会人の学び直しの場としての大学等高等教育機関は，これ以降現在までに社会人受け入れに関するさまざまな取り組みを行っており，各種学校での地域の人材活用も多様な形態で進展している。その現況の一端は後述するが，開かれた学校は，社会人の学びの多様化を支援する取り組みとして今日でも生涯学習の推進と密接に関連する側面がある。

他方，後者の第15期中教審答申は，学校週五日制の完全実施やゆとり教育による生きる力の育成を目指す教育への転換の礎となった答申である。学校はより地域に開かれた学校となり，家庭や地域社会と連携する教育を推進する重要性が説かれた。その後，第16期中教審答申「今後の地方教育行政の在り方について」（中央教育審議会，1998）においても開かれた学校づくりが標榜され，さ

第Ⅱ部　学校と社会教育の連携

▷1　学校評議員制度
地域に開かれた学校を推進
するため，わが国ではじめ
て地域住民の学校運営への
参画の仕組みを制度的に位
置づけたもの。

まざまな提案がなされた。

　学校評議員制度，教育アドバイザー，学校支援ボランティアなどはその具体
的な仕組みとして提示された。すなわち，学校運営においても多様な形態での
地域との連携が求められた。さらに同答申は地域コミュニティの拠点として学
校を活用し，地域コミュニティの育成や地域振興に資することを提案している。

　このように国の答申が1990年度後半以降に重ねて開かれた学校を求めた経緯
を辿ると，そこには大別すると二つの意図があった。第一に開かれた学校は，
生涯学習推進の一環として社会人の学び直しのために必要であり，とくに高等
教育機関を開くという意図があった。第二は，地域や児童生徒，家族や学校に
関する深刻化する諸問題に対し，地域全体で取り組むための方法として意図さ
れた（中央教育審議会，2015a）。

　後者の意図の背景には，地域住民の連帯感の希薄化やそれにともなう地域の
教育力の低下といった地域の問題，いじめや不登校，暴力行為，特別な支援を
必要とする児童生徒の増加，子どもの貧困や虐待といった家族の問題，さらに
は学校教師の深刻な過重労働の問題等がある。今日，開かれた学校の政策は児
童生徒，学校や教師，保護者を含む地域住民の諸問題の改善を図り，さらに地
域全体の活性化や地域創生を目指す地域とともにある学校の教育政策へと受け
継がれている（文部科学省，2016）。その実現に向けては，社会教育が大きな役
割を担うことが期待されている。

2　「開かれた学校」から「地域とともにある学校」へ
──その社会的背景

① 社会人の学び直しという意味での開かれた学校の必要性

　日本の大学や大学院などの高等教育機関で学び直しを行っている社会人は，
2015年の文科省の調査によれば11万1000人にのぼる（文部科学省，2016）。社会
人特別入学者選抜，夜間・昼夜開講制大学や大学院，科目等履修生制度，通信
制大学や大学院などの新たな制度や，公開講座，サテライト教室などにより社
会人が大学等高等教育機関で学び直しを可能とする多様な形態の学習機会が提
供されている。

▷2　OECD
Organization for Economic
Co-operation and Develop-
ment：経済開発協力機構
の略称であり，1961年に発
足した国際機関である。日
本は1964年に加盟した。現
在の加盟国は35か国（2018
年現在）。当機関は教育や
学習に関するさまざまな提
言や調査研究を行っている。

　しかし，日本の大学型高等教育機関に25歳以上で学士課程に入学する者の割
合は，2013年のOECD調査によればわずか1.8％であり（OECD, 2015），
OECD加盟国中最下位であった（図6-1）。こうした統計は，日本の高等教育
機関が開かれた学校として，より社会人などの受け入れを増加するための改革
を促進する必要があるとともに，企業等において社会人が働きながら学べるよ
うな働き方改革を進める必要性を示すエビデンスの一つとなった。

90

第6章 「開かれた学校」にみる社会教育

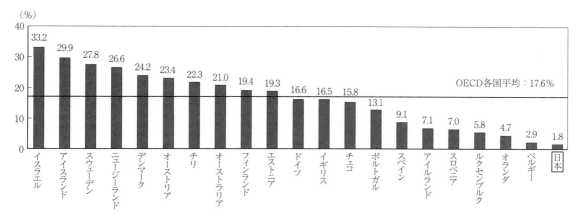

図6-1 25歳以上の学士課程への入学者の割合
出所：中央教育審議会（2016）。

② 子どもたちを取り巻く問題状況

　開かれた学校は，子どもたちを取り巻く諸問題に対処するための方途としても必要とされた。ここでは現代の教育改革の要因とも言える，児童生徒の問題状況について3点に絞り述べることにしよう。

　第一に，児童生徒の不登校や学校内での暴力行為は，1990年度以降増加傾向を辿る問題である。1993年度と2012年度の約20年間の不登校児童生徒数を比較した文部科学省の資料によれば，小学校の不登校児童生徒数は1.8倍，中学校では2.1倍に増加している（図6-2）。また学校内での暴力行為の件数も2006年度と2012年度を比較すると小学校で2.2倍，中学校で1.3倍に増加し（図6-3），児童生徒の問題状況は深刻化している。第二に小・中学校の児童生徒数は減少していながら，小・中学校で障害に応じた特別な指導（通級による指導）を必要とする児童生徒数は増加傾向にある（図6-4）。第三に子どもの貧困の実態を反映する要保護・準要保護の児童生徒数も増加している（図6-5）。このように子どもに関する問題状況は，複数の面で深刻化している実態が明らかとなった。

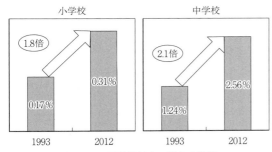

図6-2 不登校児童の割合の推移
注：国・公・私立学校のデータ。
出所：中央教育審議会（2014）。

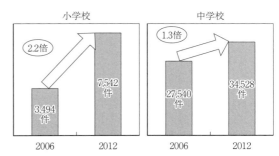

図6-3 小・中学校の校内での暴力行為の件数の推移
注：国・公・私立学校のデータ。
出所：中央教育審議会（2014）。

第Ⅱ部　学校と社会教育の連携

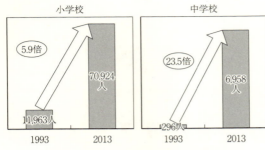

図6-4　通級指導を受ける児童生徒数の推移
注：通級指導とは，通常の学級に在籍しながら週に1～8単位時間程度，障害の状態等に応じた特別の指導を特別な場で行う教育形態。2006年度からLDおよびADHDを対象に加えた。
出所：中央教育審議会（2014）。

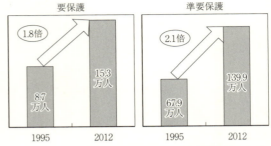

図6-5　要保護・準要保護の児童生徒数の推移
注：要保護とは，生活保護を必要とする状態にある者を言い，準要保護とは，生活保護を必要とする状態にある者に準ずる程度に困窮している者を言う。
出所：中央教育審議会（2014）。

そうした児童生徒の諸問題は，学校や家庭のみで解決を目指すには限界があると考えられるようになった。その背景には，次項で述べる日本の教員の過酷な勤務状況も強く影響している。

③　学校や地域の諸問題の解決に求められる学校と地域の協働

学校や地域の問題にもさまざまなものがあるが，地域と学校の協働による教育改革につながるものには，学校教員の厳しい勤務実態がある。日本の教員は学習指導要領の改訂によってこれまでの授業時間数と比べると小学校教員，中学校教員ともに授業時間の負担が増加する▷3（文部科学省，2017a）。さらにOECDが2013年に実施した教員の国際比較調査（TALIS）▷4においても，日本の教員は1週間あたりの勤務時間が調査に参加したOECD加盟34か国中最長であり53.9時間であった（34か国平均勤務時間は38.4時間。国立教育政策研究所，2014）。とくに日本の教員はスポーツ・文化などの課外活動の指導時間や事務業務時間が長い。過酷な教員の勤務実態の改善は，学校教育の喫緊の課題の一つである。

こうした教員や学校の問題状況を改善するためには，地域に開かれた学校という発想からさらに発展して，「地域とともにある学校」へと発想を転換する必要があると考えられた（中央教育審議会，2015a）。学校は教育課程そのものを社会に開いていくことが求められ（中央教育審議会，2015b），学校と地域はパートナーとして児童生徒の教育システムを構築することが期待されるようになった。

地域社会はかつて存在した地域の行事や祭り，町内会，子ども会といった地域の構成員間をつなぐ仕組みが衰退しているところが多く，住民の連帯感の希薄化やそれにともなう地域の教育力の低下が顕著となっている。その背景には少子高齢化の急速な進展にともない，生産年齢人口は今後約50年で半減し，人口の4割が65歳以上の高齢者になり，単身世帯も全体の4割になるという推計がある（国立社会保障・人口問題研究所，2017）。結果的に今後コミュニティ機能

▷3　新学習指導要領は小学校では2020年度から完全実施される。小学校の場合，計6年間での授業時間数は140時間増加する。

▷4　国際教員指導環境調査（TALIS）はOECDが2008年に第1回調査，2013年に第2回調査を実施。日本は第2回調査より参加し，計34か国が参加した。

第6章 「開かれた学校」にみる社会教育

はさまざまな面で低下し，危機的状況や課題が山積してくると予想されている。

　学校と地域の協働は，以上のように地域における過疎化や教育力の低下，学校を取り巻く諸問題の複雑化・困難化，さらには家庭の孤立化などの課題に対して社会総がかりでの対応が必要と考えられるようになった。また持続可能な社会の構築や，地域の活性化・地域創生といったより長期的で広範な対処を必要とする課題解決のためにも，学校と地域の協働は必要不可欠と捉えられた。地域と学校がパートナーとして協働するためには，後述する組織や人材が必要と考えられており，今日の教育改革が進められている（文部科学省，2016）。

2　学校と地域の連携・協働による教育に係る法的根拠と求められる人材

［1］　法的根拠について

　学校と地域の協働を推進するため，日本ではどのような法整備が進められてきたのだろうか。ここでは主な法的根拠を述べることにしよう。

　教育における学校と地域の協働に関して最も直接的な法律と考えられるものは，教育基本法第13条であろう。これは2006年12月の教育基本法の改正において新設された条文である。条文は以下のとおりである。

（学校，家庭及び地域住民等の相互の連携協力）
第13条　学校，家庭及び地域住民その他の関係者は，教育におけるそれぞれの役割と責任を自覚するとともに，相互の連携及び協力に努めるものとする。

　この条文が新設されて以降，国は「学校，家庭及び地域住民等の相互の連携協力」に関する具体的な施策を展開してきた。学校，家庭及び地域住民との連携協力に基づく教育の推進は，今日の教育改革とそれに対応する教育政策の中心的テーマにまでなっているといっても過言ではない。

　教育基本法第13条の実現を図るために，その他の関係法も相次いで改正されている。例えば社会教育法，学校教育法，地方教育行政の組織及び運営に関する法律などである。そのなかでもとくに2017年の社会教育法の改正は，学校と地域の協働にとって重要な事項が含まれている。

　2017年の改正によって社会教育法第5条の2では「地域学校協働活動」を規定し，市町村教育委員会の責務を明記した。市町村教育委員会はこの事業を実施するにあたり「地域住民等の積極的な参加を得て当該地域学校協働活動が学校との適切な連携の下に円滑かつ効果的に実施されるよう，地域住民等と学校との連携協力体制の整備，地域学校協働活動に関する普及啓発その他の必要な

措置を講ずるものとする」とした。同法第9条の7は「教育委員会は，地域学校協働活動の円滑かつ効果的な実施を図るため，社会的信望があり，かつ，地域学校協働活動の推進に熱意と識見を有する者のうちから，地域学校協働活動推進員を委嘱することができる」とした。つまり，次項で述べる地域学校協働活動と地域学校協働活動推進員が法律に明記されたのである。以上のような法整備が進められて，学校と地域の協働による教育の推進はより強い基盤と推進力を有することとなった。

2 学校と地域をつなぐ人材

　学校と地域の連携・協働には，実際にそれらをつなぐ人材が必要となる。ここでは中心的役割を担うと期待される人材としての社会教育主事，地域連携担当教職員（仮称），地域学校協働活動推進員とその他の人材について述べる。

① 社会教育主事

　社会教育主事は，社会教育法に規定される専門的教育職員としての教育公務員である。同法第9条の2に「都道府県及び市町村の教育委員会の事務局に，社会教育主事を置く」と規定されている。すなわち社会教育主事は，社会教育の専門職員であり，主に教育委員会等の行政組織や社会教育・生涯学習関係施設で働く公務員である。

　社会教育主事は，社会教育や生涯学習の推進を図るうえできわめて重要な役割を果たすことが求められている。それとともに近年，本章で検討する開かれた学校をはじめとする学校，家庭，地域の連携による教育を推進するうえでも鍵となる人材と捉えられている。現在，日本の都道府県市町村に配置される社会教育主事・主事補の数は，国の統計によると専任，兼任，非常勤を含めて約2000人弱（社会教育調査，2015）である。1990年代半ば，全国に配置された社会教育主事は約6800人（社会教育調査，1996）存在していた。その頃と比較すると社会教育主事数は3分の1以下に減少した。今後は社会教育主事の設置状況を改善する必要性が高い。

　なぜなら社会教育主事は，地域の多様な専門性を有する人材や資源をうまく結びつけ，地域の力を引き出すとともに，地域活動の組織化を支援することで地域住民の学習ニーズに応えていく存在と考えられるためである（中央教育審議会，2017）。社会教育主事にはコーディネート能力，ファシリテーション能力，プレゼンテーション能力などを身につける必要があるとされ，社会教育主事養成課程についても見直しが行われた。2020年4月より新課程が施行される。また今後，社会教育主事養成課程等の修了者は社会教育士と称することができる。

　社会教育主事に係るこうした諸改革は，社会教育主事が多様な主体と連携・

▷5　社会教育主事は1959年の社会教育法改正により市町村教育委員会にも必置とされた。しかし，都道府県教育委員会から派遣される派遣社会教育主事に対する国からの交付金の廃止（1998年）や自治体の財政状況，主事講習の受講の難しさなど複数の要因から減少傾向を示している。

▷6　社会教育主事講習等規程の改正は2018年に実施，2020年施行の予定。

協働を図りつつ学習成果を地域課題解決や地域学校協働活動等につなげていくための知識及び技能を習得し、さらに学習者の多様な特性に応じた学習支援の中核となる人材になることが意図されている。そして社会教育士の称号は、社会教育主事の活躍の場をより広げようとする取り組みと言えよう。社会教育主事は今後ますます、地域全体で子どもたちを育む仕組みづくりや地域づくりにつながる教育システムを構築するキーパーソンとしての実行力が期待されている。

② 地域連携担当教職員（仮称）

地域連携担当教職員は、先にも少しふれた第16期中教審答申（1998）「今後の地方教育行政の在り方について」において言及された。その後、2015年12月の中教審答申「新しい時代の教育や地方創生の実現に向けた学校と地域の連携・協働の在り方と今後の推進方策について」においても、すべての学校において地域との連携・協働の中核となる教職員の配置、地域とともにある学校としての組織的・継続的な体制強化、さらには制度的検討も行うことが示された（中央教育審議会、2015a）。

地域連携担当教職員は、学校と地域の協働を推進するために学校側に存在する地域連携・協働をつかさどる担当者の仮称である（中央教育審議会、2015a）。その教職員の担う具体的な役割は、(1)校内・学校間（校区内）・教育委員会との連絡・調整、(2)校内教職員等の支援ニーズの把握・調整、(3)学校支援活動の運営・企画・総括、(4)地域との連携に係る研修の企画・実施、先進校の視察などがある。そのほか、従来は各教員が担ってきた(5)地域住民、保護者、関係機関等との総合窓口、(6)地域住民等が参加する授業などの調整（キャリア教育などの総合的な学習そのもののサポートなど）、(7)地域住民・保護者アンケートの作成・集計などが期待される。

先導的事例としては、教員を配置する栃木県、岡山県、仙台市の例があるほか、事務系職員を配置する鳥取県南部町、徳島県東みよし町などがある（中央教育審議会、2015c）。今後はすべての学校に地域連携担当教職員の配置を進め、地域と学校の協働の促進が目指される。筆者は地域と学校をつなぐ役割を担う学校側の人材として、この新たな役割を担う地域連携担当教職員の配置はきわめて重要と考える。留意すべきことは、これを単なる教職員の業務負担の増加と捉えるのではなく、地域連携による学校運営が児童生徒、教師、そして学校全体の利益につながるという理解を深めることであろう。またこの業務は、今後、学校経営を管理職として担う人材になるうえでも必須の経験になるという理解を教職員全員の間に高めることが重要だと思う。

③ 地域学校協働活動推進員

地域学校協働活動推進員は、前述のように2017年に改正された社会教育法第

第Ⅱ部　学校と社会教育の連携

9条の7に規定されたものであり，地域と学校をつなぐコーディネーターの役割を担う人材である。

　国は推進員の対象者として地域コーディネーターや統括コーディネーター，その経験者，PTA関係者・経験者，退職教職員，自治会・青年会等関係者，社会教育主事有資格者などをあげている（文部科学省，2017b）。推進員は地域と学校の橋渡し役を担う。学校の要望や地域の実情を踏まえて両者の役割を調整しつつ協働による多様なプログラムを実施する。そのために推進員は，後述する地域学校協働本部を立ち上げる中心的役割を担うことも期待される。

④　その他の人材

　地域と学校の協働に貢献する人材には，もちろん上記の3種以外にも必要である。例えば全国に約2万人存在する社会教育委員があげられよう。社会教育委員は，社会教育法に明記される非常勤の特別職公務員である。社会教育委員についても地域課題の解決に向けて積極的な活用が必要とされており，社会教育委員の会議の活性化が求められている（学びを通じた地域づくりの推進に関する調査研究協力者会議，2017）ことは注目すべきである。さらに企業やNPO等の民間の関係者も地域と学校の協働に貢献する人材である。そうした多様な人材の参加・活用によって，地域と学校の新たな協働がはじまる。

3　地域と学校の連携・協働を実現するための仕組み

1　コミュニティ・スクール（学校運営協議会制度）とその効果

　コミュニティ・スクールとは，学校運営協議会制度に基づく学校を意味し，「地方教育行政の組織及び運営に関する法律」（第47条の6）に規定される学校教育制度である。学校と保護者や地域住民がともに協働し，学校運営に保護者や住民の意見を反映させることで，地域とともにある学校づくりを進める仕組みと捉えられている。

　2017年4月現在で全国にコミュニティ・スクールは3600校にまで増加した。小・中学校，義務教育学校では全体の11.7％（3398校）がこの制度を導入しており（文部科学省，2017c），今後はさらに増加が期待されている。

　コミュニティ・スクールを導入した学校長を対象とする調査によれば，多面的な成果認識をする校長の割合が多い。とくに地域連携の強化に関する成果や，特色ある学校づくりに対する成果を認識する校長は全体の80〜90％にのぼっている（図6-6）。そのほか，コミュニティ・スクール導入の効果に関する研究としては，導入10年目を迎えて児童生徒，地域住民，学校教員対象に大規模な調査を実施した杉並区の研究などもある。それらの研究によるとコミュ

▷7　東京都杉並区は2005年度からコミュニティ・スクールを公立校に導入。

第6章 「開かれた学校」にみる社会教育

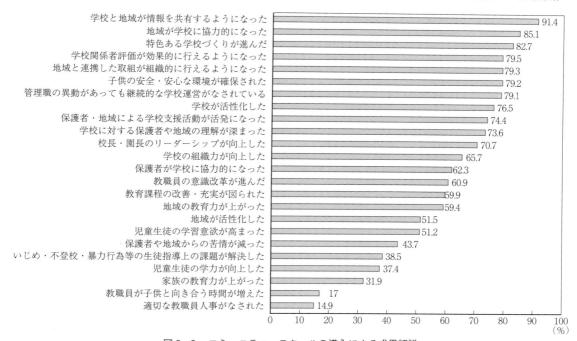

図6-6 コミュニティ・スクールの導入による成果認識
出所:「コミュニティ・スクールの実態と校長の意識に関する調査」(2015年度文部科学省委託調査),中央教育審議会 (2015d)。

ニティ・スクールの導入は学校に対する成果のみでなく,住民や児童生徒への成果も大きいことが検証された。

2　地域学校協働活動とその効果

　地域とともにある学校を実現するには,前述のように具体的な協働活動が生まれる必要がある。地域学校協働活動とは地域の高齢者,成人,学生,保護者,PTA,NPO,民間企業,団体・機関等の幅広い地域住民等の参画を得て,地域全体で子供たちの学びや成長を支えるとともに,「学校を核とした地域づくり」を目指して,地域と学校が相互にパートナーとして連携・協働して行うさまざまな活動を意味している(文部科学省,2017d)。国は2008年の教育基本法の改正以降,地域と学校の連携体制として学校支援地域本部の設置を進めてきた。地域学校協働本部はその組織を基盤としつつ,より多くのより幅広い層の地域住民,団体等が参画し,緩やかなネットワークを形成することにより,地域学校協働活動を推進する体制として2015年の中教審答申で提言されたものである(文部科学省,2017d)。現在,地域学校協働本部は文部科学省の統計によると2017年度で全国に5168設置されている。それらの本部は小学校7166校,中学校3469校を対象として,地域学校協働活動を展開している(文部科学省,2017e)。

　地域学校協働活動や地域学校協働本部の効果に関する研究はまだ十分とは言えない。しかしながら児童生徒への効果とともに,教員の職務上の意識にもプ

第Ⅱ部　学校と社会教育の連携

ラス効果のあることが検証されつつある（Kanefuji, 2018）。今後さらなる実践の蓄積とともに，研究として実践の効果の検証が待たれるところである。

③ 学校を場とする放課後支援とその効果

　地域学校協働活動は多様な内容が含まれるが，放課後の児童生徒の支援はそのなかでもとくに重要な活動の一つと言えよう。文部科学省の所管する放課後子ども教室事業と，厚生労働省の所管する放課後児童クラブ事業は2007年度以降，国の放課後子どもプランの一環として位置づけられ財政的支援が継続実施されている。放課後の子どもたちの居場所の提供や，多様な体験を通じた学びの機会の提供は，格差是正のための教育政策としてもきわめて重要な意味がある。

　放課後子ども教室事業は2017年度の文部科学省の統計では１万7615教室設置されており，全国の市町村の約60％が取り組んでいる[8]。放課後の居場所と学びの機会の提供は小学生のみに必要とされるのではなく，中高校生にとっても重要である。「地域未来塾」という事業は，中高生を対象とする学習支援事業である。これは経済的理由や家庭の事情で学習が困難であったり，学習習慣の身についていない生徒を対象に，教員OBや大学生などの住民の支援を得て学習支援を行う事業である。2017年度は全国3600の中学校区で実施されており，今後2019年度までに5000中学校区での実施が目指される（文部科学省，2017f）。小学生から高校生までを対象とする放課後支援は，諸外国においてもきわめて優先性の高い政策として実施されている（明石ほか，2012）。その効果は学力向上のほか，社会的・情緒的発達を促すとの研究がある（金藤編著，2016）。日本のデータに基づく研究においても，児童の社会的・情緒的発達への効果（Kanefuji, 2015）や教員の職務上の意識への効果（kanefuji, 2018）が検証された。日本においてさらなる研究の進展が期待される。

4　今後の課題と社会教育に期待される役割

① 今後に残された課題

　第一の課題は，地域学校協働活動推進員の確保や人材育成があげられる。地域と学校が協働する持続可能な教育システムを構築するには，実質的にその活動の中心的役割を担う人材が不可欠である。ところが地域側で継続して業務を遂行できる優れた人材の確保は，実際にはなかなか困難である。さらに児童生徒の支援には，日本ではこれまで存在しない若者の支援者も育成・確保する必要がある。それはプレイワーカー，ユースワーカー，アニマトゥール[9]といった

▷8　2017年度放課後子ども教室事業の実施率は，実施市町村数1098市町村と全市町村数1719（2015年国勢調査）をもとに算出した。

▷9　アニマトゥール　フランスにおける生涯学習の担い手と目される専門職であり，国家資格。

諸外国に存在する青少年の指導助言に携わる若者の支援者である。そうした人材育成のための制度的な見直しや，配置・処遇のあり方を検討する必要がある。

第二は地域間格差の課題がある。すでに地域学校協働本部事業，放課後子ども教室事業ともに地域間での格差が生まれている（文部科学省，2017g）。連携先の一つとなる地域の企業やNPOも，実際には人口密度の高い地域ほど多いという事実がある。全国のどこでも一定水準を満たした地域と学校の協働を推進するためには，地域間格差をどう縮めるかという課題も避けては通れない。

［2］ 社会教育に期待される役割

社会教育は第一の課題としてあげた地域と学校をつなぐ人材確保・育成においても，第二の地域間格差の是正という課題についてもますます重要な役割を担っている。なぜなら地域に根ざした日本独自の施設である公民館や，図書館・博物館などの社会教育施設・生涯学習施設がそれらの課題解決に活用できると考えるためである。さらに社会教育施設は，多様な学習機会を提供してきている。そこで学ぶ学習者には，個人としての市民や地域の自治組織やNPOなどの社会教育関係団体で活躍する市民もいる。そうした社会教育にかかわる人々が，学習機会の受け手としてばかりでなく，学習機会の創出や地域と学校をつなぐ人材として必ず生かされるであろう。

今後の地域と学校をつなぐ人材育成は，検討すべき課題が多い。大学等高等教育機関での人材育成制度の確立とともに，社会教育施設などの教室・講座のいっそうの活用を図ることも重要である。学校と地域をつなぐための直接的な人材育成や研修の施設・機関は，現在の日本に存在しないためである。社会教育のさらなる推進は，質の高い学校と地域の協働や，青少年の健全育成のための人材養成・研修など，学びを通じたソーシャル・ネットワークを構築するための要になるだろう。

Exercise

① 日本において社会人の大学等高等教育機関への進学率が低い要因は何かを考えてみよう。

② 地域学校協働活動として具体的な活動内容をあげてみよう。

③ 企業やNPOは地域の構成員として学校との連携・協働に重要な役割があると期待されている。具体的に企業やNPOと連携する事業を考えよう。

📖次への一冊

文部科学省「地域学校協働活動ハンドブック」2018年。
　　地域学校協働活動の意味や効果，先導的事例などが紹介されている。将来，教員と
　　して学校現場で地域学校協働活動に取り組む際の手がかりとなるだろう。書籍は，
　　以下のサイトからダウンロードできる。http://manabi-mirai.mext.go.jp/assets/files/
　　H29doyo/H29handbook.pdf（2018年9月14日閲覧）
明石要一・岩崎久美子・金藤ふゆ子・小林純子・土屋隆裕・錦織嘉子・結城光夫『児童
　　の放課後活動の国際比較——ドイツ・イギリス・フランス・韓国・日本の最新事情』
　　福村出版，2012年。
　　日本や海外の学校を場とする放課後支援の実態や，児童対象調査から日本の児童の
　　特徴を学ぶことができる。

引用・参考文献

明石要一・岩崎久美子・金藤ふゆ子・小林純子・土屋隆裕・錦織嘉子・結城光夫『児童
　　の放課後活動の国際比較——ドイツ・イギリス・フランス・韓国・日本の最新事情』
　　福村出版，2012年。
金藤ふゆ子編著『学校を場とする放課後活動の政策と評価の国際比較——格差是正への
　　効果の検討』福村出版，2016年。
国立教育政策研究所編『教員環境の国際比較——OECD国際教員指導環境調査（TALIS）
　　2013年調査結果報告書』明石書店，2014年。
国立社会保障・人口問題研究所「日本の将来推計人口——2016（平成28）〜2065年」
　　2017年7月31日。
生涯学習審議会「地域における生涯学習機会の充実方策について」1996年。
杉並区教育委員会「地域と共にある学校——地域運営学校成果検証調査報告及び2014
　　（平成26）年度すぎなみ教育シンポジウム報告」2015年。
中央教育審議会「21世紀を展望した我が国の教育の在り方について（答申）」1996年。
中央教育審議会「今後の地方教育行政の在り方について（答申）」1998年。
中央教育審議会「初等中等教育分科会チーム学校作業部会2014年11月資料」2014年。
中央教育審議会「新しい時代の教育や地方創生の実現に向けた学校と地域の連携・協働
　　の在り方と今後の推進方策について（答申）」2015年a。
中央教育審議会「教育課程企画特別部会における論点整理について」2015年b。
中央教育審議会「地域との連携担当として教員を位置づけている事例」チームとしての
　　学校・教職員の在り方に関する作業部会（第17回）配付資料，2015年c。
中央教育審議会「地域とともにある学校の在り方に関する作業部会（第121回）・学校地
　　域協働部会（第11回）」参考資料，2015年d。
中央教育審議会「社会人の学び直しに関する現状等について」大学分科会（第131回）
　　参考資料2，2016年。
中央教育審議会「社会教育主事養成の見直しに関する基本的な考え方について」社会教
　　育主事養成等の改善・充実に関する検討会，2017年。
学びを通じた地域づくりの推進に関する調査研究協力者会議「人々の暮らしと社会の発

展に貢献する持続可能な社会教育システムの構築に向けて論点の整理」2017年。

文部科学省「社会教育調査」1996年

文部科学省「社会教育調査」2015年

文部科学省「『次世代の学校・地域』創生プラン」2016年。

文部科学省「学習指導要領について」2017年 a。

文部科学省「地域学校協働活動推進員の委嘱のための参考手引」2017年 b。

文部科学省「コミュニティ・スクールの導入・推進状況」2017年 c。

文部科学省「地域学校協働活動の推進に向けたガイドライン」2017年 d。

文部科学省「『地域学校協働活動推進事業』の実施状況に関して」2017年 e。

文部科学省「『地域未来塾について』——学校と地域でつくる学びの未来」2017年 f。

文部科学省「放課後子供教室の実施状況について」2017年 g。

文部科学省「児童生徒の問題行動・不登校等生徒指導上の諸問題に関する調査」2018年。

吉武弘喜「開かれた学校づくりと生涯学習」日本生涯教育学会編『生涯学習研究 e 事典』2005 年。http://ejiten.javea.or.jp/content.php?c=TWpRMU 1 UTTE% 3 D（2018 年 9 月14日閲覧）

Kanefuji, F., "Evaluation of School-Based After-School Programs in Japan: Their Impact on Children's Everyday Activities and Their Social and Emotional Development," *International Journal for Research on Extended Education*, 3 (1), 2015, pp. 52–70.

Kanefuji F., "Extended Education Supported by Parents and the Community: Its Impacts on Japanese Schoolteachers," *International Journal for Research on Extended Education*, 5 (1), 2018, pp. 26–46.

OECD, "Education at a Glance," 2015.

コラム⑥

コミュニティ・スクールの現場から
──学校運営協議会にかかわって

　東京都杉並区に暮らして59年になる。杉並区立沓掛小学校が母校である。学校設立60周年時に，学識経験者の枠で参加している。

　学校運営協議会とは学校評議会とは異なる。主な役割は「教育課程」の承認である。地域の声，力を学校経営に生かす仕組みとも言える。現在の杉並区立沓掛小学校学校運営協議会のメンバーは，校長，学識経験者，校長推薦，公募と多様な視点をもつ人材が，校長の学校経営をサポートする。

　本校の特色は，「学校支援本部」活動が盛んで，地域の方々が参画している。「お仕事見本市」（キャリア教育支援），家庭科授業の「運針」のサポート，放課後のスポーツ活動の指導など多様なプログラムが用意されている。杉並区は全国に先駆けて「学校支援本部」事業をスタートしている。文部科学省が施策化する前からの事業である。2017年度から社会教育法の改正により，地域学校協働推進員制度が設けられたが，地域学校協働活動につながるものである。

　本校の学校運営協議会は，月1回第2火曜日の夕方から会合をもつ。委員の任期は選出のカテゴリーによって異なる。校長の交代によって，学校経営がその時々で「右往左往」しないように継続性を担保し，また，地域の特性を生かす仕組みでもある。杉並区において，戦後に誕生した小学校は「旧町名」が付与されている。もともとは水田であった本校は，区内の小学校のなかでは校庭が広い。少子化の傾向はあるが，1学年3クラスを維持している。「町会」を横断して誕生したため，中核となる地域団体はない。近隣の小学校では，商業地と強いかかわりがあるが，本校は住宅地のため，夏休み開始の時期に「くつかけ祭り」と「盆踊り」を行っている。これは地域の核としての学校，地域と学校をつなぐ重要な機会だ。運動会なども同様に地域にとっても重要だ。

　月1回の土曜授業は，地域の方々にも公開，参観者がここ数年増加している。地域の学校教育活動への理解は進んでいる。ICT教育を推進するが，保護者に向けては，授業参観には「スマホを切る」ことをお願いしている。というのは，スマホ自体が電波を発信して，関連機器がハレーションを起こすからである。

　また，特別支援の理解を深めるパンフレットをPTAで作成し，その課程で，学校運営協議会委員と数回にわたり内容について検討，助言している。費用負担について学校運営協議会も協力し，保護者，地域の方々，近隣他校から参考にしたいという声が多数ある。今日「地域に開かれた学校」は避けられない。本校はコミュニティ・スクールに移行して，学校支援ボランティアに参画する方々も増えている。これは教職員の「働き方改革」にもつながる可能性を秘めている。

第7章
地域文化の継承

〈この章のポイント〉

　子どもたちが地域の文化を学び，伝えていく活動は，地域を次世代へ継承していくことと結びついている。風土を反映した地域の個性が色濃く残る一方，人口減少による伝承の担い手不足が危ぶまれる中山間地域では，学校教育と社会教育とが連携することによって，地域文化の継承が図られている。本章では，生活に根ざした地域の文化を学ぶことを通じて自分たちがこの地域に暮らすことを理解する活動が，地域そのものを継承していくことにつながることを，いくつかの事例を紹介しつつ学ぶ。

1　人口減少社会における地域文化継承

　戦後の高度経済成長が東京を中心とする大都市圏へと人口を吸い上げた結果，地方では，産業構造の空洞化，少子・高齢化の進展などにより，「地域の消滅」が現実味を帯びている（増田，2014）。1990年代に「限界集落」が問題となって以降，「地域再生」や「地方創生」が叫ばれ，近年では「まち・ひと・しごと創生本部」が省庁横断的に数々の施策を展開しているが，的確な処方箋はいまだ見つかっていない。「田園回帰」のような人口還流や「二地域居住」などの新しいライフスタイルへの志向がわずかな期待を担うが，東京への一極集中を是としてきた社会構造が大きく転換しない限り，地方のますます衰退に抗う手立てが見出せない状況にある。このような閉塞感のなか，本章で取り扱う「地域文化の継承」への着目は，地域に暮らす人々のなかで意識されずに行われてきた「地域の継承」の機能を再評価するものとなる可能性を含んでいる。自分たちが暮らす地域を「われわれの地域」と認識する地域理解は，地域文化の共有によって促進されると考える。「われわれの地域」という認識を受け入れることで，はじめて他人事ではなく，自分のこととして地域を捉えることができるようになる。地域文化を継承するということは，「われわれの地域」を将来世代に継承していくことと深く結びつくのである。このような地域理解を促す地域文化の継承は，教養的・文化的な学習に限らず，地域に暮らすうえでの共通の価値観や郷土への愛着・誇りを生み出す活動を含めて，幅広く捉えていく必要があろう。本章では，そのような視点から，地域文化継承の事例を交えて検討していく。

第Ⅱ部　学校と社会教育の連携

2　地域文化の継承とふるさと教育

1　郷土理解教育としての上毛かるた

　地域文化の継承は，学校教育と地域の活動の双方がそろうことで効果を発揮することがある。ここでは，群馬県全域で活動が見られる上毛かるたの事例を紹介する。

　上毛かるたは，「恩賜財団群馬県同胞援護会」が制作した郷土かるたである。1947年，初代理事長浦野匡彦が「郷土を荒廃から救う，足もとから見直す」との想いで構想した。かるたの絵札・読み札は，広く県民からの公募によって集められた272件の題材から，識者の検討を重ね，群馬県を代表する44枚に集約された。このため，群馬県内一円の地域資源が満遍なく盛り込まれ，多くの県民の手によって制作されたかるたと言える。絵札の裏面には，絵札に描かれた地域資源の説明が記されている。さらに，群馬県全体を詠んだ「つる舞う形の群馬県」などの「親札」や，地域資源のなかでもとくに象徴性が高い榛名山，赤城山，妙義山を読んだ「三山札」などが「役札」として重みづけされていることも，郷土理解の浸透を後押ししてきたと考えられる。

　上毛かるたに詠まれている人物と詠まれていない人物を比較した結果，知識度，好感度，重要度のいずれも前者が高く示された調査がある。この結果から「人間の愛着や関心は，まずその対象を知ることから生じます。地域でしたら，まず地域をよく知ること，それが地域への愛着や関心に発展します。だとしたら，郷土かるたはその重要な入り口になる」（原口・山口，2010，12ページ）との指摘がある。このような効果を認め，「群馬県文化振興指針」（2013年）では上毛かるたを群馬特有の文化として取り上げ，札に込められた想いやよさを伝えるための副読本が作成されている。JR高崎駅構内のお土産品店には，絵札が記された上毛かるたせんべいやＴシャツなど多くの上毛かるた関連商品が販売され，また，近年はAR技術[1]を駆使して群馬県内の上毛かるたゆかりの地域を訪れ，携帯端末内に絵札カードを収集するアプリ「札ッシュ！！　上毛かるたGO！」が開発されていることからも，上毛かるたの効果をうかがうことができる。また，群馬県内では，上毛かるたやその題材となっている地域資源に関連する会話が日常的に行われている[2]。群馬県に見られるこのような実態は，郷土を荒廃から救いたいという先人の意志と，その着想に賛同した多くの県民の手で育まれ，70年の長きにわたって大会を開催してきた人々が，その思いを受け継いできた郷土教育教材としての上毛かるたの優良性が第一の要因と考えられる。

▷1　AR（Augmented Reality）
「拡張現実」と訳される。目の前の現実の世界に仮想の視覚情報を重ねて表示するような技術。近年，特定の場所に行くとスマートフォン画面にキャラクターが登場し，それを収集するアプリがブームとなり，歩行中の動作による危険性が一部社会問題化した。

▷2　2017年8月6日に行った群馬県安中市松井田地域での調査では，地域住民が妙義山を説明する際，上毛かるたの詠み札の文章を引用して「『紅葉に映える妙義山』の妙義山は……」のように表現したり，電柱に書かれた広告などのPR文に上毛かるたの詠み札が使われたりしている実態が見られた。

104

［2］ 上毛かるたがもたらした地域意識の浸透

　上毛かるたを用いた競技大会が，これまで70年あまりにわたって開催されている。毎年2月に行われる県大会には，各地域で勝ち残った284人（2017年大会）の選手とその関係者が集まり，1000人を超える参加者がある。大会は前年の12月に始まる地区子ども会での大会に始まり，町村大会・郡大会，市大会を勝ち抜くことで県大会への出場権を獲得する。このように県下一律の条件で予選会・大会を行うため，上毛かるた競技には厳格なルールが適用されている。まず，競技にあたっては，選手の待ちの姿勢での身体の角度や指先の位置などがセンチ単位で決められており，詳細な規程が記された「規程集」が作成されている。上毛かるた競技大会は，群馬県子ども育成会連合会の下部組織である審判部理事会が運営にあたる。審判部理事会の理事は各市町村大会の審判を兼ねており，県大会の運営担当者が，所属地域の大会運営にあたることでルールの徹底が図られる構造がある。また，審判員の研修も行われるなど，レクリエーションとしてのかるた大会とは異なり，競技かるたとしての厳格なルールの適用が図られている点が上毛かるたの特徴である。

　地区子ども会に所属する子どもの数は20万人に達すると言われ，その代表が県大会まで上がっていく大会構造があることで，地域が一丸となって上毛かるたの競技に取り組んできた。子ども会でのかるた活動を，地域の大人たちが見守り，指導し，県大会に送り出す。また，70年もの長い間このような競技会が継続されてきたことで，家庭内には三世代にわたって競技経験者が存在し，大会の時期には，家族ぐるみで上毛かるたに取り組む。親世代にはかつて自分たちが熱中した想いが残り，子どもたちの指導にも熱がこもる。上毛かるたが競技かるたであることで「ともに一つのことに向き合える」ものとなり，世代を超えて郷土理解を深め，受け継いでいこうとする意識が生まれる。これは上毛かるたがいろはかるたや人生訓かるたとは異なり，郷土を題材にしたかるたであることが大きい。郷土の先人たちが作り上げてきたかるたであり，学校や地域社会のなかで用いられ，郷土理解が図られてきた。加えて，競技かるたであることで，地域の人々が熱心に取り組むものとなり，世代間の継承が図られてきた。上毛かるたの事例は，学校教育での郷土教育（フォーマル教育）と上毛かるた県大会に向けた地域社会での活動（インフォーマル教育）とが一体となって相乗効果を発揮し，地域文化の継承を実現してきたことを示している。

3 地域文化の継承と若者の活動

1 若者の意識と地域文化の継承

　2017年11月12日，秋晴れの陽が西に傾きはじめた頃，「二日間の祭りのフィナーレを飾る県立由布高校郷土芸能部のみなさんです」とのアナウンスが流れると，「はさまきちょくれ祭」の会場は大きな拍手とともに，「待ってました～」の掛け声に包まれた。ステージ右手に陣取って「楽」を担当する女子生徒が横笛を奏で始めると，会場の空気がピンと張りつめたものに変わる。演奏に合わせて左手から奉仕者役の男子生徒がステージに登場し，「二草」の演舞が始まる。表情は真剣そのものだが，仲間たちに声をかける時には笑顔も垣間見える。大ぶりな舞であり，一演目舞い続けるのは相当な運動量なのだろう。時折，肩で息をする様子も見られた。舞う生徒ばかりではなく，演奏する生徒の表情も同じくらい真剣だ。太鼓をたたく際の指先までピンと張った所作が神々しい。ようやく一演目が終わり，二演目めの「戸開」の準備が始まる。最初の演目で奉仕者として舞っていた男子生徒が，今度は太鼓をたたいている。日が陰ってきて肌寒さも感じられたが観客は帰らず，その数は400人を超えている。天照大神がお隠れになった岩戸を開けようと，その前で手力雄命が懸命に舞う。今度は，「大人よりうまいぞ～」との掛け声がかかる。生徒も住民も一体となって楽しんでいる。そんな大人のなかで，小さな子どもたちもまた高校生の舞を真剣なまなざしで見つめている。将来の自分の目標と重ねているのだろうか。二演目めも終わり，演じた生徒たちがステージ上に並ぶ。「今日はありがとうございました。もっともっと練習して，上手くなりますので，よろしくお願いします」とあいさつすると，会場はさらに大きな拍手に包まれた。

　大分県立由布高等学校は，大分県の中央にある旧庄内町（2005年合併により由布市庄内町）の豊かな緑と清らかな水に囲まれている。同校の郷土芸能部は

▷3　2017年11月12日，「はさまきちょくれ祭」において筆者が行った大分県立由布高等学校芸能部の実態調査による。

図7-1　「はさまきちょくれ祭」での由布高校郷土芸能部の演舞を見守る地域の人々
出所：筆者撮影。

1976年に設立され，校内に神楽殿（郷土芸能保存館）が設置される恵まれた環境の下，地域の人々の理解と協力に支えられながら，日々，練習に励んでいる。この地域に伝わる「庄内神楽」は，明治末期に出雲神楽を起源として作り上げられ，『古事記』や『日本書紀』の神話を題材とした演目が多い。庄内総合運動公園にある神楽殿を中心に，庄内神楽十二座のそれぞれの神楽社で継承の活動が行われている。そのなかの一つである「庄内子供神楽座」は，青少年の健全育成と神楽の継承を目的として1976年に結成され，大分県や島根県の神楽大会のほか，全国こども民族芸能祭などにも出演するなど，伝統ある団体である。

　庄内町にあるひばり保育園では，庄内神楽に取り組み，年長の園児が庄内神楽祭りで舞を披露する。小さい時から神楽のリズムに親しみ，小学校入学後に庄内子供神楽座に入会する。2017年夏に郷土芸能部長を引退した河野裕貴君は，「小さいころから自然に舞っていた」という。彼らにとっての神楽は，けっして古くさいものではなく，そして誰かに言われて無理矢理やっているものではない。彼らは高校生活最後の夏に，全国高校総合文化祭で日本一になることを目指していた。野球部やサッカー部の部員と同じように，彼らがやりたい部活動が郷土芸能部だったのである。

［2］　地域文化の継承と地域の担い手育成

　祭の翌日，由布高校を訪ね，引退した昨季の主力メンバーにインタビューを行った。河野君は「神楽の上達には終わりがない。役になりきって，どう表現すれば，その時の神様の感情を再現できるのか。年齢を重ねて上達できる部分もある。もっともっと上手く舞えるようになりたい」と言う。高校卒業後もずっと神楽を続けていくために，彼は地元の公務員を希望する。副部長を務めた小野瑞貴君は「経済学部に行って地域活性化を学びたい。神楽をどのように地域活性化に生かせばいいかを勉強したい」と大学進学を希望する。しかし，いつでも庄内町で神楽が舞えるように地元を離れる気はないと言う。自衛隊志望の衛藤稀一君は，全国を転勤することになるかもしれないが，いずれは庄内町で暮らすことを希望している。そして，「神楽はなくなってほしくない。自分たちの子どもにも伝えていって，いつか親子共演を実現したいと思う」と言う。

　この地域に限らず，全国の中山間地域は人口減少，少子高齢化，産業の空洞化という共通の課題と向き合っている。しかし，彼らは，「ここは良い町だ，神楽があるから」「自分にとっては，神楽が一番。神楽がある庄内町に生まれてよかったと思う」と言う。遊び場や買い物などで必要な時は，電車に乗って大分市まで出かけていくが，住むのは庄内町という点は揺るがないようだ。彼らがここまで庄内町に暮らすことにこだわる理由は，彼らの言葉にもあるとおり，「神楽の存在」しかない。庄内神楽は口承伝承であり，演目，舞，楽など

▷4　2017年11月13日，大分県立由布高等学校にて行った聞き取りによる。

のすべてを覚え，次世代へ受け継いでいくことしか継承する術はない。この地域に生まれた人々にとって，逃げることができない定めかもしれない。しかし，ここでは，庄内神楽を継承するという行為によって，全国的な課題である若者の地域離れに抗うことができていることも事実である。庄内町の若者たちの姿は，地域文化の継承が，そこに暮らす意識を生み出し，地域そのものの継承につながる可能性があることを示している。

4　地域文化の継承と住民の意識の形成

1　住民の意識の共有と地域の継承

　山形県最上郡金山町は秋田県と隣接する県北部に位置し，人口5600人（2018年3月現在）あまりの小規模な町である。町の主幹産業は林業であり，明治期に払い下げを受けた山地に，先達が社会事業として植林した杉が大径材に成長し，木目の鮮やかな「金山杉」としてブランド化されている。景観に対する住民の美意識は高く，1963年に始まった町内美化運動が，1986年には全国に先駆けた景観条例の制定に結びついている。金山町には31の自治区があり，藩政期の郷と枝郷に由来する自然村としての住民間の関係性を母体とした自律的な運営が図られている。金山町のまちづくり条例には，この31地区を基礎として自律的なまちづくりを進めることが示されている。各地区には住民が資金を出し合って建設した自治公民館[5]が設置され，地区運営のための会合や消防団活動のほか，産土社の祭礼，町全体が熱気に包まれる「金山まつり」の山車制作や囃子の練習などが行われている。

　エコミュージアムは，1960年代後半に国際博物館会議（ICOM）の初代ディレクターであったリヴィエール（G. H. Riviere）が提唱した概念で，特定のエリアの住民の生活のなかに学術的価値を見出し，地域住民自身が学芸員となって，地域資源となる生活文化を発見し，収集・記録していく活動である。国内では「生活まるごと博物館」と位置づけられ，地域の食文化，方言，習俗，技術などの住民の生活に関する事象を広範に「展示物」の対象として捉える。社会教育研究においては，末本誠が，エコミュージアム活動における個人および集団としての「意味の発見と構築」に教育論的な関心を見出している。そこで語られる「生活史」から，末本はエコミュージアムが住民にとって，自分の身近な生活のなかにあるものに関心を向けるきっかけを与え，みずからその意味を深め確かめる過程となって，より深く自己の体験を掘り下げ，人生の意味を確立するという主体形成の場になっていることを指摘した（末本，2005，206～224ページ）。金山町では，2010年に地元学[6]として地域資源探索の活動を開始，

▷5　自治公民館
戦後の荒廃のなかで，集落内の寺，作業所，集会所などの適当な施設を活動場所として，地区運営（寄合），協働，相互扶助，福利厚生などのために住民が立ち上げてきたものであり，条例で定められた公民館と異なり「公民館類似施設」に位置づけられる。

▷6　地元学
吉本哲郎が提唱した概念であり，「地域を地域たらしめている何か」を探し出し，あるいは光をあて，つくり出していく行為をともなった学習活動。

その発展形として2013年からエコミュージアムに取り組んできた。末本の視点を金山町にあてはめて考えてみると，金山町の住民は自治公民館での地域活動を通じて，金山町を知り，そこに暮らす自分の人生の意味を確立し，主体的にまちづくりに取り組んできた可能性が見出される。

　また，このような住民活動は，その地区に住み続けるための「伝統」の継承のために行われるものと見ることができる。鶴見和子は内発的発展論（鶴見，2003）で，地域を単位とする文化や伝統のなかに，現代に生かしていくことができるものを見出す伝統の再創造の重要性を説いている。そして，「伝統」を世代から世代にわたって継承される「型」あるいは構造と定義し，衣・食・住に必要なものを創る「技術の型」，信仰，価値観などの「意識構造の型」，家族，村落の構造などの「社会関係の型」，音楽，舞踊，日常生活における行為などの「感情・感覚・情動の型」に分類した（鶴見，1999）。金山町の住民活動をこの四つの型を用いて構造化してみると，表7-1のように，この地域固有の「型」を次世代に継承していくための学習が，地域活動のなかに包摂されていると考えられる。このような地域活動は，金山町のほぼ全域に見られ，そこで「型」の継承が行われてきたと考えられる。前述のとおり，金山町は，全国に先駆けて「街並み景観づくり100年運動」を展開してきた。住民活動を通じて「型」が継承され，自分たちの暮らす地域を次世代へ継承していこうとする意識が存在することによってこのような運動の推進が可能となったと考えられる。

　2017年には，これまでのエコミュージアム活動の集大成とも言うべき，「金山町いろはかるた」が制作された。学校教師退職後も長らく金山町の教育行政

表7-1　伝統の継承の四つの型による分類

団体・活動	技術の型	意識構造の型	社会関係の型	感情・感覚・情動の型
契約講	茅葺き作業 火葬・土葬・野辺送り 公民館運営	相互扶助 協働 集落に生きる価値観	集落形成（集落規範） 結い・結い返し 家と家の関係性	しきたりの順守 協働の理解 集落の自治
山の神	勧進の作法 山の神まつりの実施	自然との関係性 山の神への信仰心	少年期における集落内での役割 コミュニケーション力	山の神を守る 同世代の団結
念仏講	念仏の唱え方 数珠回し 楽器奏法	相互扶助 集落に生きる価値観 仲間意識	集落内の不幸時における村念仏	婦人の交流・懇親 情報共有 息抜きの場
若連・消防団	山車制作・囃子演奏 集落内の体制づくり 消防操法・器具使用	集落に生きる価値観 活力創出（力仕事） 地域おこし	集落における青年層の役割 リーダーシップ	伝統を守る 集落の安全を守る 同世代の団結
伝統芸能	演舞・演奏・所作 題目の継承 器具の保管・保存	集落に生きる価値観 集落の歴史 次世代への継承	集落の求心力 世代間交流 協調性	伝統を守る 活動を通じた楽しみ 目的の共有
産土祭礼	祭礼の実施 神輿・行列・のぼり 神事	産土神への信仰心 集落に生きる価値観	集落内の団結 土地と自分との関係	産土社を守る 集落をあげての祭り 交流の楽しみ

　出所：筆者作成。

に携わってきた前教育長の樋口勝也氏は，エコミュージアム活動が金山町の特性に適合することを理解し，県内外の大学生を金山町に呼び込み，専門的見地から地域資源を位置づける活動に熱心に取り組んできた。そして，金山町の地域資源の一つひとつをいろはかるたに詠み込み，48枚の詠み札を試作した。これをもとに金山小学校第6学年担任（当時）の小倉敏博教諭が児童に呼びかけ，総合的学習のなかで絵札の制作にあたった。児童たちは，自分たちの町のことで知らないことがたくさんあることに驚きながら，「金山町いろはかるた」を完成させた。地域の文化や歴史などの資源を楽しく理解しながら学ぶには，このような地域資源を題材としたかるたが適しており，エコミュージアム活動が行われている他の地域でも製作されている。製作後，金山町では，早速，交流サロン「ぽすと」で行われたかるた教室で用いられ，楽しみながら地域を学ぶことに寄与している。

図7-2　「金山町いろはかるた」で遊ぶ子どもたち
出所：金山町教育委員会提供。

2　地域文化の継承を支援する学校活動

　金山町の稲沢地区と柳原地区では，かつて神室山の修験者が里に下りて舞ったという「番楽」が受け継がれている。しかし，近年は両地区とも担い手不足の課題に直面しており，その打開策の一つとして，両地区の子どもたちが通う金山町立有屋小学校に「有屋少年番楽」の活動が作られた。本来，「番楽」のような地域活動は，地域社会内で継承を図ることが一般的であるが，後継者不足の危機を打開するため，学校教育との連携が図られたのである。学校側は施設を開放するだけではなく，子どもたちの発表の機会を用意するなどして，地域文化の継承を支援してきた。同校文集『かむろ』には，この活動を経験した児童の次のような言葉が載っている。

「ばんがくがすき」（2014年度・2年・Hさん）
「二年生になって，わたしはばんがくをはじめることにしました。（中略—筆者）ししまいでは，おばあちゃんたちがかんげきしてなくのを見て，わたしたちはとてもいいことをしているんだ，ばんがくはだいじだなと思いました。」

第7章　地域文化の継承

「番楽がんばるぞ」（2013年度・2年・S君）
「有屋小学校には、「有屋少年番楽」があります。番楽に入ったばかりの時は、かしカードがないと歌を歌えなかったけど、今は、かしカードがなくてもスラスラ歌えるようになりました。（中略—筆者）有屋のでんとう「有屋少年番楽」が、これからもつづくようにがんばっていきます。」

　このような子どもたちの言葉からは、地域文化の継承の意識とやりがいが感じられる。「番楽」と同様、同町安沢地区には、江戸期から受け継がれてきた農村歌舞伎「安沢歌舞伎」が残っているが、舞手の不足から近年は上演されていない。ここでも明安小学校の「明安子ども歌舞伎」の活動により、継承が図られている。二つの事例とも子どもたちは学校教育の一環として伝統芸能活動を行っており、本来の地域文化継承の活動とは趣旨が異なっている。しかしいずれの場合も、子どもたちは演じることに対するあこがれや、継承のための責任感を感じて参加している。金山町のような過疎地域の小規模校の場合は「地域の教育力」を踏まえた全面的な支援が不可欠であり、学校教育と社会教育の融合が進められてきた（金山町教育委員会，2000）。一方、地域住民が学校行事としての伝統継承活動への協力を惜しまず、発表会では地域住民も喜び、子どもたちがそれに応えようとしていることは、何とかして地域の伝統文化を継承していかなければならないという住民の意識の存在がうかがわれる。

図7-3　左：有屋少年番楽，右：明安子ども歌舞伎
出所：金山町教育委員会提供。

　金山町では、このほかにも学校教育に「地域の教育力」を採り入れる地域学習が体系的に行われてきた。各小学校では、金山町の特徴を知り、町外の人たちにアピールするためのパンフレットを作成する地域学習が行われている。金山中学校では、自分たちで設定したテーマに基づき、情報収集、分析、プレゼンテーションなどを行う総合的学習「金山学」が行われ、その成果は県立新庄南高等学校金山校へ連携入学する際の資料として用いられている。同校では、学校設定教科「金山タイム」があり、全学年必修で年5日間の地域体験学習が行われる。学校教育に「地域の教育力」を採り入れることは、地域全体で地域の子どもたちを育てようという参画意識がなければ住民の協力体制の構築が難

▷7　金山町立金山中学校と山形県立新庄南高等学校金山校（旧金山高等学校）は、「郷土・表現・こころ」をテーマとする「連携型」の中高一貫教育を導入し、連携入試を実施している。連携入試は、金山校を受験する金山中学校出身者を対象として実施する入試で、学力検査を行わず、中学校の3年間で取り組んだ地域学習（金山学）の成果のプレゼンテーション内容に基づいて行われる。なお、他中学校出身の受験生には、一般入試が実施される。

第Ⅱ部　学校と社会教育の連携

しく，同じ地域内の学校間連携の教育が実現できているところに，子どもたちに対する地域の継承の強い願いを見ることができる。このような支援に対して，図7-4のとおり，金山町の高校生の69.8％が将来も住み続けたいと答え，最上郡内でトップとなっているという結果で応えている。これは，第4次金山町新総合発展計画に掲げられている，住み続けたい町，誇りをもてる町を創りあげる「創郷力を育む町」の実現と結びついている。

▷8　山形県最上総合支庁「若者定住に関する『高校生の意識調査』結果の概要について」2009年11月9日，2ページ。
その内訳を見ると，「住みたい（外に出ることなく住み続ける）」の回答では8市町村中5番目だが，一時的に外に出た後に「戻ってきて住みたい」の回答は54.7％のトップであり，この割合が他の市町村よりも高く示されていることが，金山町の特徴となっている。

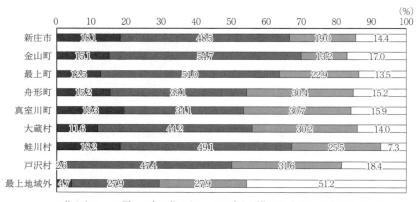

図7-4　将来最上地域に住み続けたいか（市町村別）
出所：山形県最上総合支庁「若者定住に関する『高校生の意識調査』結果の概要について」2009年11月9日，2ページをもとに作成。

「なぜ，自分たちの町にこのような形で伝統文化が伝承されているのか，伝承してきた人々の思いはどんなものであるかを，子ども達に気づかせる必要があります。自分たちの父母や祖父母たちが営々と伝えてきた歴史的にも価値ある遺産に，子ども達は興味を持って接しています。やがては自分たちがそれらを自分の子どもに伝えていくことになるのです。伝統文化を継承する過程で，地域に人々との交流と，体験活動による社会性・思いやりの心が養われることになります」（金山町教育委員会，2000，93ページ）。このように，金山町が進める「適時適育」のなかで，地域文化の継承を教育に位置づけようという方針が確立されている。前述の上毛かるたの事例で見られたように，中心となる地域活動と学校教育における郷土教育とが相互に支えあうことで効果を発揮することもあるが，金山町の場合は，小・中・高の各レベルにおいて，学校教育での地域文化理解・継承が図られており，より広範囲で学校教育と社会教育の連携が図られていると言えよう。

本節では，金山町の事例を取り上げ，学校教育と社会教育の連携・協働によって地域文化の伝承が図られ，将来の地域を担う子どもたちの育成に影響を与えていることを見てきた。この事例から，地域文化の継承には，地域の継承につながる大きな力が秘められていることが示された。地域の文化を継承させ

ていくための学習は，地域に暮らす住民が，自分たちの生活のなかで，知らず知らずのうちに教えられ，受け取ってきたものであり，その継承という作業は，必ずしも講座型の学習のみでは実現できていないことがわかる。金山町の事例からは，学校教育での郷土教育が実効をともなうものとなるには，地域社会における学習と連携することが必要であることが見出された。

5 地域文化の継承と地域の継承

1 地元学活動を通じた住民の学び

　筆者は，2017年より，石川県金沢市の小学校区を単位とする地元学の実践を試みている。地元の小学生から大人たちの小グループが，普段生活する地域内を歩いて見て回り，「お宝（地域資源）」を再発見し，それをマップの上に落とし込んでいくワークショップを一日がかりで行う。この活動の結果，「お宝マップ」の上に描き出されるものは，かつての地域の様相である。金沢市中心部にあり，古くから続く森山地区でこの活動を行った際，「お宝マップ」の制作作業を行う約2時間の間，多くの年輩の参加者が立ったままずっと話し込んでいる光景が複数見られた。そこで話されていたことは，「小学校の角の氷屋さんで，アイスキャンデーを食べたよねぇ」とか，「あそこの広見（街角のやや広くなった空間）では，スクリーンを張って映画を見たよねぇ」といった事柄である。それは自分たちの子どもの頃の町の記憶であり，地元学の「まちあるき」によって，活き活きとした当時の住民の映像が脳裏によみがえってきたのであろう。かつての賑わいが失われ，シャッターを下ろした店が並ぶ商店街を前にして，このような町の記憶は，人々の記憶のなかにしか残されていない。しかし，確かにその時間をその町で暮らした事実は変わらない。記憶を宿した人の人生の終焉は，町の記憶の消失を意味する。地域の文化を継承するうえで，その地域に暮らす人々の記憶を記録する地元学やエコミュージアムの活動が急がれる地域もある。

　筆者は地元学ワークショップに加え，このような人々の心のなかにある「風景」を描き出す試みの一つとして，写真投影法を試みている。対象地域の住民10人（20〜60代の男女各1人）に依頼し，居住する地区を中心に「お気に入りの風景」を50枚ほど撮影してもらった後，その被写体を分類し，地域住民の心象風景となっているものの共通要素を見出す分析法である。

　金沢市の郊外部の新神田地区と前述の森山地区で試みたところ，図7-5のとおり，新神田地区では地区内の幹線道路や郊外型店舗のほか，金沢駅や市内観光地など地区外の対象物を撮影した画像が相当数あった。一方，森山地区で

は地区内の日常的に利用する商店がかなりの枚数撮影されたほか，地域住民を写した画像が多く見られた。この違いの解析には，さらに多くの地区での分析との比較をしなければならないが，現時点では，前者は，郊外型店舗が並ぶ地区であり，どこでも同じような風景が見られる「全国的既視感」のなかで暮らしているため，観光客と同じような「金沢らしさ」を「お気に入りの風景」として撮影したのではないか。一方後者では，日常的に金沢らしい街並みのなかに暮らしているため，地区外に「金沢らしさ」を求める必要がなく，被写体が自分たちの暮らす地区内に限局したのではないかと考えられた。新神田地区はインフラが充実しているものの，地区内に歴史的特徴がなく，地域の個性が乏しい。住民は，そのような地域性に満たされないものを感じている可能性がある。それは，現代の風景のなかに過去の自分を位置づけられるか否かということに関係していると考えられる。

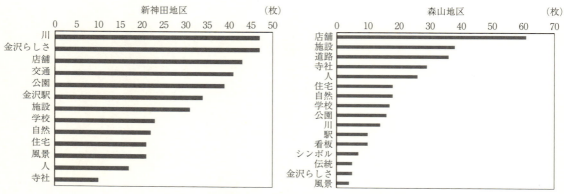

図7-5　「写真投影法」によって写された対象の分類

出所：筆者作成。

2　地域空間認識と体験的活動の意義

　金瑛は，モーリス・アルヴァックス（M. Halbwachs）の「milieu = 〈場〉」という概念を用いて，物質的空間が「われわれの空間」として意味づけられるには，「個々人が実際にその空間と直接的に接触して関係を築き，想像や思考によってその空間が象徴的に意味づけられる必要がある」とした（金, 2013）。地域文化の継承活動には，個々人が，居住する地域という物質的空間に象徴性をもたせ，「われわれの空間」として認識させる機能があると考えることができる。

　伝統文化継承のためのさまざまな活動は，そこに暮らす住民たちにとって，過去世代が積み重ねてきた物事との対話・交流の場面があり，その地域に暮らす自分という存在を，その地域のなかに位置づけていくために必要な活動なのである。その実効性をあげるには，住民活動や芸能・文化活動に含まれる「地域の教育力」を中心としつつも，学校教育における郷土理解学習との連携・協

働が求められることを，各地域の事例から学び取ることができる。

Exercise

①　都市部での伝統文化の継承にはどのような事例があるか，その難しさはどのようなものか，それぞれ考えてみよう。

②　伝統文化の価値を住民が共有するにはどのような方法が有効と考えるか，考えてみよう。

③　学校教育が地域文化の継承に積極的にかかわることがどのような場面で求められるか，考えてみよう。

📖次への一冊

岩佐礼子『「地域力」の再発見』藤原書店，2014年。
　　本章コラムの執筆者による著作。鶴見和子の内発的発展論を軸に，地域社会内の多様な活動に教育的要素を見出そうとする視点を得ることができる。

大田堯『子育て・社会・文化　人間の歴史を考える④』岩波書店，1993年。
　　地域社会の関係性のなかで子どもが育てられてきた実態を教育学的に捉える内容であり，テキストとして理解しやすい著作である。

佐藤一子『地域文化が若者を育てる』農山漁村文化協会，2016年。
　　社会教育学の研究者が見た地域文化継承の事例が紹介されている。本章とはやや異なる視点から地域文化を捉えており，別のヒントが得られる。

引用・参考文献

有屋小学校学校文集『かむろ』第49号，第50号。

金山町教育委員会『「新適時適育」で子どもの自立をうながす』明治図書出版，2000年。

金瑛「記憶における時間意識――アルヴァックスの記憶観をめぐって」『日仏社会学会年報』24，2013年，112～115ページ。

末本誠「エコミュージアム論再考――朝日町の実践によせて」星山幸男編『自然との共生とまちづくり』北樹出版，2005年。

鶴見和子『鶴見和子曼荼羅IX環の巻――内発的発展論によるパラダイム転換』藤原書店，1999年。

鶴見和子『内発的発展論の展開』筑摩書房，2003年。

原口美貴子・山口幸男「郷土かるた，上毛かるたの魅力と意義――郷土かるた王国「群馬」からの発信」『群馬大学教育学部紀要　人文・社会科学編』59，2010年，9～20ページ。

増田寛也『地方消滅――東京一極集中が招く人口急減』中央新書，2014年。

コラム⑦

豊後二見ヶ浦の大しめ縄づくりに見る「伝統の再創造」

　「上浦の人口も減っているので，年々大変になると思います。だからこそ，自分たちが中心となって，いろんなことを学び，伝統を守っていきたいなあと思います」。2016年12月３日，大分県佐伯市立東雲中学校で豊後二見ヶ浦大しめ縄の歴史や作り方を紹介した講演会を聴いた一生徒の感想だ。350人を超える老若男女や外国人を動員する大しめ縄（長さ65メートル，重さ２トン，最大直径75センチメートル）づくりが毎年12月の恒例行事となってすでに半世紀近い。

　社会学者の鶴見和子は国家の発展ではなく，自然生態系を軸とした地域における内発的発展論を提唱した（『内発的発展論』東京大学出版会，1989年）。内発的発展は「伝統の再創造」という過程をともなうが，その過程で生まれる偶発的な学習の作用に地域力向上のヒントがあると筆者は拙著『地域力の再発見』（藤原書店，2015年）において捉えている。この事例は「しめ縄づくり」という日本のものづくり伝統が地域の内発的な力で現代的文脈に再創造され，地元中学生たちがその継承の役割の一端を担うことで地域活性化への希望を創出していると言えるだろう。

　きっかけは，1968年に上浦町（現，佐伯市）で産声をあげた草野球チーム「上浦ファイターズ」支援者らへの恩返しと地域振興のため，有名な伊勢二見ヶ浦のように，地元の海岸の夫婦岩にしめ縄を張ろうという，あるチームメンバーからの発案だった。当時監督だった松村輝博さんはメンバーの力を信じて行政や地域（団体）の同意を取りつけたものの，始めてみると自然との格闘の連続だったと語る。漁村地域で平地が少なく稲作文化のない上浦では，大量の藁を町外から調達してハカマ取りと藁打ちを実施した。さらに雄岩と雌岩の両方に鉄杭を取り付け，10隻の船を連結し，中心にワイヤーを通した大しめ縄を手送りで海上運搬し，両岩の鉄杭に固定した後締めつけていく作業は困難をきわめた。こうした負担を鑑み，３年後には町役場の産業課が引き継ぎ，1977年から「あまべ商工会」上浦支部が事業主体となった。副会長の山矢隆彦さんは「しめ縄づくりは人づくり」との思いで今後も継続する決意だ。2016年からは東雲中学校の宮崎哲次校長（当時）の決断で生徒全員が総合的な学習の時間の一環として参加するようになり，最も難しいとされる「〆の子」づくりも，中学校３年間を通し，20年以上藁を提供している竹田市荻地区の人々から学ぶ仕組みができた。翌年赴任した渡辺和彦校長は大しめ縄づくりは子どもたちが故郷を誇れる象徴だとしてこの活動を引き継いでいる。

　伝統的なしめ縄づくりが自然と人を結び，地域の多世代を結び，荻地区や外国の人々との横のつながりを結び，未来を背負う子どもたちの身体には技を，心には誇りを継承させ，過去と未来を結んでいることをこの事例は示している。

第8章
地域防災教育の展開

〈この章のポイント〉

　阪神・淡路大震災や東日本大震災といった大規模災害の経験は，学校と地域の連携や子ども・若者を含む社会の担い手の形成，防災に関する公民館活動や地域自治を通じた住民の学習といった社会教育の課題を顕在化させてきている。本章では，学校や子どもの地域生活を視野に入れながら，地域の実態に即した防災教育および地域住民による防災活動を通じた学習活動の展開と今後の課題を捉えられるようにする。

1　大震災の経験に見る社会教育の課題

1　「学校」の多面性と児童生徒／子ども・若者

　「学校」という場所は，児童生徒などが一日の大半を過ごす活動の場であるとともに，災害時は地域住民にとっての避難場所・避難生活の場ともなる。そのためトイレや備蓄，発電設備や通信装置といった防災関係施設・備品の整備や施設の耐震化，災害時要援護者などの多様なニーズに対応するための施設利用計画の作成やその実施体制の整備が求められている。実際に東日本大震災では3月11日の発災後，最多で622校もの学校が避難所となり，発災1か月後でもその約4割が継続していた。また2015年5月の調査によると，全国の市町村立学校の90.5％が災害に対応しうる場所として避難所に指定されていることが明らかになっている（国立教育政策研究所文教施設研究センター，2011；2015）。

　このように学校が避難所となりそれが長期化する場合，課題となるのは学校機能の円滑な再開による児童生徒の学校教育の保障である。そのため避難所の開設といった初動期は教職員が中心となって行われるが，その後の運営主体を住民組織に委譲することが必要である。それは住民や避難者が自立し日常を取り戻し復興に向け動き出すとともに，教職員の学校機能の再開に向けた活動を後押しすることになるからである。

　また災害直前まで学校生活を送っている児童生徒でも，被災状況下においては「地域の子ども・若者」，つまり社会の一員として有力な担い手となる。「釜石の奇跡」として紹介されるように防災教育によって培われた主体的な行動に

▷1　岩手県釜石市の小・中学校では，災害社会工学の片田敏孝（群馬大学教授）の指導で津波からの避難訓練を重ねてきた。東日本大震災では，全児童生徒計約3000人が即座に避難し，生存率99.8％という成果をあげ「釜石の奇跡」と呼ばれている（片田，2012）。

第Ⅱ部　学校と社会教育の連携

より高齢者や保育園児を率いて避難し多くの命を救ったことや，年少の子どもたちへのケア，新聞の作成や物資の整理などで力を発揮していたことなど，その例は枚挙にいとまがない。そしてそれらが示していることは，住民側もまた「地域の子ども・若者」を地域運営のメンバーとして認識し，その力を引き出し活用していることである。

このように防災・減災を実現させるうえで，施設の面でも人（マンパワー）の面でも学校と地域住民の安全は表裏一体であり，ともに復興への動きをつくる主体である。そのため「地域のなかの学校」であるとともに住民にとっての地域防災拠点として，学校と地域住民が実質的な連携・協働をつくり，地域の課題や実情に応じて多様な主体を活用する防災体制を構築するための学び合いが求められる。

2　多様な被災者像に対する「生活者の視点」

災害は誰にでも起こりえることであるが，社会的弱者はその脆弱性が顕著になる，つまり被害を大きく受けやすい。実際に東日本大震災時での被災3県（岩手，宮城，福島）において，人口の年齢別構成と死者の年齢別構成を比較すると高齢であるほど被害率が高く，また犠牲者のうちの障害者手帳取得者の割合に見る障害者の死亡率は健常者の2倍以上であったこと明らかとなっている（内閣府男女共同参画府，2012；立木，2013ほか参照）。さらに地震や津波による直接の被災だけでなく，避難生活での肉体的・精神的疲労など間接的な原因による「災害関連死」や疾病の悪化も起こりえることから，要介護高齢者や障害児・者，妊産婦，乳幼児，アレルギーなど慢性疾患を有する者，外国人といった「災害時要援護者」への対応は看過できない課題となっている。

こうした課題の解決策として注目されるのが，避難所運営や防災計画における「生活者の視点」であり，それを具体化する方途として「女性の参画」が強調されてきている。というのも，1995年の阪神・淡路大震災以降，女性固有のニーズに基づく衛生環境や安全な生活空間の不足，固定的性別役割分業の強制による長期の炊出しや清掃の負担といった被災時の女性の困難は顕在化していた。その要因として指摘されたことは，避難所の運営や防災・災害復興についての制度設計が男性のみで実施されてきたという事実であり，それらを男女双方の視点から解き直すことが喫緊の課題となっている。災害対応・復興における女性の参画は，女性のニーズもさることながら，現状では災害時要援護者となる人々のケアに直接かかわっていることが多い「当事者」であり，その声を「生活者の視点」として入れることが期待されている。

そのために求められることは，地域リーダーや防災計画策定・推進における女性の登用であり，そうした舞台に立つための女性のエンパワーメントであ

▷2　東日本大震災では，発災1年後の2012年3月31日現在で，1632人の災害関連死が把握されている。この主たる要因として，「避難所などにおける生活の肉体・精神的疲労」「病院の機能停止による初期治療の遅れなど」「避難所などへの移動中の肉体・精神的疲労」があげられている（復興庁・震災関連死に関する検討会，2012）。

▷3　災害時要援護者
災害時に自力で避難することが困難な人や災害について十分な情報を得られない人のこと。国は2004年に有識者などによる検討会を設置し，2005年に「災害時要援護者の避難支援ガイドライン」を取りまとめた。しかし東日本大震災では多くの高齢者が犠牲となったことから見直しが図られ，2013年災害対策基本法の一部改正により，災害発生時の避難等にとくに支援を要する人の名簿（避難行動要支援者名簿）の作成を義務づけること等が規定された。また，この改正を受け，避難行動要支援者名簿の作成・活用に係る具体的手順等を盛り込んだ「避難行動要支援者の避難行動支援に関する取組指針」を策定した。

る。それとともに男女共同参画や多様なニーズや背景をもつ人々の受容を実現させるための地域住民間の関係性や共同性を再編する学び合いであり，そうした民主的なつながりに基づく平時からの地域社会の運営である。

3　住民自治に基づく防災・減災

東日本大震災では，地震や津波により首長をはじめ多くの行政職員が被災し行政が機能不全となったことで公助の限界が表面化した。災害が広域にわたる一方で交通網が寸断されたなか，救出された人の多くは家族や友人，近所の住民によるともされる。こうした状況を受け，また2013年の災害対策基本法の改正による「地区防災計画制度」の導入にも後押しされ，防災活動は「自助」「共助」が重要であり，とくに実践性のある地域防災力の向上が求められてきている。そして災害に備え，対応しうる地域のあり方として注目される考え方に「レジリエンス」概念がある。

レジリエンス（resilience）とは，「飛び戻る」や「反動で跳ね返る」という意味をもつラテン語の *resilire* を語源とし，生態学や心理学などにおいて「折れない心」や「ネガティブな出来事から立ち戻る回復力」といった個人の能力の文脈で説明されてきた。しかし近年では，防災や災害に備えた地域のあり方について，被害が発生して影響を受けても，柳の枝のようにしなやかに立ち直ることを可能にさせる「復元力・回復力」と説明される。それは大状況のなかでは見逃しがちな，地域や集団の内部に蓄積されてきた結束力やコミュニケート能力，問題解決能力などに目を向けていくことを促し，その原動力を地域に埋め込まれ育まれていった"文化"のなかに見ようとするものである。

被災の多くの経験は，平時にできないことは非常時にもできない，それどころか，その地域がそれまで抱えていた課題や矛盾が大きく顕在化するということを示してきた。言い換えれば，防災・減災は地域生活のなかで特出されるものではなく，住民相互の関係性や課題解決に基づく自律的な地域運営の延長線上にある。地域住民が防災を「自分ごと」「自分たちのこと」として捉え，そこから生じる課題に向かい合う学習と平時の住民自治活動により，防災文化と共助を生み出す安心安全な地域づくりが期待されるのである。

2　防災文化の創造に向けた防災教育の視点

1　「命を守る」から「支援する」防災教育へ

東日本大震災は，通常の学校生活が行われている時間に発災したことで，安全確保に向けた児童生徒の避難行動に対する主体性がさまざまな形でクローズ

▷4　災害対策基本法
この法律は，国民の生命，身体および財産を災害から保護し，社会の秩序の維持と公共の福祉の確保に資することを目的に1961年に制定された。東日本大震災から得られた教訓を今後に生かすため，2012年，2013年と改正され，被災者保護対策としての避難所や，平素からの防災への取り組みの強化などを規定した。

アップされた。釜石市教育委員会では以前より津波に対する防災教育として，「想定にとらわれるな」「最善を尽くせ」「率先避難者たれ」に基づく主体的な行動を徹底させてきており，それが先に触れた「釜石の奇跡」につながってきたと言われている。東日本大震災後，首都直下地震や南海トラフ地震への備えも視野に入れながら学校教育における防災教育はより重層化されてきている。それは避難訓練などに見られる「命を守る／Survivor となる」から一歩進み，避難者を受け入れたりボランティアなどの支援活動を行うといった「支援する／Supporter となる」防災教育とすることである。これによりそれまでの何倍もの災害が「自分ごと」となることから，防災意識を風化させずに災害に対する備えを行うことや，多様な他者や組織に関心をもつ社会認識へと視野を広げようとしているのである。

　それはすなわち「市民力」やシティズンシップ教育の観点へと延伸し，社会の形成に主体的に参画できる力を培うことへも結びついてくる。学校教育においては問題解決学習により，自然災害から命を守るとともに，自然災害に対して安心・安全なまちを作り上げることを目指して，さまざまな人々と積極的に協働できる能力や資質を高めようとする学習，いわゆる「防災まちづくり」の学習が構想されてくる。防災活動の過程で児童生徒がさまざまな地域貢献を行い，住民から頼りになる存在として認知される，その事実が自己肯定感を高め社会の一員として能動的にかかわる力としていく，というものである。

　例えば岩手県では，復興・発展を支える人材を育成するため，震災・津波の教訓から三つの教育的価値，すなわち(1)「いきる」（命の大切さ・心のあり方・心身の健康について），(2)人や地域に「かかわる」（人のきずなの大切さ・地域づくり・社会参画），(3)防災教育や安全について「そなえる」（自然災害の理解・防災や安全）を浮かび上がらせ「いわての復興教育」プログラムを構築し，副読本や防災教育教材を活用しながら学校の実情に応じた取り組みが展開されている。

　このように学校教育における防災教育は，児童生徒が社会の一員，社会の担い手として力をつけるといった具合に，その射程が拡大され，教科内外においてさまざまに実践されてきていることは注目することができ，今後ますます展開されることが期待される。しかしこうした教育を実質的な防災まちづくりにつなげていくためには，地域社会・住民の側が児童生徒を「地域の子ども・若者」として，さらには「次世代の担い手」「防災まちづくりの重要なメンバー」として捉え，それを共有するという住民の姿勢や学びが求められる。そうすることが学校と地域相互の関係に基づく防災体制の構築・さらには防災を日常の社会生活のなかで認識し行動につなげていく防災文化，防災まちづくりへと結びつくことになる。

[2] 自助・共助に基づく防災体制の整備と住民の学び

　学校教育における防災教育の拡大とともに，社会教育においても住民の学習を通じた防災活動・地域防災力の向上が図られてきている。災害時の自助・共助，そしてそれを支える平時の住民自治の一端としても，住民が主体となって地域の特性や災害時に浮かび上がる課題を確認し，防災計画や避難マップづくり，防災訓練を学習活動として展開することで，レジリエンスの高い地域づくりへと結びつけることが期待されている。

　こうした地域防災力向上のとば口の一つに，地域で実施する避難所運営訓練がある。避難所となる施設は学校や公民館など地域によって異なるが，いずれにしてもその運営は住民自治が基本とされている。そしてそうした避難所は，ボランティアやNPOなどの支援や関係機関との連携を図りながら，当該施設にいる避難者だけでなく，避難所で生活できない被災者に対しても地域の支援センターの役割をもつことが求められている。こうした冗長性のある避難所を住民が運営するという訓練は，単なる空間づくりやシミュレーションにとどまるものではない。すなわち，訓練の企画や実施において参加者が主体的に発言・課題の共有・合意形成を行い，役割を遂行し，振り返りを行うといった一連のプロセスを含むものであり，模擬的な場面での参加者の臨場感や緊張感を助長し，参加者一人ひとりが共同作業を行い葛藤や模索をするなかで，住民間に存在するさまざまなニーズやそれに対応する知識・能力を共有するといった重要な学習場面となっている。そして被災時に対応するためには，日常のなかから他者理解や多様性の配慮などに関する意識や行動および住民間の関係性をつくることの必要性が認識されていくことになる。

　さらにこうした訓練を契機としながら当該地域の課題を明確化し，それを公民館講座や住民の学習グループの活動，自主防災組織による訓練へと展開していくことが非常に重要である。例えば，高齢者の避難に対する支援や夜間の対策，外国人居住者に対し外国語や「余震」を「後でくる地震」などとやさしい日本語で説明する防災ガイドの作成や活用，当該地域の地形や居住エリアや道路事情さらには過去の災害に学びながらの防災マップづくりなど，さまざまな学習実践が実施されてきている。こうした活動のプロセスにおいて，学習者間でともに防災について考え，発信し，地域づくりにつなげていくこと，すなわち防災文化をもつ地域が住民の手によって醸成されていくことが期待される。

　防災はまさに住民が地域での人間関係を紡ぎながらともに命を守り，助け合う意識を高める地域課題である。平時の地域運営のなかでも住民同士，地域組織や学校，専門機関とのつながりをきり結びながら学習活動として取り組まれることが求められるのである。

▷5　阪神・淡路大震災では倒壊した家屋等から救出された人のうち約8割の人が家族や近隣住民によって救出されたと言われていたり，能登半島地震や新潟県中越沖地震では町内会など自主防災組織による高齢者等の避難支援などが迅速かつ効果的に行われたことなどが報告されている。地域社会が防災に果たす役割は非常に大きいとして，共助の重要性や地域防災力の強化が叫ばれている。

▷6　自主防災組織
災害対策基本法に基づき，自治会・町内会などと関連させながら地域住民による任意の防災組織。

第Ⅱ部　学校と社会教育の連携

3　地域防災教育の実践

1　災害の記憶を共有する学び

▷7　未災地
被災地とは反対に，まだ被害に遭っていないが未来に被災する可能性が大きい地域のこと。

　防災教育は今日，被災地・未災地にかかわらず，地域社会に根ざしながら学校教育・社会教育それぞれの特性を生かしさまざまな形で実施されてきている。
　大震災の経験で明らかになったことは，防災とは住民が真に主体的に取り組まなければならない学習課題であり，それに基づく地域防災活動が求められるということである。そうした地域課題であり生活課題でもある災害対策・防災について，公民館や図書館，博物館といった社会教育施設では地域の文脈にそくした事業や自主的な学習活動が編まれてきている。それは地域の地形や気象などについて科学的な検証を行うことにより当該地域の個別具体的な課題を乗り越えようとする専門的な学習や，地域の歴史や記憶の伝承をその地域で共有し活用しながら地域の人々の記憶や知を次世代へと継承する活動である。
　東日本大震災で津波の被害を受けた青森県八戸市にある八戸市博物館では，震災から1年半というまだ日の浅い2012年10〜11月に特別展「災害と八戸」が開催されている。その目的は，東日本大震災の経験だけでなく，安政八戸沖地震（1856年）以後，八戸市が幾度も経験してきた地震や津波，城下町での大火や風水害，火山・噴火さらには飢饉や凶作・疫病にも視野を広げながら地域の災害の歴史を知ることで，今後の防災・減災について考えていこうとするものであった。
　展示の多くは被災の様子を記した日誌や図絵，写真，新聞，道具，地質資料などであり，それらは所蔵資料や同様に被害を受けていた三陸沿岸部の博物館などからの貸借のほか，図書館や市・県の防災担当課など行政の各部署から提供されているものである。写真や図絵は当時の被災状況を示すが，日誌を通じてそれを克明に記録したり，地域に残る石碑や記念碑によりその被害を風化させず後世への教訓として示してきた，先人の経験を確認することができる。そこではまた，時代状況のなか折々の災害を乗り越えて都市形成や交通網の整備がなされ現代につながってきていることが捉えられることから，大震災後の復興・防災まちづくりへの認識を高めていこうとするものであった。
　ここで語られている歴史は，地震や津波に遭遇し，死および死の恐怖と隣り合わせながらその都度生きなおしてきた経験が引き継がれ継承される「近い経験」，いわば「ローカル・ナレッジ」である。このローカル・ナレッジを現代の地域生活や社会的関係のなかで読み替え，防災の現場で実践知として組みなおすことが重要であり，そのことは原理的に住民自身が自律する地域社会のあり方を掘り起こし再発見していくプロセスにも結びつくものである。

２　学校と地域が一体となった地域防災活動

　自主防災組織があっても，平日昼間は地域におらず災害が起きても対応できない……地域防災を現実的に考えていくならば当然生起するこうした課題に対し，中学生を有力な地域の担い手としていこうと学校と地域が協働して教育プログラムを作ってきたのが，宮城県仙台市のベッドタウンとなっている富谷市成田地区である。ここでは2015年度から地域と学校（教員組織・学校施設・生徒）が表裏一体となった防災教育・地域防災活動が行われている。

　１中学校・３町内会から構成される新興住宅街である成田地区では，それまで地域活動を積み上げ学校との関係を築いてきたメンバーが核となり，学校と地域がつながっていく手がかりとして「防災」に着目した。それは中学生が生活の基盤である地域社会に入り込みながら地域防災について学ぶ機会をつくり，教員組織・学校施設・中学校と地域が連携することでの具体性のある地域防災体制を練り上げようとするものである。この実現のため，町内会や社会福祉協議会などの地域団体，中学校の校長，教頭，学年主任やPTA役員を組み込んだ「中学生の防災活動ささえ隊」（以下，「ささえ隊」）が組織された。

　中学校はこの「ささえ隊」からの要請を受け，総合学習の一環に防災教育を位置づけ，全校生徒約600人が参加できるカリキュラムを組むこととした。そして１年間かけて，訓練の日を出校日とするための調整や事前準備を授業時間内に組込む計画づくりなど全学年で実施するためのシステムを検討した。一方「ささえ隊」は，受け入れ先となる地域の団体・機関と意思共有を図りながら役割分担，体験学習の内容の検討をともに行った。各事業体では無理のない範囲で平常業務および災害時に想定される事項を体験できるよう受け入れの形を整えた。この間，学校と「ささえ隊」はそれぞれの調整状況をもち寄り，相互の不安事項を一つずつ解決させながら中学生を地域で受け入れ防災を通じてともに学び合うシステムを作り上げた。

　学校は総合学習枠を使い，防災教育と社会認識を含意して10時間を割き訓練に向けた準備を行う。防災訓練は土曜日とし出校日にした。この一日，中学生は「学校の生徒」ではなく「地域の子ども」として地域の事業体に入り，「地域の先生」である住民にくっついて学ぶ。そのため教師は口出しをせずに見守りに徹し，受け入れの事業体では教師に頼らずに自分たちで次世代育成に関心をもって実行する，ということが「ささえ隊」を中心に共有されて実施された。具体的なスケジュールは表8-1のとおりである。

　地域の人たちが先生になる，というコンセプトについて，初年度は中学生の学びの場を作る事業体側から「学校の授業をなぜ自分たちが……」「教師は本当に口出ししてくれないの？」といった抵抗もあったという。しかし中学生が

第Ⅱ部　学校と社会教育の連携

表8-1　富谷市立成田中学校における「地域との防災活動体験」プログラム

	目　的	主たる協力機関	主たる内容
第1学年	地域社会の理解，さまざまな事業所の理解を促す	地区公民館，地元商店，保育所，社会福祉施設，交通安全協会	高齢者のケア，品出し，備蓄や防災倉庫の見学など，それぞれの事業所の仕事や機能を理解しながら，防災に関する活動や備えや中学生がしうる支援について学ぶ
第2学年	町内会での防災活動を知り，参加する	町内会	町内会での防災訓練に参加。町内での安否確認シートのチェックや集計，チェーンソーなどを使っての救助シミュレーションの体験
第3学年	学校の体育館で避難所開設・運営の一員になりながら，その動きを捉える	社会福祉協議会	学校での避難所の開設，避難者の受け入れや運営と炊出し活動

出所：「ささえ隊」増田恵美子氏のインタビューから筆者が作成。インタビュー実施：2017年11月23日。

懸命に活動する姿や事後のふり返り・感想を見ることで，学校と地域が相互に理解を深めることとなった。翌年からは，例えば福祉施設では防災にとらわれず命の授業をするなど，それぞれの事業体が特性を生かし主体的にプログラムが実施されるようになっている。

さらに実施3年目からは，中学校の防災訓練の日程を移動し地域の防災訓練の日と重ね合わせた。訓練当日，一般の住民は家の外に安否確認シートを掲示した後，実際の災害時の広域指定避難場所となる中学校に行く。中学校は社会福祉協議会の指導のもと第3学年が運営する避難場所となっていると同時に，町内会が用意した防災グッズ展示や防災体験コーナーなどがあり，住民はそれらを体験したり，炊出しの試食をしたりして災害時の疑似体験をすることができる。中学生がかかわることで，受け入れる町内会や社会福祉施設，社会福祉協議会もまた災害発生時の手順や備品や設備を確実に確認をする機会となったり，それまで長らく50％程度で推移していた安否確認シートの掲示率が70～80％に上昇するなど実質的に学校と地域が一体となって防災訓練を実施する日となった。

開始から3年後，第1学年からこの防災教育を積み上げてきた3年生は，町内会から「防災ボランティア認定書」をもらい，ボランティアスタッフとして位置づけられるようになった。このように学校と地域が一体となりながら教育プログラムを練り上げ地域防災活動を実施してきたことは，避難所運営や地域防災にかかわる学校および事業体の着実な連携を生み出すとともに，住民が防災や地域づくりに主体的にかかわるプロセスとなってきている。一方の中学生は，地域での防災教育を通じ大人とかかわり合いながら社会認識を育み，地域の担い手になり得る手ごたえを獲得している。さらに住民側も中学生が地域の重要な構成員であり，その力を引き出すためには，住民側の組織性に基づいた的確な指示やコーディネートが求められることに気づき，体制を整える機会としている。

こうした学校と地域が相互に理解し一体となって協働する学習機会の蓄積は防災文化をもつ地域づくりへと結実していくであろう。

第**8**章　地域防災教育の展開

③ レジリエンスの高い地域創造に向けて

　レジリエンス，すなわち災害という危機的状況にしなやかに対処し，安定した状態を取り戻す，または別の安定状態に移行する力をもつためには，災害時に限らず，平時から多様なニーズをもつ人々を包摂した住民自治と共同性に基づく地域の自律性が求められる。

　東日本大震災で津波被害を受けた八戸市小中野地区にある小中野公民館は，職員だけでなく住民からも被災経験および利用者としての意見を丁寧に聞き取り，それを反映させて，2014年に「防災拠点としての公民館」として建て替えられた。この地区の予想津波浸水が５メートルであることから，地下40メートルまで打たれた32本の杭で支え，１階はエレベーターと玄関ホールを置く以外は駐車場とし，構造柱によって２階の床面を６メートルまでもち上げることで津波を流す造りとなっている。

　そして，さまざまなニーズをもつ人々が安心・安全に避難できるよう，すべての部屋には災害時の使用用途が想定され，住民の意見や経験を反映し細やかな施設機能が組み込まれている。例えば，津波からの避難の際は階段を使い４階部分にあたる屋上まで上がることが必要であるが，高齢者の困難や危険を減らすため，階段の一段一段の段差を一般よりも低くしたり，フローリングにクッション性の高い材質を使っている。「通りからでも防災拠点として認識されやすいように」と黄色の地に地域の伝統芸能である「虎舞」「えんぶり」のイラストを描き，１メートルごとに高さを示す目印が記されている。こうした工夫は災害時を想定しているが，それだけでなく日常での公民館の利便性や公民館の住民への認識が高められることにも寄与している。

　またこのような公民館の施設設備を住民自身が活用できるよう，職員は平時の公民館実践であっても防災活動への意識を織り交ぜている。それは，地域行事などでの食べ物の提供は備蓄庫に保管された食料を使い新たに購入したものを備蓄すること（ローリング・ストック法）や，地元の学校の謝恩会や新年会といった「集いの機会」には公民館を活用し機能を認識してもらうなど，防災への意識を一時的なものにしない公民館実践を企図し，住民に公民館を「使いこなす」きっかけを作っている。

　さらに，こうした住民の意見を反映させた公民館の建て替えの動きにともない，災害時にその機能が果たせ，地域住民が安心・安全に避難ができるよう自主防災組織も実質的に組織されてきた。自主防災組織によって企画・運営される防災訓練は，避難所開設や炊出しなどの初動を確認することから，翌年には男女共同参画による安心避難所づくりへ，さらには中学生の参加を促したり，夜間の津波警報を想定し町内会と緊密に連携をとった避難行動・避難所開設訓

練をするなどと展開している。このように年ごとに想定される状況や課題を変えながら地域防災についての学習活動を深めるなかで，平時においても住民間での声のかけ合いや他者への関心・配慮のもとでの関係性の構築，年齢や町内会への加入の有無にかかわらず面的につながることの意識が住民間に醸成されてきている。こうして，防災拠点としての「施設」そのものと，日常のなかで住民間の関係をきり結びながら地域活動や学習活動を展開する「機能」をもち合わせているこの公民館は，平時と非常時といった二重の機能を架橋しながら地域の自律性と多様な担い手をつくり，レジリエンスの高い地域づくりを実現させるのに寄与していると言えよう。

平時にできないことは有事にもできない。このことを踏まえ，地域住民による学習活動を通じた防災，そして防災を視野に入れた日常の地域づくり，いわば防災文化をもつ自律的な地域社会の運営が求められているのである。

Exercise

① 災害時に被害を大きく受けやすい「災害時要援護者」にはどのような人が想定されるだろうか。またどのような支援が必要となるか，調べたり考えたりしてみよう。
② 自分が暮らす地域に起こり得る災害にはどのようなものがあるだろうか。またそれに応じた地域の避難場所や防災体制，自治体の防災計画はどのようになっているか，調べてみよう。

📖次への一冊

矢守克也・諏訪清二・舩木伸江『夢みる防災』甲洋書房，2007年。諏訪清二『防災教育の不思議な力──子ども・学校・地域を変える』岩波書店，2015年。
　　「災害から命を守るための知識と方法を学ぶ」防災教育について，災害の現場で求められた「市民力」の醸成を軸に組み直し，各地で行われているさまざまな実践と重ねて紹介している。
清水睦美・堀健志・松田洋介編『「復興」と学校──被災地のエスノグラフィー』岩波書店，2013年。
　　岩手県陸前高田市の沿岸地域における震災後から2年間の学校教育の現場を追ったエスノグラフィー。発災後の学校再開のプロセスに見られた「学校」「教師」のありようや葛藤を描きつつ，過疎化・少子化を抱える地域での被災が結果的に統廃合を推し進めていった経緯が綴られている。
山名淳・矢野智司編著『災害と厄災の記憶を伝える──教育学は何ができるのか』勁草書房，2017年。

未来への備えとしての防災教育だけでなく，災害への畏怖や人間の限界に対する憤りと諦念，だからこその悼みと祈りが付随する「人間の生（生命，生活，人生）」を伝えることについて教育・教育学からの接近を試みている。

引用・参考文献

浅野幸子「災害におけるジェンダー――なぜ男女共同参画の視点と体制が防災分野に不可欠なのか」『とうきょうの自治』90，2013年。

アルドリッチ，D. P., 石田祐・藤澤由和訳『災害復興におけるソーシャルキャピタルの役割とは何か――地域再建とレジリエンスの構築』ミネルヴァ書房，2015年。

岩手県教育委員会「『いわての復興教育』プログラム」http://www.pref.iwate.jp/dbps_data/_material_/_files/000/000/003/262/all.pdf（2018年4月3日閲覧）

浦野正樹「災害社会学の系譜」大矢根淳ほか編『災害社会学入門』弘文堂，2007年。

岡庭義彦「『災害とジェンダー』におけるダイバーシティの課題」『帯広大谷短期大学紀要』50，2013年。

小山内世喜子・生島美和「誰もが安心できる避難所づくり事業の展開」『日本公民館学会年報』11，2014年。

生島美和「レジリエンスを高める住民の学習活動の展開」『日本公民館学会年報』13，2016年。

片田敏孝『人が死なない防災』集英社新書，2012年。

国立教育政策研究所文教施設研究センター「学校施設の防災機能に関する実態調査について」2011年。http://www.nier.go.jp/shisetsu/pdf/bousaikinou2011.pdf および2015年。http://www.nier.go.jp/shisetsu/pdf/bousaikinou2015.pdf（2018年4月3日閲覧）

清水睦美・堀健志・松田洋介編『「復興」と学校――被災地のエスノグラフィー』岩波書店，2013年。

諏訪清二『防災教育の不思議な力――子ども・学校・地域を変える』岩波書店，2015年。

ゾッリ，A.・ヒーリー，A. M., 須川綾子訳『レジリエンス　復活力――あらゆるシステムの破綻と回復を分けるものは何か』ダイヤモンド社，2013年。

竹信三恵子・赤石千衣子編『災害支援に女性の視点を！』岩波書店（岩波ブックレット），2012年。

立木茂雄「高齢者，障害者と東日本大震災――災害時要援護者避難の実態と課題」『消防科学と情報』111，2013年。

内閣府男女共同参画府『平成24年版男女共同参画白書』2012年。

野元弘幸「カタストロフィから総動員体制へ――『国土強靭化』路線の行方と教育」西山雄二編『カタストロフィと人文学』勁草書房，2014年。

八戸市博物館「特別展『災害と八戸』展示図録」2012年。

藤井聡・唐木清志編著『実践シティズンシップ教育――防災まちづくり・国づくり学習』悠光堂，2015年。

復興庁・震災関連死に関する検討会「東日本大震災における震災関連死に関する報告」2012年。

ベネッセコーポレーション「震災時における学校対応の在り方に関する調査」（平成23年度文部科学省委託調査報告書），2012年。

吉原直樹編『防災の社会学（第二版）』東信堂，2012年。

コラム⑧

避難所運営マニュアルは役に立たない？

　災害時には，これまで指摘されてきたように，これまで地域や社会が課題としていたことが顕在化することや，日常的に準備していた以上のことはできないことなどの教訓が明らかになっている。そうした同じ轍を踏まないように，東日本大震災後，あらゆる地域において防災・減災への取り組みが強められ，避難所の運営マニュアルなども各自治体を中心に整えられてきた。でもそのマニュアルは災害直後は使えるのだろうか。例えば，あなたがいるところを役所だとする。そしてそこに震度7クラスの直下型の地震があったとしよう。揺れが止まった直後にそのマニュアルはどこにあるのだろうか？　キャビネット？　そのキャビネットはいまどうなっているだろうか？　つまり備えとしては大事だが，マニュアルをつくったとしても実際には物が散乱して，それがどこにあるのかわからないという状況になってしまうのである。そうしたことも想定し電子データにしてサーバーに保管しておいたとしよう。しかし実際にはサーバーにつながるのか，ということになるのではないだろうか。つまり災害初動時にはマニュアルがほぼ使えないということになるわけだ。今後予測されている巨大災害に備えて，東日本大震災・ふくしまの教訓を伝えていくために「さすけなぶる」という教材をつくった。災害時に避難所で起こる「リアル」を理解するとともに，想定外の事態に対しても，各々の人生経験を生かして，被災者の「いのち」を守ることを最優先とした柔軟な対応の視点を身につけることを目的としたシミュレーション教材である。

　教材作成のためにさまざまな避難所にヒアリングを行い，避難所の運営にとって何が大事になるか調査を行ったところ，下記の五つに絞られるということがわかった。

　　さりげなく　被災者の声に耳を傾け，生活環境の改善を進めよう。

　　すばやく　被災者の生活（暮らし）実態や課題をしっかり把握しよう。

　　けむたがらず　被災者同士，被災者と支援者等が交流できる場をつくろう。

　　ないものねだりはやめて　地域の専門機関や団体等のネットワークを活用し，
　　　課題解決を進めよう。

　　ふる（ぶる）さとのような　被災者の参画による自治的な組織をつくろう。

　この教材は，その五つの視点を学ぶための教材である。まさに「モノの防災」だけではいのちは守れない，こうした「考え方の防災」が必要となっている。

※さすけなぶる公式ホームページ http://www.sasuke-nable.com/sasuke-nable/ （2018年9月11日閲覧）

第 III 部

地域における社会教育

第9章
貧困・格差社会を生きる子どもの暮らしと社会教育

〈この章のポイント〉

　本章では，近年社会的な関心が高まる「子どもの貧困」を切り口に，貧困・格差社会を生きる子どもの暮らしの現状と，それに対する社会教育の役割について学習する。まず，「子どもの貧困」とそれが及ぼす影響の多面性を理解する。次に，「子どもの貧困」の解決に向けた教育の位置と実践について知る。それらを踏まえ，格差・貧困社会における社会教育の役割について考える。

1　日本の子どもは幸せか──「子どもの貧困」から考える

1　豊かな社会の貧困を生きる

　日本の子どもの自己肯定感が低いことは，さまざまな国際比較調査を通じて知られている。例えば，『平成26年版子ども・若者白書』（内閣府）では，日本の子ども・若者（13〜29歳）で「自分に満足している」のは46％にすぎず，アメリカの86％，スウェーデンの74％を大きく下回る。一方で，最近1週間で「ゆううつだと感じた」経験があると答えた日本の子ども・若者は78％にのぼる（アメリカ41％，スウェーデン42％）。「この国には何でもある。本当にいろいろなものがあります。ただ，希望だけがない」。小説のなかで，日本社会に対してクーデターを起こす不登校の中学生リーダーが語る言葉は，子どもたちが感じている閉塞感を代弁しているのかもしれない（村上，2000，314ページ）。

　では，「何でもある」この国で，子どもたちは皆，豊かな生活を送っているのだろうか。

2　社会教育の理解と本章の目的

　格差や貧困を生きる子どもたちの課題には，福祉を中心に多くの分野がかかわっている。そのなかで，社会教育にできることがあるとしたら，それは何か。これが，本章の問いである。

　社会教育は，日々の実生活のなかで私たちが直面する困難や違和感を「生活課題」として捉え，学習活動として組織化する領域である。学校のように，あ

らかじめ決められたカリキュラムや教科書はなく，何についてどのような方法で学ぶか，その結果がどのように実生活にはね返されるのか／されないのかは，学習者に委ねられる。そこでは，個人単位の学習活動も含まれるが，社会教育ではとくに，市民一人ひとりが自分の生活から課題を見出し，それを表現し，他者と共有する学習過程を経ることで，暮らしや地域のありようを集団的に問い直して行動につなぐ実践が積み重ねられてきた。

社会教育職員はこの学習過程に自覚的にかかわる教育職であり，社会教育施設・行政・制度は市民の自由な学習活動を保障し，かつ，可能にするための環境を整備する役割をもつ。したがって，社会教育を理解するためには，さまざまな状況の市民・住民が抱える生活課題について関心をもつこと，課題の解決を「教育」の枠にとどめず，福祉や労働など社会構造の問題として深めていくことが求められる。

本章では，貧困・格差社会を生きる子どもの暮らしについて取り上げる。それは，社会教育の言葉に言い換えると，子どもが抱える生活課題について考えること，生活者としての子どもについて考えることである。確かに，生活者としての子どもは脆弱である。稼いで自立することもできず，暮らす場所も暮らす相手も選べない。学校には行かなければならない（ということになっている）。なにより，アイデンティティを形成する過程にあり，自己を表現する語彙や方法はつたない。自らの生存と生活を学校と家庭という狭い関係に依存せざるをえないから，子どもは独立した生活者ではない，という考えもあるだろう。

一方で，子どもを大人に準ずる存在，すなわち，大人から一方的に支援を受ける存在として理解することや，大人になるための準備段階として理解することもまた，子ども理解としては不十分である。子どもには子ども独自の生活世界があるし，子ども期を十全に生ききることが，発達上も重要だからである。

本章を通じて，貧困とは誰にとってどのような課題なのかという「貧困観」と，子どもとは社会のなかでどのような存在なのか／どのような存在であるべきなのかという「子ども観」の双方を問い直しながら，貧困・格差社会を生きる子どもの生活課題と社会教育の役割について，考えていこう。

なお，本章では義務教育段階の子どもを想定する。高校生以降の若者に関しては，第10章で取り扱う。

2 「子どもの貧困」とは何か

1 いつからある問題なのか

子どもを含む貧困問題は，長年大きな社会的関心事であり，歴史的には戦災

孤児（浮浪児）や長期欠席が教育問題となってきた。貧困世帯の暮らしにとって，子どもは家計の「重荷」であると同時に，子どもの就労は世帯が貧困から脱出するための「エンジン」にもなりえた（相澤ほか，2016）。

高度経済成長に入ると，厚生省（現・厚生労働省）は1965年から貧困率に関する推計を取りやめ，貧困問題は政策課題として登場しなくなる。もっとも，社会のなかで貧困がなくなったわけではなく，餓死や子どもの置き去りなどが事件として報道され，豊かな社会の歪みとして度々問われた。

▷1　巣鴨子ども置き去り事件（1988年）など。

厚生労働省が，貧困率調査を再び始めるのは，2009年からである。なぜこの時期に，貧困率調査が再開されたのか。バブル経済が崩壊した1990年代に，雇用の世界は大きく変容した。男女とも正規雇用が減少し，派遣・契約社員・嘱託・パート・アルバイトなどの非正規雇用が増大した。2004年に改正された労働者派遣法はこの流れを加速させ，2008年のリーマン・ショックでは派遣労働者の雇い止めが社会問題化した。

正規雇用と非正規雇用には賃金格差をともない，そこに性別による格差が大きく加わるのが日本の特徴である。例えば，2015年度「労働力調査」（厚生労働省）において，年収が200万円未満である割合は，男性では正規雇用者の6.3％に対し，非正規雇用者は57.4％に及ぶ。女性では，正規雇用者の場合でも22.3％と高いが，非正規雇用者では84.6％にも及ぶ。非正規雇用には女性が多いことを踏まえると，女性ほど貧困に陥りやすいのである。

2006年にOECDが発表した調査では，先進諸国のなかで，日本はアメリカに次いで相対的貧困率（後述）が高く，かつ，子どもの相対的貧困率も高く，ひとり親家庭の半数以上が貧困状態にあることが指摘された。この調査結果は，日本社会に大きなインパクトを与えることになった。

このように見てくると，国が2009年から貧困率調査を再開した背景は明白である。日本社会において格差が拡大し，それが貧困として無視しえないほどに顕在化したことで，再び政策課題となったのである。「子どもの貧困」とは，とりもなおさず，大人の貧困であり，子育て世帯の貧困なのだ。

［2］　誰がどのくらい貧困なのか──「相対的貧困」という概念

では実際に，誰がどのくらい貧困なのだろう。「貧困」という言葉から，あなたは何を連想するだろうか。路上に暮らすやせ細った子どもの姿だろうか。ゴミを漁って生計を立てる子どもたちだろうか。これらは確かに，どの時代でもどの国でも不変な貧困，すなわち，必要な栄養素を欠き，生存を脅かすレベルの「絶対的貧困」である。しかし，必要最低限の栄養さえ摂取できれば，私たちは「普通」の社会生活を営むことができるのか。先進国では，「相対的貧困」について知る必要がある。

① 相対的貧困

　「相対的貧困」とは，社会的，相対的に定義される「必要」を欠く状態をさす（松本ほか，2016，17ページ）。「必要」の内実は，社会や時代によって異なるため，誰がどのような手続きで「必要」を定義するのかが肝要で，「絶対的貧困」と比べて，イメージがわきにくい。しかし，「相対的貧困」という概念を用いることの積極的な意味は，「誇りを保って社会に参加できる生活とはどのようなものか，それをすべての人に保障するためにはどうすればいいかということを，社会全体で考える」ことにある（松本ほか，2016，18ページ）。実際に，政府が進める子どもの貧困対策では「相対的貧困」を可視化するための25の指標が提案され，すべての子どもにとって必要な物質的条件の指標作成が進められている（内閣府，2018など）。

　つまり，「相対的貧困」とは，「誇りを保って社会に参加できる生活」の内実を，私たちの今の暮らしを踏まえて具体的に描き出し，それを社会的合意にまで高めて，すべての人に保障することを目指す新しい挑戦として理解される。

② 相対的貧困率から見る実態

　貧困の基準の一つとして，相対的貧困率が用いられることが多い。これは，所得分布の中央値の50％を貧困ラインとし，それ以下で生活する人の割合をさすもので，日本では全年齢層の15.6％が相対的貧困となる（厚生労働省「国民生活基礎調査」2017年）。同調査で貧困ラインは年間122万円であった。一方，貧困世帯で育つ子ども（18歳未満）は，子ども全数のうち13.9％（約270万人）である。これは，子ども7人に一人という割合であり，40人学級に換算すると各学級に5〜6人は貧困ライン以下で暮らしていることになる。

　加えて，若い子育て世帯の貧困率が高い（とくに20代前半で高い）ことや，日本のひとり親家庭は，就労率が世界的に高いにもかかわらず，貧困率も50％を超えていることなどが紹介されている（松本ほか，2016，31ページ）。働いているのに貧困から抜け出せない「ワーキング・プア」という問題は，女性や子どもの貧困と深くかかわる日本の貧困問題のもう一つの顔である。

③ 「子どもの貧困」の特徴

　子どもの貧困は子育て世帯の貧困であり，大人の貧困の解決なしに，子どもが貧困状態から抜け出せるわけではない。にもかかわらず，「子どもの貧困」が独立したテーマとして社会的に注目されるのはなぜか。大人の貧困とかかわりながらも様相を異にする「子どもの貧困」の特徴を，3点に整理する。

　第一は，「子どもの貧困」はいま現在の課題だけでなく，将来選択にかかわるさまざまな場面に影響を与える点である。「子どもの貧困」は，「日常的な生育生活環境の世代内格差」（白川，2014，201ページ）と表現されるように，同世

代と比べて，物質的充足や十分な経験の機会を得ることができないなかで，個人の可能性を最大限に引き出されることがないまま大人になるということであり，「子どもの貧困」は，その人の生涯に影響を与える問題として理解される。

特徴の第二は，貧困の世代間再生産である。例えば，経済的理由で高等学校や大学に進学できないという不利は，職を探す段階で，学歴により雇用形態や待遇など職業の選択肢が限られるという次の不利につながる。その結果，非正規雇用や低賃金の仕事しか見つからなかったり，働いても契約更新や昇進・昇給の機会が少ないという，さらなる不利を被る。さらに，家族をもつと，このような貧困やそれに由来する不利は，次世代の子どもにも影響を与えていく。世代を超えて貧困が引き継がれる（再生産される）ことを宿命にしないために，貧困によるさまざまな不利を一つひとつ緩和していく政策や実践が求められる。

第三は，子ども自身には責任がないという共通認識である。大人の場合，貧困は怠惰の結果として，時に本人の努力が足りないという批判にさらされる。しかし，「子どもの貧困」については，「当事者である子どもに貧困の責任を問うことはできない。高齢者やシングルマザーに対しては通じるかもしれない貧困の自己責任論が，子どもに対してはまったく通用しない」（武川，2017，63ページ）。この特徴は，貧困問題の解決に向けた戦略として重要である。貧困問題に長年取り組んできた湯浅誠は，「貧困問題では，どうしても自己責任論が入口となってしまい，なかなかその次の議論に行くことができない。子どもの貧困問題は，そこを基本的には最初から超えてしまっている。その意味で，これが貧困問題全体の牽引車になってくれる」ことを期待する（湯浅・阿部，2017，66ページ）。「子どもの貧困」対策の先に，大人の貧困問題の解決に向けた本格的な対策の展開が期待されているのである。

3 「子どもの貧困」解決に向けた教育の位置と実践

［1］ 貧困からくる子どもの暮らしの課題とその多面性

貧困の中心は，経済的貧困である。では，家庭にお金がないことで子どもが経験しうる困難や課題を，あなたはいくつ思いつくだろう。「普通」なら得られる生活資源（モノ）が得られない，「普通」なら経験できることが経験できないという暮らしのなかで，子どもにとっての課題の現れ方は非常に複雑である。ここでは，子どもの食生活と学習環境の2点に限って，具体的に想像してみよう。

まず，日々の食事についてである。例えば，文部科学省が推進する「早寝早起き朝ごはん」運動では，「基本的生活習慣の乱れが，学習意欲や体力，気力

の低下の要因の一つ」とされ，毎日朝ごはんを食べる子どものほうが学力調査の平均正答率の高いことが広報されている。しかし，そこには，なぜ子どもたちが朝ごはんを食べないのか／食べられないのかは問われない。朝ごはんを食べる生活習慣がない家庭や，朝ごはんを用意できない保護者の働き方を考えると，「朝ごはんを食べよう」という啓発は，個々の家庭の責任を強化するだけである。

　貧困と空腹が結びつく一方，ジャンクフードやファーストフードのほうが安くて調理の手間もないため，貧困層ほど肥満になりがちという状況もある。また，空腹か肥満かを問わず，栄養面でのアンバランスは，成長期の子どもにとって将来の健康にかかわる重大な問題である。さらに，食事の用意や後片付けを手伝う経験が少ない，温かい食事をとることができない，いつも一人で食事をとっており，「おいしい」という感情を他者と共有する経験が少ないなど，生活経験の不足や家族関係の希薄さなども，課題として浮かび上がる。

　次に，学習・文化について考えてみよう。家庭の経済状況によって，学習塾や習い事の経験に差が生じることは，容易に想像される。しかし，生活のなかの学習環境とはそれだけではない。ある児童相談所職員は，次のように述べている。「公民館や図書館に一度も足を踏み入れたことがないという親たちがとても多いということ。家庭訪問をしても本が一冊もなかったり，だいたい本棚というのが見当たらない。文化を享受する余裕がない，と感じる家庭が多かった。社会教育は，まるでぜいたく品のように思われた。博物館や映画鑑賞，また，子ども会やジュニアリーダーなど，文化的なものに触れたり，社会参加活動に加わるなどとは無縁の子どもたちが多かった」（打越，2010，25～26ページ）。

　ここで言及される公民館・図書館・博物館は社会教育施設であり，子ども会やジュニアリーダーは社会教育関係団体と称される。いずれも，一般的には無料または安価な費用で参加できる。しかし，保護者自身にそうした場についての知識・情報や利用経験がない場合，そもそも関心がない場合，関心はあっても子どもを連れていく時間的・精神的余裕がない場合などを考えると，子どもにとってもそれら社会教育の機会は，縁遠いものと言わざるをえない。

　「社会教育は，ぜいたく品のように思われた」という打越雅祥の表現は，ユネスコが1985年に採択した「学習権宣言」（本書の第5章を参照）を踏まえたものである。「学習権宣言」では，「学習権は未来のためにとっておかれる文化的ぜいたく品ではない」と宣言される。そして，次のように続く。「それ（学習権）は，生き残るという問題が解決されてから生じる権利ではない。それは，基礎的な欲求が満たされたあとに行使されるようなものではない。学習権は，人間の生存にとって不可欠な手段である」（国民教育研究所訳）。格差・貧困を生きる子どもたちが，貧困に由来する不利の連鎖のなかで「生き残る」ことを考えると，「社会教育はぜいたく品か」という問題提起に対して，私たちはどの

ように応答できるのだろう。

2 「子どもの貧困対策推進法」と教育支援

2013年，「子どもの貧困対策の推進に関する法律」（以下，子どもの貧困対策法）が成立した。国が，「子どもの将来がその生まれ育った環境によって左右されることのない社会」（第2条）の実現を掲げた意義は大きく，その後，子どもの貧困にかかわるさまざまな取り組みが各地で活性化している。

では，「子どもの貧困」を解決するために，具体的にはどのような内容が規定されたのか。子どもの貧困対策法と，それに基づいて2014年に決定された「子供の貧困対策に関する大綱」（以下，大綱）から確認しよう。

① 「子どもの貧困」に対する教育支援

子どもの貧困に対する支援は，(1)教育支援，(2)生活支援，(3)保護者に対する就労支援，(4)経済的支援の四つである。ここでは，教育支援を取り上げる。

教育支援の基軸は「『学校』をプラットフォームとした総合的な子供の貧困対策の展開」で，この下に，学校教育による学力保障や，学校を窓口とした福祉関連機関等との連携などが列記される。学校教育に対する期待・役割の大きさは，「すべての子どもを対象とする」という，学校教育（とくに義務教育）の特性への期待である。

では，社会教育はどうだろうか。実は，子どもの貧困対策法においても，その大綱においても，社会教育そのものや公民館など社会教育施設への直接的な言及はない。ただ，大綱では次の2点が社会教育にかかわる項目と言える。

第一は，「『学校』をプラットフォームとした総合的な子供の貧困対策の展開」のなかの「地域による学習支援」である。ここでは，放課後子ども教室や学校支援地域本部などにおける放課後等の学習支援の充実があげられる（本書の第6章を参照）。ここから，社会教育として，「放課後」に展開される学校外教育の実践が注目される。

もう一つは，国立青少年教育施設における「多様な体験活動の機会の提供」である。ここから，社会教育としては，青少年教育施設を中心にした多様な「体験の機会提供」が注目される（本書の第10章を参照）。

② 「子どもの貧困」と学校・教師の役割

まとめよう。まず，「子どもの貧困」に対する教育支援の中心は，学校である。それは，学校単体で対応せよということではなく，学校がプラットフォームとして機能せよということである。学校は，原則的にすべての子どもと出会うことができる場である。学校の教師が「子どもの貧困」について関心をもつことは，厳しい状況を生きる子どもにとって，身近に理解者を得るという希望につながる。また，教師が保護者の生活・労働の課題について想像力を鍛える

第Ⅲ部　地域における社会教育

ことは，安易な保護者批判や家庭教育批判に対して，慎重な姿勢をもたらすだろう。少なくとも，教師が「子どもの貧困」について学ぶことで，子どもや保護者を不用意に，あるいは，無自覚に傷つけることは避けられるはずである。

加えて，授業実践について批判的に捉え直す契機にもなる。多くの熱心な教師は，子どもの身近な経験から授業内容への興味を引き出そうと工夫を重ねる。例えば「この魚，見たことある人？」という教師からの問いに対して「こないだスーパーで見た！」「夕ご飯でよく出るけど，あんまり好きじゃない」「水族館にはいないよね」などの反応があがる。しかし，親と一緒にスーパーに行ったり，家族で食卓を囲んだりという経験は，当たり前のように経験されているとは限らない。まして，外出や旅行などは，家庭環境に大きく依存する。要するに，学校以外の生活で獲得される知識や経験を拠りどころとして展開される発問や授業展開は，子どもの授業への参加可能性やそもそもの発言意欲に違いを生んでいるかもしれないのだ。そのことに，教師はどれだけ気づいているだろうか。教師が「子どもの貧困」を学ぶことは，子どもの生活経験と授業内容をどう関連づけるかという日常的な授業実践をふり返り，子どもとのかかわりを問い直すことにもつながるのである。

一方，子どもの貧困に対する教育支援施策では，社会教育は間接的であった。しかし，社会教育では，「子どもの権利条約」▷2を拠りどころとして研究と実践が蓄積されてきた。「子どもの権利条約」は，学ぶことだけでなく，休むことや遊ぶことも「育つ権利」として掲げられている。学校生活では完結しえない，子どもの育ちを支えるための社会教育実践について，次に紹介しよう。

3　地域で支える──子どもの育ちと社会教育実践

① 子どもの放課後・多様な体験

子どもが学校から解放される放課後や休日の自由な時間をどのように豊かなものにするのかは，社会教育にとって大きなテーマである（増山，2015）。例えば，学校よりも長い時間を過ごすと言われる学童保育では，そこにかかわる大人の学びを含めて，個性的な実践が重ねられている（宮﨑編著，2010）。

また，プレイパーク（冒険遊び場）と称される，子どもたちの自由で創造的な遊び場保障の取り組みも，日本各地で展開されている。本章コラムで紹介する「冒険遊び場たごっこパーク」（静岡県富士市）は，NPOによって運営される公園の一角を利用した遊び場である。隔週の週末，朝10時頃から最後の子どもが帰るまで，天候を問わず通年で開催されている。ここでは，活動プログラムも，事前の参加申込も，遊びを指導・支援するプレイリーダーもいない。異年齢の子どもたちが関係性を紡ぎながら自律的に遊ぶ，子ども独自の生活世界が生

▷2　子どもの権利条約
世界中のすべての子どもがもつ権利として，1989年国連総会で採択された条約（日本の批准は1994年）。「子どもにとっての最善の利益」が優先されることを求め，大きく四つの権利（生きる権利・育つ権利・守られる権利・参加する権利）が定められた。

図9-1　自由に遊びあう子どもたち
　出所：NPO法人ゆめ・まち・ねっと提供。

成されている。

「たごっこパーク」には，次のようなメッセージが掲げられている（抜粋）。

> 木に登らせてあげる　火を付けてあげる　のこぎりで切ってあげる。
> 泣かないように　やけどしないように　けがをしないように。
> それは　失敗しないことと引き換えに「できたっ！」の瞬間を奪うこと。
> それは　遊びの最高におもしろい瞬間を取り上げてしまうこと。
> 『たごっこパーク』は遊びの最高におもしろい瞬間を
> 子どもたちに手渡そうとする活動です。

このような場を開き続け，見守り続けることで，子どもや地域に何が起きていくのかは，ぜひ本章のコラムで確認いただきたい。

地域の社会教育実践には，学校とは異なる独自の論理が存在する。そこでは，学区，学年，学力，また，障害の有無や程度などによって，子どもたちは分断されない。子ども同士が自然に出会い，混ざり合い，遊びを通じて関係が作られていく。そのような子どもの育ちを支える遊びの場を地域のなかに保障しようという大人たちの実践が，各地で続いている。

② 子ども食堂・学習支援

「子どもの貧困」対策を契機として広がった実践に，学習支援と子ども食堂がある。学習支援は現在，「貧困の連鎖を防止するための学習支援」（厚生労働省）と，「学習が遅れがちな中学生を対象とした学習支援」（文部科学省）の二本立てである（中嶋，2016）。前者は生活困窮者自立支援法に基づく事業で，後者の多くは地域学校協働本部を中心に実施されている（本書の第6章を参照）。また，子ども食堂とは，地域住民が，無料または安価で，子どもやその親，地域の人に食事を提供する活動で，2015年頃から全国で急速な広がりを見せている。

本章では，神奈川県逗子市における学習支援・子ども食堂の例を紹介する（図9-2）。神奈川県逗子市は，人口5万7314人の小規模な自治体である（2018年2月現在）。市内には小学校5校，中学校3校，県立高等学校1校がある。2013年に開館した大型児童館「体験学習施設スマイル」では，2017年8月からスマイルスクールを開講している。これは，世帯の経済状況を問わず，すべての市内中学生を対象にした学習支援事業で，毎週水曜日16～20時，および，毎週日曜日13～17時に，いつでも自由に参加できる（年間登録制）。2017年度には生徒30人強が登録しており，開講時間は有償ボランティアが常駐している。学習支援事業とはいえ，子どもが好きな教材や宿題を持参し，わからない時はボランティアに聞くという方法で，フリースペースで友達と遊び，スマイルスクールに戻ってきて勉強し，また友達と遊びに行ったりと，子どもたちが思いおもいに使っている。

図9-2　大人と子どもが一緒に食卓を囲む
出所：逗子市提供。

第Ⅲ部　地域における社会教育

図9-3　ボランティアと一緒に料理する子どもたち
出所：逗子市提供。

このスマイルスクールにあわせて、月に1度同施設で「ずし子ども0円食堂」が開催される。これは、市民団体「ずし子ども0円食堂プロジェクト」が担当しており、スマイルスクールに参加している中学生だけでなく、広くすべての子どもや大人が参加可能であり、多い時は参加者が100人を超える（子どもは無料、大人は300円）。

「ずし子ども0円食堂」は、食事をするだけでなく、一緒に料理をしたり、囲碁や将棋を大人と楽しんだりと、世代を超えた交流の場になっている（図9-3）。この食堂の特徴は、民生委員のグループがこの団体を立ち上げた点にある。民生委員として、困り感のある家庭や子どもを行政支援につなぐだけではなく、自分たちでも何かできないかという思いから、「ずし子ども0円食堂プロジェクト」は始まった。民生委員の一人が主催している男性料理教室の受講者が子ども食堂の運営を手伝ったり、子どもと一緒に食べにきた大人が次回はボランティアとして参加するなど、「ずし子ども0円食堂」を媒介として、大人側にも新しい関係と経験が広がっている。子ども食堂は、食事提供という参加ハードルの低い「参入回路」を開いたことで、活動したいという思いのあった大人が具体的に行動を起こす契機にもなっている。

もっとも、多くの場合、子ども食堂は子どもにとって非日常であり、栄養不足や孤食が即解決するわけではない。南出吉祥は、貧困対策としての子ども食堂の課題を踏まえたうえで、実践的意義として3点を指摘する。すなわち、「居場所としての機能（家庭機能の社会化）」「出会いと交流の場」、そして、運営する大人側にとっての「『場づくり』という経験」である（南出, 2017, 64～66ページ）。これらはいずれも、「ずし子ども0円食堂」にも見ることができる。

子ども食堂がどうあるべきかをめぐっては、さまざまな意見がある。子ども食堂の理想像は、各地の実践と交流のなかで試行錯誤され続け、地域の実情や実施主体の価値観によって多様な姿で具体化されていくだろう。

4　貧困・格差社会に向き合う社会教育の役割

ここまで、地域住民による主体的な取り組みが、子どもの育ちについて考え、参加・行動する大人を増やし、子どもの育ちを支える場を創り出していること、それにより、子どもの生活課題の一部を緩和できることが示された。

一方、「子どもの貧困」の根本は子育て世帯の貧困であり、子どもだけを取り出した議論に限界があることも確かだ。社会教育が「子どもの貧困」を直接解決するわけではなく、かつ、社会教育の可能性も、描き方によっては「地域の教育力」の名のもとに地域の責任論に回収されてしまう。「貧困問題に対し、教育が過剰に語られる状況は、自助努力により貧困を乗り越えていくとい

う『社会問題の自己責任化』の流れと容易に結びついてしまう」危うさは，自覚する必要がある（南出，2017，66ページ）。

本章の問いは，格差・貧困を生きる子どもの暮らしを理解したうえで，社会教育に何ができるかを考えることにあった。前述の限界も踏まえて，貧困・格差社会における社会教育の役割について，最後に2点考察する。

① 「すべての子どもを対象にする」ことの意義

まず，あらためて「すべての子ども」に目を向けたい。教育制度と福祉制度には，原理に違いがある。教育制度とは，すべての子どもを対象とする普遍的制度として設計され，「集団としての『子ども』を包括的に対象にする」。これに対し，福祉制度とは「標準的」な家族や個人（子ども）を設定したうえで，その機能が壊れた時，あるいは逸脱した状態にある時に，その対象を支援する制度であり，「困難や課題を抱えた『子ども』を個々に対象にする」（白川，2014，204ページ）。前述した厚生労働省と文部科学省の学習支援事業の違いは，この教育と福祉の原理的な違いを踏まえると理解しやすい。

子どもが抱える課題を垣間見た時，私たち大人はまず直接的な支援の必要を訴える。貧困世帯やその子どもへの直接的支援は，課題解決の最短距離に見えるからである。そのため，例えば子ども食堂のなかでも，「開催したが貧困の子どもはいなかった」「貧困の子どものためにやっているのに，実際に来ている子どもは違うのではないか」という反応や葛藤が生まれている。

しかし，教育の原理に立ち返ると，課題や困難を抱えている子どもを見極めて個別に取り出すことは，社会教育実践としては慎重さが必要だ。地域のなかで子どもが自由に過ごし，主体的に他者とかかわり，さまざまな経験ができるような機会・環境が，すべての子どもに対して開かれること。そこに，社会教育の重要な価値と強みがある。迂遠に見えても，すべての子どもの学習や生活が無理なく支えられていることが，結果として貧困を生きる子どもの困難を軽減することにつながるのである。

ただし，「すべての子どもを対象にする」教育も，社会の主流の価値観と無縁ではいられない。ある地域の子ども会が公民館を会場にイベントを主催した際，運営する保護者から「子ども会会費を払っていない家庭の子どもは，イベントに参加させない」という意見がもち込まれた。あなたが公民館職員なら，どう応答するだろう。子ども会会費を支払わずに参加することに，ずるさや不平等を感じる心情は，多くの人が理解するのではないだろうか。このように，「すべての子どもを対象にする」ことの難しさは，私たち自身のなかにある。

私たちの社会は，フリーライダーに対する許容度が低く，相手が益を受けることで自分が損をしている（ような気がする）ことに対して敏感だ。社会教育の場においても，受益者負担の原則が違和感なく広がっている今日，「すべての

子どもを対象にすること」の意義は，自覚的に確認され続ける必要がある。

② 「悲しみや苦悩をともにする」場としての社会教育

「社会教育はぜいたく品か」にかかわって，社会教育施設や団体の取り組みが，無料・安価で提供されることの重要性は先に述べた。しかし，経済的な負担がなければ，貧困世帯の保護者や子どもは不利なく参加できるのだろうか。

2010年夏，3歳と1歳の子どもが餓死しているのが発見され，母親（当時23歳）の育児放棄の様子が各メディアで大々的に報じられた。加害者となった母親は，出産前には育児教室など行政支援を利用し，ママサークルの立ち上げでも中心的な役割を担っていた（杉山，2013）。彼女は，「立派」に子育てができている間，堂々と公的支援を使い，社会に積極的にかかわっていた。しかし，「立派であること」に失敗した時，人は他者とのつながりを自ら断ち切っていくことがある。離婚後，家族から育児責任を全面的に負わされた彼女は，窮地に追い込まれても，他者や行政に頼ることはなかったのである。

社会教育への参加や実践にも，同じことが言えるのかもしれない。うまくいっていると思える時は自らかかわることができるが，そうではない時には縁遠くなっていく。ある公民館職員は，人が抱えるさまざまな困難に向き合う学習講座の企画をふり返って，「困難さこそが人をつなぐ」ことを見出した。そこでは，特定の一部の人だけが困難を抱えるのではなく，誰もが何らかの困難を抱えている／抱えうることが，前提にされている。そのうえで，地域のなかで喜びや楽しさを共有するだけでなく，「公民館では悲しみ，苦悩をともにすることにいっそう目を向けてもよいのではないだろうか」と提起する（平井，2015，25ページ）。

「いつでも・どこでも・誰でも」という生涯学習のイメージは，前向きで明るく，力強い。しかし，格差や貧困が広がるなかで，自己責任を要求し合う社会のあり方を踏まえると，弱さを弱さとして自己表出できる場や，自分とは異なる痛みや辛さがこの社会にあることを学び合う場を，生活圏のなかに意図的に作り出すことが，社会教育の役割にはいっそう強くある。「分断は，お互いがお互いを理解できなくなるときに生まれる」（湯浅・阿部，2017，74ページ）のであれば，「悲しみや苦悩をともにする」場として公民館や社会教育実践が展開されることは，貧困を含むさまざまな分断を乗り越える一助になりうるだろう。

Exercise

① 現在の日本社会において，大学生活を「普通」に過ごすためにすべての大学生に保障されるべき物質的条件とは何か。指標を作成してみよう。

② あなたの地域では，平日の放課後，子どもたちはどこで何をして過ごして

いるのだろう。実際に地域に出て，子どもの姿を観察してみよう。
③　プレイパーク（冒険遊び場）や子ども食堂について，身近な地域での取り組みを調べ，整理してみよう。また，実際に訪問・見学・参加してみよう。

📖次への一冊

阿部彩『子どもの貧困——日本の不公平を考える』岩波新書，2008年。
　　豊富なデータで問題を描き，「子どもの貧困」を社会に広めるきっかけとなった著作。続く『子どもの貧困Ⅱ——解決策を考える』岩波新書，2014年もぜひ。
松本伊智朗・湯澤直美・平湯真人・山野良一・中嶋哲彦編著（2016）『子どもの貧困ハンドブック』かもがわ出版，2016年。
　　「『なくそう！子どもの貧困』全国ネットワーク」が作成しており，「子どもの貧困」の全体像と，課題や論点がわかりやすく提示された入門書。
桜井智恵子（2012）『子どもの声を社会へ——子どもオンブズの挑戦』岩波新書，2012年。
　　「子どもの声を聴く」とは，具体的に何をどうすることなのか。子どもにかかわりたい人必読の一冊。「子どもの権利条約」を理解するにも最適。

引用・参考文献

相澤真一・土屋敦・小山裕・開田奈穂美・元森絵里子編著『子どもと貧困の戦後史』青弓社，2016年。
打越雅祥「顔が1.5倍に腫れあがっていた」「月刊社会教育」編集委員会編『月刊社会教育』国土社，2010年11月号。
白川優治「教育格差と福祉」耳塚寛明編著『教育格差の社会学』有斐閣，2014年。
杉山春『ルポ虐待——大阪二児置き去り死事件』筑摩書房，2013年。
武川正吾「いまなぜ，子どもの貧困か」『世界』岩波書店，2017年2月号。
内閣府『平成26年版子ども・若者白書』2014年。
内閣府『子供の貧困に関する新たな指標の開発に向けた調査研究報告書』2018年3月。
中嶋哲彦「学習支援と貧困からの自己解放」『教育』かもがわ出版，2016年2月号。
平井達也「公民館で人が抱える困難のことを考える」「月刊社会教育」編集委員会編『月刊社会教育』国土社，2015年8月号。
増山均『子どもの放課後と学童保育』新日本出版社，2015年。
松本伊智朗・湯澤直美・平湯真人・山野良一・中嶋哲彦編著『子どもの貧困ハンドブック』かもがわ出版，2016年。
南出吉祥「子ども食堂で問い直される『子どもの貧困』」『教育』かもがわ出版，2017年10月号。
宮﨑隆志編著『協働の子育てと学童保育』かもがわ出版，2010年。
村上龍『希望の国のエクソダス』文芸春秋社，2000年。
湯浅誠・阿部彩「子どもの貧困問題のゆくえ（対談）」『世界』岩波書店，2017年2月号。

コラム⑨

「つながりの貧困」を防ぐ地域の「気遣い人」に

　「ゆめ・まち・ねっと」は，子ども・若者の居場所づくりに取り組む。活動の柱は，自由な外遊び環境を提供する「冒険遊び場たごっこパーク」と放課後の居場所「おもしろ荘」。"流行り"の「こども食堂」や学習支援の場も開く。

　活動10年の節目に，全国紙が12話連載で活動の軌跡を紹介した。僕らが長く日々をともにした若者が日替わりで登場。高校３年生の少年は，つらかった学童期に「感情をもたない機械」になることを望み，思春期には「何をやってもダメ」と自殺が頭から離れなかったと打ち明ける。中卒で工場に勤める19歳の少年は，居酒屋で働く母子家庭の母からささいなことで怒られ，殴られ，高校進学も金がないと一蹴され，断念したと語る。そんな状況にあって，二人とも「たごっこパーク」が心の支えになったと語り，前向きな今を控えめに誇る。

　中学時代は教員にいつも反抗的で，家では母がうつ病，父は多忙で食事はいつも一人で食べるなど居場所を失っていたことを述懐する21歳の若者。「たごっこパーク」での出会いから，僕らに学習支援を依頼し，週３日ほどわが家で食事もするようになった。高校１年生の時，家族の誰にも居場所のない「機能不全家族」から逃れ，わが家で生活するようになった少女。短大卒業後，子どもたちの居場所づくりに取り組む。二人とも結婚し，子育ても楽しんでいる。

　「生きづらさを抱えた」子ども・若者たちと歩む道筋に羅針盤を与えてくれた一人に児童精神科医の田中康雄先生がいる。田中先生は，「気遣う人の存在と，関わりのタイミングが『偶然に，あるいは奇跡的に』重なり合うと，驚くような状況が生じるものである」と述べている（田中康雄『軽度発達障害——繋がりあって生きる』金剛出版，2008年）。

　僕らは活動のなかで，不登校児支援，障碍児支援，貧困家庭支援といった看板は掲げていない。そこに特化する専門性をもち合わせていないことと同時に，「支援」という言葉に，「支援する側・される側」という関係性を生むような揺らぎを覚えるからでもある。地域で，子ども・若者の居場所づくりに取り組むなかで，「支援機関のネットワーク」からこぼれ，「つながりの貧困」に陥った子ども・若者と次々に出会ってきた。そこには，いくつもの物語があった。

　「気遣う人」が地域のそこかしこにいたら，子ども・若者は，偶然に，あるいは奇跡的に救われるのではなく，日常的に救われることになる。「生きづらさ」は取り巻く人間関係により，重くもなり，軽くもなる。子ども・若者が孤立化し，「つながりの貧困」に陥ることを防ぎたい。そのために，一人ひとりが地域のなかでともに生きる「気遣い人」となれるかが問われている。

※ NPO法人ゆめ・まち・ねっとhttp://yumemachinet.web.fc2.com（2018年11月15日閲覧）

第10章
若者支援と居場所づくり

〈この章のポイント〉

　戦後社会教育における若者支援は，1970年代に高校全入化がほぼ確立して以降，次第にその対象は勤労青年から在学青少年へと移行していく。1990年代以降，「居場所」というタームが若者支援においても積極的に用いられていくが，これは若者が自律的なカテゴリーから，個別に支援される対象へと転換していく過程の反映である。本章では2000年代前後から展開する若者自立支援施策と2016年12月における教育機会確保法制定以後の動向とに目を配りつつ，多様な若者を対象とした支援と「居場所」づくりの現状と課題について学ぶ。

1　戦後社会教育における若者支援の展開

［1］　戦後における勤労青年教育の終焉（終戦～1970年代）

　近代社会教育の成立期から戦後の高度経済成長期後まで，公的な社会教育の主たる対象は学校を卒業し主に地方に住み働く若者たちであり，その内容はいわゆる「勤労青年教育」の性格を有した。初等教育を終えた若者たちを町村・学区単位で組織化する青年団に加入させ，学校教育と連続させ統御する教化的な志向と地域社会・国家への奉仕に動員する志向とが存在した。

　戦後の勤労青年教育の内実は，主に中学校を卒業して地元で働く若者たちが加入する青年団の育成支援と高等学校の代位となることが目論まれた，公民館などを会場とした青年学級の実施が主であった。その後，1960年前後から青年の家などの宿泊型研修施設が各地に建設されるなど施設面での充実は進んだものの，同時期に地方から中学校を卒業した若者たちが都市部に「金の卵」として送り出され，安価な労働力として高度経済成長を支えた。地方から来た彼ら／彼女らの学習と連帯とを支援する，都市部における公民館活動や勤労青年サークル支援が活性化する一方，人口の流出と高校進学率の急激な上昇にともない，地方の青年団の衰退と青年学級の停滞が1970年代前半において顕著となった。

　なお，戦後の勤労青年教育では「たまり場」という語にポジティブな意味が付与されてきた。とくに1960年前後から1980年代までその傾向が強かったが，

▷1　青年の家
1959年に静岡県御殿場市に開設された国立中央青年の家（現，国立中央青少年交流の家）以来，国立の「青年の家」が全国に13か所設置された。主に勤労青年層の利用を前提とした宿泊型研修施設である。以後，都道府県や市町村において同種施設の整備が進んだ。

第Ⅲ部　地域における社会教育

そこには次のような視点が存在した（安藤，2012，77〜79ページ）。まず，(1)日常に存在する「たまり場」を人と人との密接な関係性として捉え，肯定的な価値を与えるもの。次に，(2)(1)の「たまり場」を生成しようとするもの。最後に，(3)実際の施設空間に(1)の「たまり場」を生成しようとするもの，の３点である。すなわち，「たまり場」は，働く若者における密接な関係性そのもの，あるいはそれら関係性をともなう施設空間に対して用いられた語であった。(1)は1950年代半ばまでの青年団における共同学習の提唱期に小集団による話し合い学習の前提として価値づけられた。次に，(2)は1970年代に青年団組織の再活性化が図られる際に強調された。そして(3)の傾向は，主に1970年代から1980年代にかけて顕著となっていく。

ただし，1980年代以降，一部の事例を除き「たまり場」に関する動向はうかがい知れなくなり，青年会館や公民館青年室の利用の停滞が顕在化してくる。これは青年団や勤労青年サークルの衰退と軌を一にしている。高等学校と大学への進学率の上昇と学校経由の就職経路の確立は，従前の勤労青年層への教育支援の必要性を減少させ，さらに交代制や不定期な休日など，産業構造の変化にともなう働き方の多様化は，青年団や勤労青年サークル等の集団活動を阻害していった。こうして「勤労青年教育」自体が社会教育の文脈においても，徐々に死語と化していった。そして青年学級振興法の廃止（1998年）に象徴されるように，勤労青年を対象とした公的な教育事業や支援は，量・質とも縮小されていった。

▷2　共同学習
青年団が1950年代半ばから進めたプラグマティックな志向を強くもつワークショップ型の学習。1960年代には衰退した。

2　在学青少年教育への転換（1970年代半ば〜）

1970年代前半を端緒とし，1990年代までに公的社会教育の領域における若者支援は，勤労青年教育から次第に在学青少年教育，すなわち，小学校・中学校・高等学校に在学している青少年へと対象を変え，その性格も変えていく。

1971年４月に示された社会教育審議会答申「急激な社会構造の変化に対処する社会教育のあり方について」および同年６月に示された中央教育審議会答申「今後における学校教育の総合的な拡充整備のための基本的施策について」では，同時期に政策上重視されてきた生涯教育論を踏まえつつ，家庭教育・学校教育・社会教育の総合的な再編や有機的な統合，すなわち学社連携の考え方が示された。とくに前者の答申においては，学校外教育の取り組み，具体的には「学校外における各種の団体活動や青年の家利用などによる社会的陶冶の場の拡充」が提言されるなど，在学青少年教育を社会教育のなかに位置づけていく姿勢が強く看取されるものであった。

これは高度経済成長期以後の急激な都市化にともなう少年非行の増加やさらには高校への進学率が上昇していった結果，受験競争の激化による「ゆがみ」

第**10**章　若者支援と居場所づくり

が頻出したこと，さらには都市化にともなう核家族化の進展により，地域と家庭の教育力が衰退し，学校現場に子どものしつけや教育にかかわって過度な期待と負担がかかっていること等々が意識化されたゆえである。

　この時期以降，社会教育の領域においても，在学青少年を対象とした学校外教育，後には「子どもの社会教育」と称される実践と研究の蓄積が始まっていく。なお，学校外教育の具体的な取り組みとしては，子ども会やボーイスカウト，ガールスカウト，スポーツ少年団などへの地域青少年団体への加入促進が全国的に進められ，1980年代までは加入児童数も飛躍的に増加を見せた。さらに，1972年6月に示された青少年問題審議会答申「青少年に関する行政施策の基本的な考え方について」，1979年7月の青少年問題審議会意見具申「青少年と社会参加」において具体的には地域団体への参加，さらにボランティア活動を基本とした青少年の社会参加が謳われていく。

　このように，1970年代半ば以降，社会教育の対象としての青少年は低年齢化し，小学校から高等学校までに在籍する在学青少年が主となっていった。なお，バブル経済崩壊後の1990年代初めから2000年代半ばにおける就職氷河期に働く年代の若者たちへの教育支援施策が希薄となっていたことは，あらためて批判的にふり返る必要があろう。

③　青少年教育における「居場所」論の展開（1990年代〜）

　社会教育の領域では1990年代以降，青少年教育支援において「居場所」という語がシンボリックに用いられ，定着し現在に至る。実践上の展開を前史から押さえると，(1)1980年代半ばからのフリースクール[3]をめぐる議論，(2)1990年代からの学校の性格論と放課後子ども支援，(3)1990年代後半からの「居場所」施設の設置という流れで説明できる。

　まず(1)に関して，青少年教育支援に「居場所」の語を先駆的に用いたのは，日本におけるフリースクールの嚆矢と言える，東京シューレ代表の奥地圭子であった。東京都内で小学校教師をしていた奥地は1978年頃，自身の子どもの不登校（当時は「登校拒否」とされていた）体験を経て，1984年に結成した「登校拒否を考える会」を母体とし，1985年，東十条の雑居ビルに東京シューレを開設した。以後，1999年には特定非営利活動法人の認証を受け，2007年には教育特区制度を活用した私立中学の「東京シューレ葛飾中学校」を開設するなど，日本におけるフリースクールの普及に際して，大きな影響をもち続けてきた（奥地，2015，56〜87ページ）。

　2015年8月に公表された文部科学省による「小・中学校に通っていない義務教育段階の子供が通う民間の団体・施設に関する調査」では調査対象が474（回答数は319）となっており，これが当時，いわゆる小学校・中学校の学齢児童・

▷3　フリースクール
1920年代にイギリス（当初はドイツ）において開設されたサマーヒル・スクールを原像としつつ，1980年代より不登校（当時は「登校拒否」とされていた）児童生徒を対象として開設されていった民間の教育施設・機関をいう（田中，2016）。

生徒を対象としたフリースクールとしての機能をもつ民間団体として文部科学省が認識していた数であることがわかる。

　なお，高等学校（後期中等教育）に対応するフリースクール的機能をもつ機関・民間団体・組織等としては，東京シューレに代表されるようなフリースクールはもちろんのこと，昼間定時制高等学校，通信制高等学校，それと連携したサポート校，技能連携校等も含まれて位置づけられる。なお，フリースクールでは，高卒認定試験（高等学校卒業程度認定試験）の受験支援が行われることが多い。

　さらに，フリースクール的機能をもつものとして注目されるのが，自主夜間中学である。全国夜間中学校研究会ホームページによると，自主夜間中学校は2017年9月現在で37団体があることが確認できる。後述するように，正規の学校である夜間中学校（正式には中学校夜間学級）の設置は2016年現在で全国31校と限られているため（文部科学省，2017b，1ページ），その趣旨を汲みつつ，多様な学習者の学習支援を行っている組織・団体である。現在はそこで不登校等による形式卒業者が学び直しを行い，高卒認定試験受験をにらんだ学習支援も行われている。

　次に(2)に関してである。1990年代以降，不登校をはじめとする学校不適応の事態はその頻発にともない，誰においても起こりうるものとして捉えられるようになった。そのことが顕著となったのは，1992年に当時の文部省が委嘱した学校不適応対策調査研究協力者会議による最終報告書，「登校拒否（不登校）問題について――児童生徒の『心の居場所づくり』を目指して」が示され，それによって同年に文部省が「登校拒否問題への対応について」を通知して以降である（安藤，2009，163〜164ページ）。ここにおいて，不登校（当時は「登校拒否」）が誰にでも起こりうることとされ，その解決において学校が児童生徒の「心の居場所」としての役割を果たすように努めることが求められたのであった。これにより学校復帰を前提とした，フリースクールなどへの民間施設への通所を校長判断で出席扱いにすることが認められるに至った。その後，この流れのなかで個々の児童生徒への心理的ケアを行うため，学校へのスクールカウンセラー配置が1995年より開始され現在に至る。

　また，学校を「居場所」として位置づける施策動向は，2000年代半ばから本格的に展開する小学生を対象とした放課後支援において顕著となっていくが，ここでの「居場所」は小学生にとっての大人に見守られた「安全・安心」な場所であり，上記の不登校対応のそれとは趣旨がやや異なる。

　さらに(3)についてである。1990年代末より主に在学青少年を利用対象とした施設空間として，「居場所」という語を冠した施設や利用形態を限定しないフリースペースの設置が，民間・行政双方において進んでいく。この流れにおい

▷4　形式卒業者
不登校等によって学齢を過ぎ形式的に卒業していたが，実質的に義務教育修了の学力が備わっていない人々。

第**10**章 若者支援と居場所づくり

ては，主として不登校の児童生徒が利用するフリースペースや学習塾，そして利用者を限定せず，主に放課後と土日の利用が前提とされた学校外施設の設置や整備が特徴的である。とくに後者の学校外の「居場所」施設の展開に関して見ると，大規模なものでは東京都杉並区にある杉並区児童青少年センター「ゆう杉並」(1997年開設)，小規模なものでは岩手県奥州市水沢区の「ホワイトキャンバス」(1999年開設，2017年施設移転) が先駆的事例としてあげられる。

両施設ともスタッフの役割は，従前からある青年の家や少年自然の家など[5]の宿泊型青少年施設とは異なり，「見守る」ことに主眼が置かれており，積極的な指導や介入はなされない。いわば利用者中心主義が前提となっている。さらに利用者である中高生たち自身が施設の運営や事業の実施に際して「参画」していくことが進められてきた。この背景には1989年に国連で採択された「子どもの権利条約」（日本は1994年に批准）において，子どもの「参加の権利」が強調されたことがある。「ゆう杉並」「ホワイトキャンバス」とも中高生を中心とした青少年と大人とが協働の関係にある運営委員会がある。後発の施設もそれにならっていると言えよう（安藤，2009，163～165ページ）。

しかし，以後，これらの中高生の自立性を担保するあり方の支援や施設形態はさほど広がらず，むしろ若者個々に寄り添って横断的に，社会教育，福祉や就業支援などの領域にかかわる，イギリスやドイツの影響を受けたユースサービスのあり方，それに基づく専門性を有するユースワーカー[6]を養成し配置する青少年施設に期待が寄せられている。その先駆は1988年に設立された京都市ユースサービス協会（設立当初は財団法人，2012年より公益財団法人）によって運営される京都市の青少年活動センターと言える。以後，2002年に開館された，「ふりーふらっと野毛山（横浜市青少年交流センター）」(2016年3月閉館) などにおけるユースワーク，ユースワーカーとしての職員のあり方が実践報告として示され，これらの事例に加え，都市公民館におけるユースワーク的手法を再評価する志向も見られる（以上，日本社会教育学会編，2017参照）。

4 「たまり場」「居場所」の異同

1980年代までの若者，とくに勤労青年層を対象とした「たまり場」あるいはそれを求めた施設（空間）と90年代末以降の「居場所」を冠した施設（空間）の異同はいかなる点にあるのか。そもそも語自体の差異がある。「たまり場」は集団あってのものであり，間主観的な関係である。「居場所」は，そもそも個々人の主観に起因する個別性の強いものであるはずである。その意味において，従来の宿泊訓練型青少年施設（青年の家や少年自然の家など）とは異なり，個別利用が可能で厳格ではない利用の仕方ができる「居場所」施設には，適した語であったと言える。集団から個別へ，統御から見守り・ケアへ。対象の低

▷5 少年自然の家
国立青年の家に続き，1975年の室戸少年自然の家を嚆矢として，国立少年自然の家が全国に13か所開設された。主に在学青少年を利用対象とした宿泊型研修施設である。以後，青年の家同様，都道府県および市町村において同種の施設整備が進んだ。

▷6 ユースワークはヨーロッパ各地で展開されている若者の成長を支援する施策および活動の総称であり，その対応スタッフ・職員がユースワーカーである。多くは伴走的な性格が強調される。日本においてはとくに2000年代以降，その考えを取り入れた施設や事業の整備と相まってユースワーカーの専門性をめぐる議論が盛んになってきたが，公的な資格制度は未整備である。

第Ⅲ部　地域における社会教育

年齢化だけではなく，社会，そして「大人」になるためのみちすじの複雑化・長期化・個別化が，青少年教育にかかわるタームが「たまり場」から「居場所」へと転換していく過程に底流している。

2　2000年代以降の若者の自立支援施策

［1］　青少年（教育）施策の展開過程

　日本の戦後における青少年（教育）施策を俯瞰すると，二つの流れがあったことがわかる。まず一つは総理府（現，内閣府）が統括してきた青少年施策である。これは戦後すぐからの青少年非行対策から連動する青少年健全育成の流れである。もう一つはこれまでも述べてきたが，文部省（現，文部科学省）が所管してきた主に社会教育の領域における青少年教育施策である。それは前述のように，1970年代までは主に勤労青年層を対象としたものであった。両者は1960年代のいわゆる青年の〈叛乱〉期には青年層の統制が命題であった時期には強く接点をもつものの，青少年施策に通底する統制的な視点は，教育の視点からは距離がとられるものであった。

　なお，1970年代以降，経済的安定をもって青年の〈叛乱〉が沈静していくに従い，主に青少年施策からは青少年の「社会参加」を強調するが，それはやはり非行対策と健全育成を強調する行政主導的な色合いが強いものであった。いくつかの答申・具申を見ると，1970年代末以降に青少年施策において謳われた「青少年の社会参加」は，地域における団体活動や各種地域活動への参加，そしてボランティア活動に収斂されていく（安藤，2009，160～162ページ）。

　その後，2004年の中央教育審議会生涯学習分科会による「今後の生涯学習の振興方策について（審議経過の報告）」以降になると，文部行政が主導する青少年対象の事業においても，青少年の自立支援・キャリア教育への取り組みが全面に打ち出されてくるのである。

［2］　国の青少年（教育）施策の変化
——青少年育成施策への一本化へ

　1970年代における青少年施策における社会参加促進の動きは，1980年代以降の施策が主に社会問題化した，非行対策，校内暴力等の青少年問題への対応に主眼が置かれたことから，その広がりはさほど見られなかった。

　そのなかで1989年6月に示された青少年問題審議会意見具申「総合的な青少年対策の実現をめざして」においては，従来どおりの青少年非行への対応を踏まえつつも，ひきこもりや「登校拒否」の社会問題化に対して，学校での「不

適応」問題への対応を求めるものとなっている。以降の青少年施策にかかわる審議会答申等においても，ひきこもり，いじめといった学校現場における対人関係の変化に起因すると思われる現象が社会問題化するにあたって，その対応を図るものとなっている。

その後，青少年施策が大きく転換するのは，2001年になってからである。その施策の主眼が青少年対策から「青少年育成施策」へと転換されたのである。これに際しては，同年の中央省庁等改革により，総務庁に置かれていた「青少年問題審議会」および「青少年対策本部」は廃止され，新たに設置された内閣府に「政策統括官（総合企画調整担当）」が青少年施策にかかわる総合調整を担当することになった（安藤，2009，166ページ）。各省庁の上位にある内閣府内にその統括担当が置かれたことは，青少年施策が国家的な課題として位置づけられたことを示すものであり，従来にない課題に青少年が直面していることが認識されたのである。それは，青少年の社会的自立の困難さであった。

フリーターと称される若年非正規雇用者の増加，後にニートと称されていく若年無業者が多く存在していること，早期離職傾向などによる若者の「経済的自立」の困難さが看過できない事態として社会問題化したのである。ここにおいて，青少年施策と青少年教育施策は青少年育成施策へと一本化されていくのである。

以後，青少年育成施策は，キャリア支援を施策の主軸として位置づけることになる。さらに言えばその支援対象とするニート，フリーターが15歳から34歳までと定義された時に，学校を経由してそのまま大人になることの困難さが，国家的課題として認識されたことがうかがわれるのである。

3 青少年のキャリア支援・キャリア教育施策の展開

こうして2000年代になり，一躍，青少年施策および青少年対象の教育施策として浮かび上がってきたのがキャリア教育であった。「キャリア（career）」とは，語義的には，職業・技能上の経験あるいはそれらの人生を通しての連鎖，というような意味であり，1990年代まではこの用法が一般的であった。

「キャリア教育」が施策上にはじめて表れたのは，1999年12月の中央教育審議会答申「初等中等教育と高等教育との接続の改善について」においてである。そこでは「キャリア教育」を「望ましい職業観・勤労観及び職業に関する知識や技能を身に付けさせるとともに，自己の個性を理解し，主体的に進路を選択する能力・態度を育てる教育」とし，学校と社会および小学校から大学までの各学校間の円滑な接続を図るための教育と位置づけている。ここにおいて義務教育段階からの「キャリア教育」の実施が施策に位置づけられたのであった。

その後，2004年1月の「キャリア教育の推進に関する総合的調査研究協力者

▷7　ニート
イギリスのブレア政権下で用いられた"NEET"（= Not in Education, Employment or Training）をカタカナ表記したもの。内閣府「青少年の就労に関する研究調査」（2005年3月）においては，15歳から34歳で学校等に通学していない独身者であり，ふだん収入をともなう仕事をしていない「若年無業者」のうち，求職活動を行っていない層を「ニート」とした。

会議報告書——児童生徒一人一人の勤労観，職業観を育てるために」におい
て，「キャリア教育」は端的には「児童生徒一人一人の勤労観，職業観を育て
る教育」と定義された。この「キャリア教育」の定義が，以降のキャリア教育
推進施策に踏襲されていく。

その後，青少年のキャリア支援・キャリア教育施策が本格的に展開したの
は，同時期の2003年6月に提示された「若者自立・挑戦プラン」からである。
同プランは，文部科学大臣・厚生労働大臣・経済産業大臣・経済財政政策担当
大臣によって構成された「若者自立・挑戦戦略会議」において取りまとめられ
たもので，フリーターと若年失業者・無業者が増加している現状を踏まえ，3
年間で若年者の勤労意欲の喚起や若年者の職業的自立を促進させ，フリーター
等を減らすことを目標とした。

その柱の一つには，文部科学省が主に進める，義務教育段階からの組織的・
系統的なキャリア教育の推進が位置づけられ，かかわって学校と企業との連携
を図りつつインターンシップなどの職業体験の促進を行うこと，フリーターへ
の再教育の実施などの取り組みが推奨された。以後これらが若者自立支援施策
の柱となっている。

2003年12月の青少年育成推進本部による「青少年育成施策大綱」，2004年12
月の若者自立・挑戦戦略会議による「若者の自立・挑戦のためのアクションプ
ラン」を経て，2006年12月の教育基本法の改正，それを受けての2007年3月の
学校教育法の改正において，教育の目標と職業との関連が明確化されたこと，
さらに2008年に公示された小学校・中学校学習指導要領の改訂，同年7月に閣
議決定し公表された第1次教育振興基本計画においてキャリア教育の意義や目
的が明確化された。同計画においては，とくに重点的に取り組むべき事項の一
つとして，キャリア教育の推進が位置づけられた。さらに2011年1月に示され
た中央教育審議会答申「今後の学校におけるキャリア教育・職業教育の在り方
について」においても「生涯学習の観点に立ったキャリア形成支援」が謳わ
れ，リカレント教育の視点も踏まえつつその拡充が図られ現在に至る。

こうして学校では職場体験などで仕事の現場を体験させることも通して，早
期からの職業観・勤労観の育成を図り，あわせて地域においては従来からある
ボランティアなどの奉仕活動を促進することが，現在の青少年の社会的自立を
促す総合的な教育施策としても展開しているのである。

なお，2008年12月には青少年育成本部より「青少年育成大綱」が新たに示さ
れたが，日を待たず，2009年7月に制定され，2010年4月より施行された「子
ども・若者育成支援推進法」に基づき，青少年育成推進本部は廃され，代わり
に子ども・若者育成支援推進本部が設置された。同本部は内閣府に設置された
特別機関であり，内閣総理大臣を本部長に国家公務委員長，総務大臣，法務大

臣，文部科学大臣，厚生労働大臣，経済産業大臣らによって構成される。同本部は「子ども・若者育成支援推進大綱」を作成するのが主務である。その大綱として最初に2010年7月には「子ども・若者ビジョン」が，次に2016年2月には「子供・若者育成支援推進大綱」が示されている。

2003年の「青少年育成施策大綱」は就職氷河期がほぼ終わった時期に示された。少子化対策を意識しつつ，学校教育にキャリア教育を組み込み，ニート・フリーター問題を解消することを目論んだものであった。2008年の「青少年育成施策大綱」は前回の大綱を踏襲しつつ，上向いた経済状況を背景にワークライフバランスの実現をもねらったものであったが，リーマンショックがそれを霧消させた。2010年の「子ども・若者ビジョン」以降は子ども・若者を社会の形成者として位置づけ，障がいを含め，さまざまな困難を有する子ども・若者をも含み，その自立を国家的に支援する志向が強調されている。いずれこの背景には人口減少社会への対応と東日本大震災後に明確となった地域コミュニティの再評価，ソーシャル・キャピタル（社会関係資本）の再構築をも目指したグランドデザインが示されるものとなっている。なお，これらの実現のため，子ども・若者育成支援推進法には都道府県および市町村において，それぞれ「子ども・若者計画」を作成することが努力義務化されている。

さらに厚生労働省がNPOなどに委託して開設している「地域若者サポートステーション」[8]（当初は「地域若者ステーション」。2006年～），経済産業省が設置するジョブカフェ[9]（2004年～）がさまざまな困難を抱える若者の就業支援にあたり，それらの若者の「居場所」となることが期待されてきている。

3　地域再編期における若者支援の現状と課題

1　地域づくりと若者支援の現状

かつての勤労青年教育の主たる支援の対象でもあった青年団は1960年頃をピークとし，その組織および活動が1970年代にかけて停滞を見せる。これは高度経済成長による地方からの若年人口の移動，産業構造の変化によるものであったが，再び1970年代半ばから1980年代前半にかけて団員数は減ったものの「青年団第二の興隆期」と言われるように，その活動が活性化した。これは都会からのUターンやモータリゼーションの進展に支えられた青年団組織の広域再編等が背景としてあった。しかしバブル期をはさみ，上述のように働く若者の年代に対する教育支援施策自体が大幅に縮小するなか，伝統的祭礼や伝統芸能を継承するミッションをもった青年団以外は組織の消滅や弱体化が顕著である。青年団が担ってきた地域の奉仕的役割はより広範な年齢層による消防団

▷8　地域若者サポートステーション
働くことに困難を抱えている15～39歳までの若者に対し，キャリアコンサルタントなどによる専門的な相談，コミュニケーション訓練や地元企業への就労体験支援などの就労支援を行っている。すべての都道府県を網羅し，173か所に設置されている。

▷9　ジョブカフェ
正式名称は「若年者のためのワンストップサービスセンター」である。その名のとおり，同センターを基点とし，就業にかかわる相談や多様な支援を無料で受けられることが設置のねらいである。全都道府県に設置されている。

第Ⅲ部　地域における社会教育

が担っている現状が確認できる。なお，青年団とは名乗らずとも，ジュニアリーダー等の青少年組織から継続したメンバーによって新たに若者のグループが組織される動向も確認され，また近年，新たな若者のグループ作りを支援する地方自治体からの支援も展開している（安藤，2017，84〜87ページ）。

　さらに地方自治体において公民館等を拠点として，若者の教育支援・自立支援を行う動きも複数確認できる。2014年度，2015年度と 2 か年にわたって文部科学省によって公募された「公民館等を中心とした社会教育活性化支援プログラム」（公民館GP）は，社会関係資本としての公民館等の施設を拠点として地域コミュニティの再生を図るものであった。そのうち「若者の自立・社会参画支援プログラム」として採択された取り組み（2016年度11自治体）からも，若者と地域のつながりの再構築や若者の自立支援，多様な背景をもつ若者の居場所づくりを目指し，社会教育関係職員の支援やユースワーク的対応がなされていることが理解できる（全国公民館連合，2016）。ここに話し合いやワークショップなどによる学習を基盤としてきた社会教育的手法による若者支援，地域づくりの可能性が示されている。

［2］　教育機会確保法の成立をめぐって

　2016年12月に制定・公布され，2017年 2 月より施行されたのが「義務教育の段階における普通教育に相当する教育の機会の確保等に関する法律」（以下，教育機会確保法）であった。同法は義務教育段階の教育機会確保に関する基本理念を定め，国および地方公共団体の責務を明確にし，教育機会確保等に関する施策を総合的に推進することを目的としている。

　そのポイントは学校以外の場における学習をも選択肢として認める不登校児童生徒への教育の機会確保およびその水準の保障と，夜間等の授業を行う学校への就学支援を行うことである。とくに後者においては，国籍も問わず，不登校経験等による形式卒業者も含む学齢超過者もその生徒として位置づけることを明確に示した。従来から夜間中学校において，高齢者や外国籍の人々を受け入れていたのではあるが，加えて2015年から形式卒業者を受け入れ始めたことに法的根拠をもたせるものとなった（大多和，2017，10ページ）。なお，同法制定の前年に文部科学省が不登校となっている学齢生徒が夜間中学校に通うことを容認した。さらに同法はすべての地方公共団体に，夜間中学校の設置を求めるものであり，文部科学省は都道府県に最低 1 校はその設置を求めている。

　このように，教育機会確保法では，学校および自治体との連携および情報共有を前提としつつも，義務教育段階において，フリースクールなどの学校外での民間組織・団体による学習支援を学校相当のものとして明確に位置づけた。

　夜間中学校は戦後の混乱のなか，生活困窮などの理由から昼間に就労や家事

手伝いなどを行う必要があった学齢生徒のため，二部学級として公立中学校に付設されたものであった。ただその設置については1947年施行の学校教育法施行規則第21条の準用および1953年制定の学校教育法施行令第25条において開設手続き的な部分のみが定められ，明確に法的な根拠をもっていなかった（大多和，2017，21～22ページ）。当初は不就学生徒を，1970年代からは引揚者やニューカマーに対する日本語教育の場としての役割を担いつつ，不登校経験のある学齢超過者を受け入れつつ，現在に至っている。2017年7月に文部科学省により実施された「平成29年度夜間中学校等に関する実態調査」によれば，全国31校の夜間中学校の生徒数は1687人，うち義務教育未修了者は15.3％，日本国籍を有しない者が80.4％となっている（うち，中国国籍が41.9％，ネパール国籍16.6％，韓国・朝鮮籍14.9％）。年齢別に見ると，学齢生徒は0％，15歳から30歳未満が47.2％，30歳から50歳未満が26.2％，50歳以上が36.6％という内訳になっている。このように，現状としてはアジア系の国籍の生徒が8割を占め，年齢的には若者と中高年者が多く在籍していることがわかる。

　かつては形式卒業者と不登校状況にある学齢生徒の受け入れが認められていなかったことに加え，行政からの無理解や財政上の理由から正規の夜間中学校が未設置であるか，当初は設置されたが後に廃止された地域では，対象となる人々への教育支援のため，上述のように自主夜間中学が組織されている。そこでは現在も多様な学習者の「居場所」として機能している。一方で公立夜間中学校の設置が促進されていることからも，自主夜間中学と公立夜間中学校との連携・協働あるいは前者の発展的解消等の動きが進むことが予想される。

4　若者支援の今後の課題

　現在，若者の自立支援をねらいとし，各省庁が所管する施策と関連する事業がいくつも併走している。地方自治体の現場においては，補助金等の活用にあたって縦割りの状況が続く限り，総合的な計画実施には困難がともなう。また，就業年代の若者支援に関して見ると，就業できている層は社会教育行政がその対応を担い，就業および社会生活全般に困難を抱える若者には従前の青少年施策部局や福祉部局が対応するという分業形態が存在する。それらが重複せずに効率よく，かつ連携してさまざまな角度からの支援を十全に発揮できるためには，地方自治体における行政部局間の連携や予算執行の一本化の実現，さらには自治体内外における組織・機関の連携と情報の集約が図られる必要がある。

　その時に，まずは公民館やコミュニティセンターなどの地域集会施設や青少年施設などがワンストップサービスを実施する窓口・拠点として機能することが必要ではなかろうか。いわば地域におけるかかりつけ医のような立ち位置で

ある。その際に総合的な見地に立ち，伴走性を前提としたユースワークの視点およびユースワーカーの養成と設置があわせて求められる。そして何よりも学校教師が学校外の子ども・若者の支援機関・団体等の実情をよく知り，外部との「手のつなぎ方」をよく理解することが必要である。もちろん，これは学校，とくに高等学校における就業支援，就業後をにらんだ指導に際しても同様である。

　さまざまな「居場所」があってよい。しかしその多様性と専門性は資源と財源に恵まれる都市部においては担保されようが，従前の勤労青年層への支援対応を含め，地方のそれは貧弱である。現に筆者が勤務する山形県においては，常設型のフリースクールは1か所しかない。公立夜間中学校設立の動きも鈍く，自主夜間中学創設の動きもない。教育機会確保法の理念が実現されるためにも，住民や当事者からの議論の喚起があらためて求められる。

Exercise

① 勤労青年層支援に用いられた「たまり場」と1990年代以降に青少年教育において用いられる「居場所」との違いを端的に説明せよ。また，そのことは学校や学校外での青少年教育支援にどのような変化を生じさせたか，考えてみよう。

② 学校は大人になるために必ず通らねばならないイニシエーション（通過儀礼）なのであろうか。教育機会確保法の趣旨を参照しつつ考察してみよう。

③ 身近で若者支援を行っているNPO等の活動や財源等を確認し，その継続性やサービスの質の担保について具体的に考察してみよう。

📖次への一冊

田中治彦・萩原建次郎編著『若者の居場所と参加——ユースワークが築く新たな社会』東洋館出版社，2012年。
　　居場所論を軸に置きつつ，日本の社会教育におけるこれまでの青少年教育支援と欧米のユースワーク論とその連続性とを捉える内容となっている。

奥地圭子『フリースクールが「教育」を変える』東京シューレ出版，2015年。
　　日本のフリースクールのパイオニア・東京シューレ代表奥地圭子氏によるフリースクール論。あわせて東京シューレの成立から現在までを俯瞰できる。

岩槻知也編著『社会的困難を生きる若者と学習支援——リテラシーを育む基礎教育の保障に向けて』明石書店，2016年。
　　教育機会確保法制定前における，夜間中学校および自主夜間中学などの基礎教育の

保障をめぐる取り組みが詳細に描かれており，イメージがとりやすい。

大多和雅絵『戦後夜間中学校の歴史——学齢超過者の教育を受ける権利をめぐって』六花出版，2017年。

　戦後における夜間中学校の歴史的な展開過程を把握するに十分な内容をもっている。具体的な事例も多く掲載されており，イメージもとりやすい。

石井まこと・宮本みち子・阿部誠編『地方に生きる若者たち——インタビューからみえてくる仕事・結婚・暮らしの未来』旬報社，2017年。

　豊富なインタビュー調査により，地方におけるかつての「勤労青年層」の現在を捉えた労作である。キャリア教育・キャリア支援の実態も垣間見られる。

引用・参考文献

安藤耕己「青少年の社会参加とキャリア教育」小池源吾・手打明敏編著『生涯学習社会の構図』福村出版，2009年。

安藤耕己「若者の『居場所』へのまなざし——史的考察」田中治彦・萩原建次郎編著『若者の居場所と参加——ユースワークが築く新たな社会』東洋館出版社，2012年。

安藤耕己「若者にとってのたまり場・居場所」手打明敏・上田孝典編著『〈つながりの社会教育・生涯学習〉——持続可能な社会を支える学び』東洋館出版社，2017年。

大多和雅絵『戦後夜間中学校の歴史——学齢超過者の教育を受ける権利をめぐって』六花出版，2017年。

奥地圭子『フリースクールが「教育」を変える』東京シューレ出版，2015年。

全国公民館連合「公民館等を中心とした社会教育活性化支援プログラム（H26）」2016年。http://www.kominkan.or.jp/02info/all/20160217gpt0000.html（2018年 3 月21日閲覧）

全国夜間中学校研究会「全国自主夜間中学関係諸グループ一覧　2017年 9 月現在」http://www.zenyachu.sakura.ne.jp/public_html/default.html（2018年 3 月21日閲覧）

田中佑弥「日本における『フリースクール』概念に関する考察——意訳としての『フリースクール』とその濫用」『臨床教育学論集』 8 号，2016年。

日本社会教育学会編『子ども・若者支援と社会教育（日本の社会教育第61集）』東洋館出版社，2017年。

文部科学省「夜間中学の設置・充実に向けて【手引】改訂版」2017年 a。

文部科学省「平成29年度夜間中学校等に関する実態調査」2017年 b。

コラム⑩

青年の社会的居場所としての仙台自主夜間中学

開講の背景と歩み

　家庭の事情や病気等で小・中学校に満足に通えなかった人，小・中学校を卒業しても，基礎学力が不十分のために学び直しをしたいと思っている人，不登校・ひきこもりで学校にあまり行っていなかった人など，小・中学校時代に基礎科目の学習が不十分で日常生活に不便を感じている人が宮城県に現存している。一方で公立夜間中学校および自主夜間中学は１校も存在していないとの背景から，誰でも，いつでも学べる機会を提供することは時代的課題だと考え，仙台市中心の公共施設の会場で2014年11月から仙台自主夜間中学を開講した。

現　状

　小・中学校基礎科目の通常授業は昼間部と夜間部の二部制である。昼間部は月２回，グループ学習が中心で，夜間部は月４回，すべて個別学習である。
　現在，10〜90代の46人の学習者が通っているが，うち10〜30代の学習者は15人で，ほとんどが不登校・ひきこもりだった人や障害のある人たちである。最近このような境遇の青年が増えている。学習者は積極的，一所懸命，かつ楽しみながら学んでいる。そのなかで青年の学習者２人を紹介する。

- ・38歳男性（特別支援学校卒）——昼間部と夜間部の両方に３年間ほとんど休まず通ってきている。芋煮会，クリスマス会で実行委員を務めており，仙台自主夜間中学は居場所であり，コミュニケーション向上の場になっている。
- ・26歳男性（不登校・ひきこもり経験者）——当初は人と話をするのが怖く，一言も話をしなかったが，徐々に心を開き，自分の意思をはっきり言うようになってきている。１時間以上かけて一人で昼間部に通っており，自立の道を歩みだしている。

今後の見通しと課題

　宮城県の不登校中学生の出現率は全国一と言われている。不登校中学生が形式卒業後，高等学校でも不登校・ひきこもりになっているケースが多いと指摘されている。また，特別支援学校卒業者に基礎科目の学び直しを希望する人は少なくないと言われている。このような境遇で学び直しの希望者を一人でも多く掘り起こす，幅広い活動が不可欠と考えている。
　「仙台自主夜間中学」は青年の社会的居場所，異世代の交流の場として，青年の成長への社会的支援の地域組織になってきており，筆者の福島大学大学院修士論文「青年組織と青年の成長」の考察に準じて，実践が行われている。

第11章
地域スポーツの推進と生涯学習

〈この章のポイント〉

　教師には，家庭や地域との連携を図りながら適切な体育・健康に関する指導を実践することが求められている。本章では，学校教員として理解しておくべき地域スポーツ（社会体育）や生涯スポーツにかかわる基礎知識の習得を目的とする。まず，わが国における地域スポーツ政策のあゆみを時系列で辿りながら法制度・政策について概観し，地域スポーツ推進の理念を理解する。次に，地域スポーツ政策・実践の基礎条件となるスポーツ施設と人材の現状と課題について概観し，地域スポーツの推進を担う組織・団体とその連携（スポーツのソーシャルガバナンス）について論ずる。最後に，学校の体育・スポーツ活動を支援する地域スポーツの役割について解説する。

1　地域スポーツを学ぶ意味

1　学校体育と学校教員

　学習指導要領［昭和43年改訂］（中学校・高等学校は昭和44年）により，教育課程編成の原則を示した冒頭の総則において，「体育に関する指導」は，道徳教育と同じく学校教育活動全体を通じて実践することが要請された[1]（通称「総則体育」という）。

　こうして，子どもの体力向上を含めた体育は，体育科・保健体育科における学習指導の域にとどまらず，その他の教育活動にも広く関連する問題となった。このため，体育にかかわる学校としての目標や方針を定め，全校的な立場からその推進に努めることが求められることになる。現在でも，特別活動として実施される体育的行事や運動系のクラブ活動，課外の運動部活動に，多くの教師たちが学校教育の一環として指導にあたることが一般的となっているのもこのためである。

　「総則体育」は，新学習指導要領では趣旨を同じくしながらもさらにバージョンアップが図られている[2]。例えば，子どもの体力問題だけでなく，食育の推進や安全・健康に関する指導を関連づけて取り組むこと，特別活動だけでなく各教科，道徳科，外国語活動，総合的な学習の時間などにおいても，さらに家庭や地域との連携を図りながら生涯にわたる健康で安全な生活と豊かなス

▷1　健康で安全な生活を営むのに必要な習慣や態度を養い，心身の調和的発達を図るため，体育に関する指導については，学校の教育活動全体を通じて適切に行なうものとする。特に体力の向上については，体育科の時間はもちろん，特別活動においても，じゅうぶん指導するよう配慮しなければならない（中学校学習指導要領［昭和43年改訂］総則第3）。

▷2　学校における体育・健康に関する指導を，生徒の発達の段階を考慮して，学校の教育活動全体を通じて適切に行うことにより，健康で安全な生活と豊かなスポーツライフの実現を目指した教育の充実に努めること。特に，学校における食育の推進並びに体力の向上に関する指導，安全に関する指導及び心身の健康の保持増進に関する指導については，保健体育科，技術・家庭科及び特別活動の時間はもとより，各教科，

道徳科及び総合的な学習の時間などにおいてもそれぞれの特質に応じて適切に行うよう努めること。また，それらの指導を通して，家庭や地域社会との連携を図りながら，日常生活において適切な体育・健康に関する活動の実践を促し，生涯を通じて健康・安全で活力ある生活を送るための基礎が培われるよう配慮すること（新学習指導要領　総則第1の2(3)）。

▷3　学校施設の「共同利用化」とは，保健体育審議会答申（1977年）が示した学校体育施設開放にかかわる新しい構想である。学校体育施設に公共スポーツ施設の不足を補完する役割を期待し，物理的な場を学校教育に支障のない範囲で貸し出すという従来の「開放型」から，学校体育施設こそ地域住民にとって最も身近に利用できるスポーツ施設であり，地域住民共通のコミュニティ・スポーツの拠点として位置づけ，学校と地域社会の「共同利用型」へと移行し，地域住民の立場に立った積極的な利用の促進を図ろうとする考え方である。

▷4　社会教育法第2条において，「社会教育」とは，(中略)，学校教育法(中略)に基づき，学校の教育課程として行われる教育活動を除き，主として青少年及び成人に対して行われる組織的な教育活動（体育及びレクリエーションの活動を含む。）と定められ，第3条では，その奨励及び環境整備を国及び地方公共団体の努力義務として規定した。

▷5　スポーツ振興法では，国及び地方公共団体が行うスポーツ振興のための措置として，体育の日の行

ポーツライフの実現を目指した教育の充実に努めることが求められている。したがって，体育に関する指導は，専門の免許を有する保健体育科教師だけでなく，すべての教師にかかわりのある重要な教育活動であるとの認識を，学校教育に携わる教師皆が共有しなければならない。

2　地域スポーツと学校

現在の学校における体育活動は，教師の多忙化と高齢化，生徒のスポーツニーズの多様化と高度化，地域スポーツクラブの普及発展などの要因が重なり，地域スポーツ資源の活用（例えば，外部指導者）や地域のさまざまなスポーツ組織・団体との連携・協働が不可欠となってきている。他方，地域スポーツのさらなる発展を図るためにも，従来から学校施設の「共同利用化」や児童生徒の地域スポーツ活動への積極的参加促進などが求められている。このように，「学校体育を支える地域社会」「地域スポーツの基盤・拠点としての学校」という双方からの良好な相互依存関係を築くことで，地域と学校の垣根を超えた連携・協働による生涯スポーツ・学習活動の推進体制を生活圏ごとに構築することが大切である。学校教員は，「開かれた学校」や「チーム学校」の実質化を推進するためにも，従来のような地域社会との関係を断絶した内向きの閉鎖的体質を払拭し，生涯学習・生涯スポーツ社会の将来ビジョンを十分理解したうえで，学校における体育の指導にあたることが必要になってきている。

2　地域スポーツ振興の法制度と理念・目的

1　地域スポーツ政策のあゆみと政策課題

わが国において，学校に通う児童生徒以外の人々が自発的に行う運動・スポーツ活動を公共政策の対象とし，その奨励と条件整備を目標とする諸施策・事業が始動するのは，社会教育法（1949年）の制定以降である。しかしながら，当時の社会体育は学校教育の補完として位置づけられる社会教育のなかでも，さらにその片隅におかれた部分領域にすぎなかった。その後，大衆のスポーツ活動を社会教育の範疇から独立した領域としたのが，東京五輪招致を契機に制定されたスポーツ振興法（以下，振興法）である。同法では，自発的・自主的活動としてのスポーツを国民の誰もが行えるようにするための条件整備を国・地方公共団体の義務と規定し（第3条），スポーツ振興のための公的措置の範囲を明確にした。また，第18条では，都道府県及び市町村にスポーツ振興審議会を置くこと，第19条では，スポーツ振興に関する指導助言を行う体育指導委員を市町村教育委員会が委嘱することが定められ，スポーツ振興のための

第11章　地域スポーツの推進と生涯学習

人的・組織的な体制構築が図られた。一方，第4条では，「文部大臣は，スポーツの振興に関する基本的計画を定めるものとする」と明記されたものの，その後40年間にわたり国の基本計画が策定されることはなかった。

振興法制定後，本格的な体育・スポーツ政策が展開するのは，1972年保健体育審議会答申「体育・スポーツの普及振興に関する基本方策について」（以下，47答申）からである。この答申では，その後のわが国における地域スポーツ振興政策の基本となる二つの政策課題が提起される。

一つは，スポーツの日常化・生活化である。この時期の国民のスポーツ活動状況は，高度経済成長による生活の安定と余暇時間の増大を背景に，年1回以上のスポーツ実施率は，1957年の14％から1972年には60％と大幅に上昇したものの，その実施頻度は，月1〜3回程度のイベント的スポーツライフが過半数を占めており，日常的にスポーツに親しんでいると言える状況ではなかった。スポーツの生活化を阻む一つの要因は，スポーツ施設の量的不足であった。わが国のスポーツ施設は，学校体育施設が全施設数の約7割を占め，国民の誰もが気軽に利用できる公共スポーツ施設は当時わずか7％ときわめて乏しい状態にあった。そこで，47答申では西ドイツのゴールデンプランを参考に「日常生活圏域における体育・スポーツ施設の整備基準」を策定し，スポーツ活動の基盤となる公共施設の計画的な整備拡充を進めようとした。

47答申が提起したもう一つの課題は，「コミュニティ・スポーツ」の推進である。昭和40年代のわが国では，経済の発展にともない近隣の人々との親睦・交流，相互扶助等の生活関係が疎遠になるなど，地域における人と人との結びつきが希薄化し，種々の生活問題を生じさせていた。国民生活審議会調査部会コミュニティ問題小委員会「コミュニティ——生活の場における人間性の回復」（1969年）では，空洞化した地域社会の再編に向けて，コミュニティ形成を多様な政策分野を横断する重要課題と位置づけた。こうした社会状況を背景に，スポーツにも社会統合機能が期待されていく。本答申では，スポーツを通じたコミュニティ形成に寄与するため，自発的なスポーツグループ（クラブ・サークル）の育成と自治的活動への支援が重要施策となっている。グループづくり手法として広く普及したのは，「三鷹方式」と呼ばれる行政主導の育成策であった。市町村が委嘱した体育指導委員（現・スポーツ推進委員）を中心に市民を対象としたスポーツ教室を開催し，その参加者たちを核として教室修了後にクラブを結成するという「教室からクラブへ」方式は，大きな成果をあげ，全国各地に多くのクラブが短期間のうちに誕生していった。しかしながら，わが国の地域スポーツクラブは学校運動部をモデルとしていたためいずれも小規模で，クラブ数のわりにクラブ加入率は低いという問題を抱えている。

他方で，前述の施設拡充整備については，社会体育施設整備費の低迷，自治

事（第5条），国民体育大会（第6条），スポーツ行事の実施及び奨励（第7条），指導者の充実（第11条），施設の整備（第12条），学校施設の利用（第13条），科学的研究の促進（第17条）などをあげ，幅広い政策展開を可能とした。また，地方公共団体が行う施設整備等の条件整備に対する国の財政的補助についても明記された（第20条）。

▷6　西ドイツのゴールデンプランは，1961〜75年に実施されたスポーツ施設整備15か年計画である。西ドイツでは，チャンピオンスポーツ「第一の道」に対して国民スポーツを「第二の道」と位置づけ，戦後復興の重要政策としてみんなのスポーツ（sport for all）の振興に，国家をあげて取り組んだ。この計画期間に，スポーツ施設の整備費1兆1000億円（国家予算）を投資した（当時の日本のスポーツ予算は年10億円程度）。この計画は100％以上達成され，スポーツクラブ人口の大幅な増加にも多大な貢献をした。

▷7　47答申で策定された整備基準は，自治体の人口規模に応じて施設種別ごとに必要量が示された（例えば，人口1万人未満の場合には，面積1万㎡の運動広場を1か所）。この基準の充足に向けて公共スポーツ施設を自治体単位で整備するため，国の社会体育施設整備費（補助金）も毎年増額されていった。しかしながら，1982年の120億円をピークに，その後は減少の一途を辿ることになる。

▷8　日本スポーツクラブ協会の調べによれば，わが国の地域スポーツクラブ数は1989年に約35万，5年後

161

第Ⅲ部 地域における社会教育

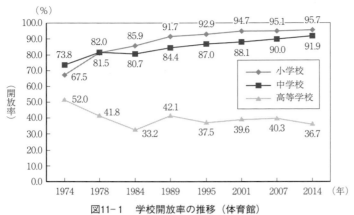

図11-1 学校開放率の推移（体育館）
出所：文部科学省／スポーツ庁「体育・スポーツ施設現況調査」より。

体財政の逼迫等の悪条件が重なり，47答申の整備基準を充足できないまま量的不足の状態は未だ改善されていない。「クラブはあるが場所（施設）がない」が地域スポーツ振興の問題となる。そこで国は，「学校体育施設開放事業の推進について」（1976年）を教育委員会に通達し，学校体育施設開放のいっそうの促進を目指して予算措置を充実させるとともに，学校開放の実施主体および管理責任を教育委員会としたこと，開放時には管理指導員を置くこと，更衣室・夜間照明等の設備充実など積極策を打ち出した。この事務次官通達を契機として，学校体育施設の開放率は図11-1のように増加し，今ではほとんどの小・中学校で体育施設を地域住民に開放するようになっている。しかし他方で，事業運営上の問題点を抱えており，そのため学校開放の利用者数は2割程度で低迷したままである。こうした，問題点を解決し，学校施設の有効利用により施設不足を解消するためには，学校開放の管理運営を含め，地域のスポーツ振興を一体的に担う住民のスポーツ組織（住民のために各種スポーツ事業を営む住民による組織）を確立することが急務となっている。

の1994年には約37万であり，フランスの約15万，ドイツの約7万クラブに比べて非常に多くなっている。他方で，1989年のクラブ加入者は約1000万人であり，クラブ加入率15～16％という値は，ヨーロッパ諸国の半分程度にとどまっている。
▷9 学校開放をめぐる問題点には，(1)定期的開放率の減少，(2)限定的施設（体育館と運動場）だけの開放，(3)一部住民（クラブ・団体登録者）の独占的利用，(4)場の開放のみで独自事業が低調，(5)校区に限定しない開放，(6)行政主導の運営等々がある。

▷10 地域スポーツクラブ連合組織には，(1)クラブ活動に必要な諸資源（施設用具・指導者・クラブメンバーなど）を共有しあうことで単位クラブの安定的な運営を図ること，(2)クラブ間の相互交流（競技会の自主運営，対抗戦・交流会・合同練習，各種イベントや情報交換会など），(3)地域の諸活動への貢献（スポーツの広報活動，行政の諸事業への協力など）への取り組みが期待された。

2 21世紀のスポーツ政策——基本計画の策定

1976年，文部省体育局から出された「日常生活におけるスポーツの推進に関する調査研究協力者会議のまとめ」では，地域スポーツクラブを地域スポーツ振興の中核としてそのコミュニティ形成機能を強調し，(1)クラブの育成，(2)クラブ活動の充実・活発化とともに，(3)クラブ相互の連携を提言した。とくに，種目別・年齢別・性別などに分化し地域社会に孤立的に散在している多数のクラブを生活圏単位で連合し，クラブ間の協働化を推進しようとしたことは画期的であり有意義であった。なぜならば，クラブの連合化によって前述した住民スポーツ組織確立の可能性が開けたからである。この提言から約10年後，国の施策として登場するのが1987年から始まる「地域スポーツクラブ連合育成事業」である。本事業は，地域ごとにスポーツクラブを有機的に連合化させることにより，スポーツクラブの質的転換（私的集団から相互扶助組織へ）を図ろうとするものであった。しかし，1994年までの8年間に全国44市町でクラブ連合が結成されたものの，連合組織としての活動は施設の利用調整等の事務業務に終始し，住民スポーツ組織への発展を遂げることはなかった。

第11章　地域スポーツの推進と生涯学習

さて，21世紀に入るとわが国のスポーツ政策は大きな変動期を迎えることになる。1998年に成立した「スポーツ振興投票の実施等に関する法律（スポーツ振興投票制度：toto）[11]」によりスポーツ振興に必要な資金的裏付けを得たことで，わが国初のスポーツマスタープラン「スポーツ振興基本計画」（文部省）が2000年に公示された。本計画は，従来のスポーツ政策とは一線を画する次のような特徴を有していた。第一に，スポーツを世界共通の文化として捉え，「する」だけでなく「みる」「支える」という多様なスポーツとのかかわりを含めて一体的に振興することを目指したこと，第二に，生涯スポーツ社会の実現に向けた地域におけるスポーツ環境の整備充実方策が基本計画の筆頭項目に掲げられたこと，第三に，計画の達成状況の検証が事後に適切に行えるよう成果の数値目標を明示したことである。生涯スポーツ政策の分野では，成人の週1回以上のスポーツ実施率を50％とすること（1997年時点で34.7％）を政策目標とし，この目標実現のため総合型地域スポーツクラブの全国展開を最重要施策に位置づけ，2010年までに，全国の各市区町村において少なくとも一つは総合型地域スポーツクラブを育成すること，また同年までに各都道府県において少なくとも一つは広域スポーツセンター[12]を育成することを到達目標とした（総合型地域スポーツクラブについては本章第4節を参照）。その後，2012年「スポーツ基本計画」，2017年「第2期スポーツ基本計画」と基本計画の改定がなされるが，地域スポーツ政策分野において，総合型地域スポーツクラブの育成が主要政策であることに変わりはない。

3　地域スポーツ振興の理念・目的

文部科学省は2010年，スポーツ立国戦略を公示し，このなかで「スポーツを通じて幸福で豊かな生活を実現することは，すべての人々に保障されるべき権利の一つである」と，わが国では初めて，スポーツの権利宣言をした。また翌年の2011年，スポーツ振興法制定後50年を経て全面改訂されたスポーツ基本法の前文には，「スポーツは，……今日，国民が生涯にわたり心身ともに健康で文化的な生活を営む上で不可欠のものとなっている。スポーツを通じて幸福で豊かな生活を営むことは，全ての人々の権利であり，全ての国民がその自発性の下に，各々の関心，適性等に応じて，安全かつ公正な環境の下で日常的にスポーツに親しみ，スポーツを楽しみ，又はスポーツを支える活動に参画することのできる機会が確保されなければならない」と，"権利としてのスポーツ"の法理念を明確に示した。

今日，人々がスポーツに親しむ場は，学校，地域社会，職場，家庭，民間スポーツ企業（フィットネスクラブやボウリング場など）など多岐にわたっている。しかしそのなかでも，地域社会は異質で多様な人々が生活をともにする万人に

▷11　スポーツ振興投票制度は，スポーツの振興のために必要な資金を得るためにスタートした制度（サッカーくじ）である。2014年度の売上額は1108億円であり，スポーツ振興事業への助成金は約200億円であった。助成金配分の基本方針は，広く国民が，スポーツに参画することができる環境を整備するために策定されたスポーツ基本計画の内容に十分配慮することとされており，2002年度以降の助成実績によれば，助成総額の6割強が生涯スポーツの環境整備に充てられている。

▷12　個々の総合型地域スポーツクラブが，地域住民のニーズを踏まえて創設され，継続的かつ安定的に運営されるためには数々の課題があり，個々のクラブだけでは解決できない課題も少なくない。広域スポーツセンターとは，こうした総合型地域スポーツクラブの創設や運営・活動とともに，スポーツ活動全般（例えば，広域圏におけるスポーツ情報の整備・提供，スポーツ交流大会の開催，スポーツ医・科学面からの支援など）について，効率的に支援することを任務とする組織・機関である。

163

▷13 「新しい公共」とは，スポーツ立国戦略（2010年）以降，地域スポーツの推進理念とされてきた考え方である。「新しい公共」が作り出すのは，身近な生活問題をそこに住む人たちが"わたしたちの問題（公共的問題）"として受けとめ，各自が自発的に判断し，互いの力をもち寄り，協働して解決することで絆を深め活気に溢れる社会である。

▷14 公共スポーツ施設数は，社会体育施設と公立社会教育施設等に付帯するスポーツ施設の合計値である。

▷15 スポーツ基本法（2011年）には，「国立学校及び公立学校の設置者は，その設置する学校の教育に支障のない限り，当該学校のスポーツ施設を一般のスポーツのための利用に供するよう努めなければならない」（第13条）という条文がある。このほかにも関連する根拠法令として，学校教育法第139条（学校施設の社会教育等への利用），社会教育法第44条（学校施設の利用）などがある。

開かれた場である。"権利としてのスポーツ"が他の学習権を含めて本格的に実現された生涯学習・スポーツ社会をつくるためには，この生活圏としての地域社会のなかに，老若男女，障害の有無等々にかかわらず誰にも開かれたスポーツ環境を構築していくことが必要である。

また，地域で展開されるスポーツ活動は，住民一人ひとりの身体活動量の確保，健康の保持増進という側面だけでなく，スポーツのもつ「人と人をつなぐ」機能を活用し，スポーツ活動を通じて人的交流の拡大・深化を図り，人と人・集団と集団・組織と組織の間の相互扶助関係（パートナーシップ）を形成するよう推進されることが必要である。さらに，そうしたスポーツでつながる地域の絆が，スポーツの枠を超えてさまざまな地域生活課題を解決する住民自治組織に成長し，「新しい公共」を担うコミュニティの拠点として充実・発展していくことが期待されている。

3　地域スポーツの施設と人材

１　公共スポーツ施設の整備状況

地域スポーツの推進において，スポーツ施設の整備は活動の場と機会を直接的に支える条件として重要な役割を果たしている。2015（平成27）年現在，わが国における体育・スポーツ施設の設置数は19万1356か所で，このうち学校体育・スポーツ施設は11万6029か所（60.6％），大学（短大を含む）・高等専門学校の体育施設は7621か所（4.0％）となっており，全体の約3分の2を学校体育施設が占めている。一方，公共スポーツ施設は5万2719か所（27.6％）と体育・スポーツ施設全体の3割にも満たない。さらに，民間スポーツ施設は1万4987か所（7.8％）となっている（図11-2）（スポーツ庁，2017）。

２　コミュニティ・スポーツの拠点としての学校

体育・スポーツ施設の約3分の2を占める学校体育施設は，コミュニティ・スポーツの拠点としても重要な役割を果たしている。学校体育施設は児童生徒の専有物ではなく，学校教育に支障のない範囲で一般に開放するよう努めねばならないことが法令によって定められている。

コミュニティ・スポーツの拠点としての学校にはさまざまな期待が寄せられている（清水，2004a）。まず，スポーツ活動のための物理的な場としての役割である。わが国の学校体

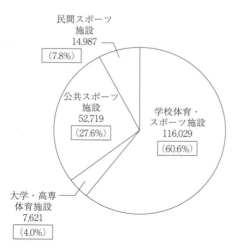

図11-2　わが国における体育・スポーツ施設設置数（2015年）
出所：スポーツ庁（2017）。

育施設は国際的に見ても質・量ともに充実した整備状況にあり，財政事情から飛躍的な増設が見込めない公共施設の補完的機能を担っている。第二に，学校体育施設にはコミュニティにおけるスポーツサービスの発信基地としての役割が期待されている。学校は施設以外にも人材や情報（ノウハウ）といった教育関連資源を有しており，こうした資源に基づく教育機能の開放にも注目が集まる。第三に，学校のコミュニティセンターとしての役割である。学校は地域における社会教育・生涯学習，そして生涯スポーツの場として地域住民が集う拠点（コミュニティセンター）になっていくことが求められている。学校体育施設は地域住民にとって最も身近なスポーツ施設であり，コミュニティ・スポーツの拠点として大きな期待が寄せられている。今後の学校施設整備にあたっては，こうした観点も忘れてはならない。[16]

3 地域スポーツを支える人材

地域スポーツを支える人材は多岐にわたるが，ここでは行政サイドの人材として専門職員としての社会教育主事，非常勤職員としてのスポーツ推進委員を，そして民間の人材として各種の民間団体が資格を付与するスポーツ指導者とボランティアをそれぞれ取り上げる。

① 社会教育主事

地方自治体の教育委員会には，有資格の専門職員として「社会教育主事」が配置されている。その業務は，主として社会教育・生涯学習環境の充実のため，社会教育行事の管理運営から社会教育関係団体に対する指導・助言まで多岐にわたる。このうちスポーツ活動にかかわる者を，「社会教育主事（スポーツ担当）」「派遣社会教育主事（スポーツ担当）」「指導主事（スポーツ担当）」などと呼んでいる。1975（昭和50）年に社会体育領域での活動を促進するため，「派遣社会教育主事（スポーツ担当）」制度（スポーツ主事制度）が定められた。これは都道府県の社会教育主事を市区町村の教育委員会へ派遣する制度であり，費用の半分は国からの補助によって賄われる[17]（笹川スポーツ財団，2017，158ページ）。

② スポーツ推進委員

地域スポーツの現場に近いところで活動する行政サイドの人材（非常勤公務員）として「スポーツ推進委員」がいる。1957（昭和32）年，文部省（現，文部科学省）は前身となる体育指導委員制度を発足させ全国で約2万人を委嘱した。その後，スポーツ振興法（1961年）において市町村教育委員会が任命する非常勤職員としての役割が法的に位置づけられた。1999（平成11）年，同法の一部改正により体育指導委員の必置規定は解かれたが（任命から委嘱に変更），以降も地域スポーツの推進に大きな役割を果たしてきた。そして，スポーツ基本法において体育指導委員は「スポーツ推進委員」に名称変更され，これまで

▷16　今後，学校体育施設については，「これまでの単に地域住民へ場を提供するという『開放型』から，学校と地域社会の『共同利用型』へと移行し，地域住民の立場に立った積極的な利用の促進を図ることが必要」と言われている（保健体育審議会答申「生涯にわたる心身の健康の保持増進のための今後の健康に関する教育及びスポーツの振興の在り方について」1997年）。

▷17　1997（平成9）年度で国からの補助は打ち切られたが，その後も総合型地域スポーツクラブの創設・育成支援などのため，都道府県や市区町村の自主財源によってスポーツ主事制度を継続してきたケースもある。

第Ⅲ部　地域における社会教育

▷18　「公益財団法人日本体育協会（Japan Sports Association）」は2018年4月に「公益財団法人日本スポーツ協会（Japan Sport Association）」に名称変更された。また，主要事業である「国民体育大会」の名称については，同大会の名称が「スポーツ基本法」にも規定されていることから，同法の改正に準じて対応することになる（同協会ホームページ「お知らせ」参照）。

▷19　2017年現在の総登録者数は52万6728人。競技別指導者資格の登録者数を見ると，「サッカー」が3万5938人と最も多く，以下「水泳」の1万7375人，「バレーボール」の1万6534人，「ソフトボール」の1万2918人（1万人以上はこの4種目）の順となっている（笹川スポーツ財団，2017，165〜166ページ；日本体育協会，2017）。

の実技指導や助言に加えて，「スポーツの推進のための事業の実施に係わる連絡調整」という新たな役割が明記された。2018年現在，全国で5万469人（男性：3万4808人，女性：1万5661人）のスポーツ推進委員がその任に就いている。市町村合併などの影響から減少傾向にあるとはいえ，地域のスポーツ推進のため，行政，地域住民，スポーツ団体，総合型地域スポーツクラブなどを結ぶコーディネーターとして，さらなる活躍が期待されている（笹川スポーツ財団，2017，158〜159ページ）。

③　民間スポーツ指導者

スポーツ指導者の資格制度は，スポーツの強化・普及に向けて指導者に必要な知識や技術を習得させ，その水準を高めようとする取り組みである。ここでは，わが国における民間スポーツ指導者の代表的な資格について概観する。

日本スポーツ協会（旧日本体育協会[18]）では，2017（平成29）年現在，5分類16種類の資格認定を行っている。「競技別指導者資格」は個々の競技を指導するための資格であり，中央競技団体の協力のもと，指導対象の年齢や技能レベルなどに対応した6種類の資格があり，50を超える競技で指導者が養成されている。「フィットネス資格」は地域のスポーツクラブなどで，主に青少年期以降のすべての人を対象としてフィットネスの維持・向上のための指導・助言をする「フィットネストレーナー」，地域スポーツクラブなどで幼・少年期の子どもに遊びを通じた身体づくり，動きづくりの指導を行う「ジュニアスポーツ指導員」の資格などがある。[19]

障がい者スポーツ協会では，多様な障害者のスポーツ活動に対応するため，公認障がい者スポーツ指導者制度を定め，6種類の指導者（初級・中級・上級スポーツ指導員，スポーツコーチ，スポーツ医，スポーツトレーナー）を養成・認定している。

日本レクリエーション協会では，各世代にわたる国民一人ひとりの心身の健康と余暇生活の向上，レクリエーション活動の普及，推進を目指し，日本レクリエーション協会指導者養成制度を定めている。この制度では，基礎資格として「レクリエーション・インストラクター」と「スポーツ・レクリエーション指導者」，専門資格として「レクリエーション・コーディネーター」と「福祉レクリエーション・ワーカー」という四つの資格養成を行っている（日本レクリエーション協会ホームページより）。

④　スポーツボランティア

地域におけるスポーツボランティアとは，「地域におけるスポーツクラブやスポーツ団体において，報酬を目的としないで，クラブ・団体の運営や指導活動を日常的にささえたり，地域スポーツ大会などにおいて，専門能力や時間などを進んで提供し，大会の運営をささえる人のこと」（文部省，2000を一部修正）

第11章 地域スポーツの推進と生涯学習

をいう。◁20 地域のスポーツ活動現場は，こうしたスポーツボランティアによって支えられていることが多い。文部科学省の調査（2015）によると，先に見た日本スポーツ協会の公認スポーツ指導者（指導員・ジュニアスポーツ指導員）や日本障がい者スポーツ協会の中級障がい者スポーツ指導員のうち，過去１年間に「ボランティアとしてのみ」活動しているボランティア指導者は過半数（52.8％）にのぼることが明らかになっている。◁21

4 地域スポーツの推進団体

1 地域スポーツの行政組織

地域において従来の教育行政の枠におさまらない多様なスポーツ活動が展開されるようになると，スポーツ行政については首長のもとで一元的に所管し，総合性を担保することの必要性が指摘されるようになった（中央教育審議会，2005ほか）。こうした動向を背景として，2007（平成19）年度に「地方教育行政の組織及び運営に関する法律」が一部改正された。この法改正によって，これまで教育委員会が所管してきたスポーツ行政事務は自治体の裁量によって首長部局へと移管できるようになり，スポーツ行政は教育のみならず，健康，産業，観光といった政策・施策とこれまで以上に連携しながら推進されるようになっている。笹川スポーツ財団が2016（平成28）年に実施した調査によると，地方自治体におけるスポーツの担当部署は，都道府県では「教育委員会」が55.3％，「首長部局」が44.7％であった。また市区町村では「教育委員会」が84.3％，「首長部局」は15.2％であった。また人口規模別にみると，規模の大きい自治体ほど「首長部局」の割合が高い傾向にある（図11-3）。スポーツに関する事務については，都道府県や規模が大きい市・区を中心として教育委員会から首長部局への移管が進んでいると言えよう。

2 民間の営利・非営利スポーツ組織・団体

① スポーツ協会・競技団体

日本スポーツ協会は，加盟団体（中央競技団体，都道府県協会，関係スポーツ団体）と連携し，国民体育大会・日本スポーツマスターズの開催，スポーツ指導者の養成，スポーツ少年団・総合型地域スポーツクラブの育成，国際交流，スポーツ医・科学研究などに取り組んでいる。スポーツ協会は都道府県，市町村レベルでも組織化さ

▷20 このほか『「スポーツ」という文化の発展のために金銭的報酬を期待することなく，自ら進んでスポーツ活動を支援する人のこと』（日本スポーツボランティア学会編，2008）という定義もある。

▷21 ここから，地域のスポーツ現場は，報酬を目的としないで活動するボランティア指導者によってささえられている実態，さらには資格や指導経験などに応じて，本来は対価が支払われるべき指導者がボランティアで活動せざるをえない状況があることも推察される（笹川スポーツ財団，2017，174～175ページ）。

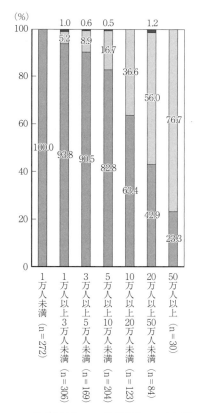

図11-3 スポーツ担当部署（市区町村・人口規模別）
出所：笹川スポーツ財団（2016）。

167

第Ⅲ部　地域における社会教育

れており，それぞれが当該地域におけるスポーツの強化・普及を推進している。一方，競技団体とは特定のスポーツ競技種目を統轄する団体（サッカー協会，水泳連盟など）であり，これもスポーツ協会と同じく，中央—都道府県—市町村の各レベルで組織化されている。地域の競技団体は当該地域における大会あるいは各種教室・イベントなどを主催・運営し，スポーツを通しての相互理解や交流を目的としている。実際には地域のスポーツ協会と競技団体が連携協力しながらスポーツ事業を展開しているケースも見られるほか，それぞれが地域のスポーツクラブ（総合型地域スポーツクラブ，スポーツ少年団ほか）と密接な関係をもっている。

② 青少年スポーツ団体（スポーツ少年団）

　スポーツ少年団は，1964（昭和39）年の東京オリンピック競技大会に先立ち，「オリンピック青少年運動」の一環として，1962（昭和37）年に「スポーツによる青少年の健全育成」を目的として創設された。スポーツ少年団は，子どもを対象とした組織的なスポーツの先駆けとして，現在も「一人でも多くの青少年にスポーツの歓びを提供する」「スポーツを通して青少年のこころとからだを育てる」「スポーツで人々をつなぎ，地域づくりに貢献する」を理念として活動している。[22]

③ 総合型地域スポーツクラブ

　2000（平成12）年に公示されたスポーツ振興基本計画では，生涯スポーツ社会を実現するため，人々が日常的にスポーツを行う場として期待される総合型地域スポーツクラブ（以下「総合型クラブ」）の全国展開が最重点施策とされた。この計画において総合型クラブとは，地域住民が主体的に運営するスポーツクラブの形態であり，身近な日常生活圏である中学校区程度の地域において，学校体育施設や公共スポーツ施設を拠点とし，地域住民の誰もが参加できるクラブである。またこのクラブは，(1)複数の種目が用意されている，(2)「子どもから高齢者まで」「初心者からトップレベルの競技者まで」といったように多様な年齢，興味・関心，技能レベルに応じていつまでも活動できる，(3)活動拠点となる施設およびクラブハウスがあり，定期的・継続的なスポーツ活動を行うことができる，(4)質の高い指導者が配置され，ニーズに応じた指導がなされる，(5)地域住民が主体的に運営するといった特徴を有している。[23]こうした性格と特徴をもつ総合型クラブの育成には，住民のスポーツ参加を促進することとともに，子どものスポーツ活動の受け皿，地域の連帯意識の高揚，世代間交流等の地域社会の活性化や地域教育力の再生等の効果が期待されている。2017年現在，全国で3580クラブ（創設準備中を含む）があり，総合型クラブが少なくとも一つある基礎自治体の割合を示す育成率は，80.9％となっている。

▷22　2017年度現在の登録団数は3万2170団，団員数は69万4173人，指導者数は19万2966人という。わが国で最大の青少年スポーツ団体となっている。日本スポーツ協会ホームページより。

▷23　これまでわが国において地域スポーツクラブの大多数を占めてきた単一種目・単一目標・同一世代・同質的な技能レベルの愛好者によってつくられた小規模なスポーツ集団（チーム）としてのクラブではなく，異質な地域住民が互いの欲求を満たすだけではなく，地域住民の共通する生活諸課題の解決に向けて連帯し，各種の事業を主体的に運営するスポーツ組織である。

168

第11章　地域スポーツの推進と生涯学習

④　スポーツNPO

　NPO（Non-Profit Organization：非営利組織）は，さまざまな社会貢献活動を行いかつ構成員に対する収益の分配を目的としない団体の総称であり，このうち特定非営利活動促進法（1998年）に基づき法人格を取得した団体を，とくに「特定非営利活動法人（NPO法人）」という。特定非営利活動とは，不特定かつ多数のものの利益の増進に寄与することを目的とする特定の活動のことを意味し，ここから公益性の高い活動であることがわかる。スポーツNPOはスポーツに関連する事業を行う非営利組織のことをいうが，実際に法人格を取得しているスポーツNPOの多くは，総合型クラブであることが多い（作野，2017[24]）。

⑤　商業スポーツ施設

　運動やスポーツ活動は，主として社会教育・生涯学習あるいは生涯スポーツといった行政プログラムの一環として行われてきたが，1960年代後半から，水泳プログラムを商品とした民間スイミングクラブが全国各地につくられるようになった。近年では，少子高齢化を背景として，対象が子どもから成人へと広がりを見せるとともに，内容も泳法指導のみならず，プールを利用した多様な水中プログラムが提供されるようになっている。さらに人々の健康志向の高まりとともに，ジムやスタジオを利用したダンスやエクササイズなど，成人のニーズを捉えた複合的施設へと変化してきた。その一方で，成人をターゲットとした複合的スポーツ施設を展開する新規企業が参入し，プール，ジム，スタジオを兼ね備えた施設が一気に増加し，ボウリング場やゴルフ練習場などの施設に代わって，フィットネスクラブが商業スポーツ施設の代表的なものに成長していった（浪越，2017）。

③　地域スポーツをめぐるガバナンス

　教育の文脈で「ガバナンス」という言葉が用いられる場合，それはスクール・ガバナンス（学校ガバナンス，チーム学校論）に代表されるように協治（共治）あるいは協働統治（多様なアクターの有機的ネットワーク）を意味することが多い[25]。ここまで見てきたように，地域にはさまざまなスポーツ組織や団体が存在する。それらは，それぞれの目的を掲げて独自に活動しているが，昨今の複雑化・多様化する地域課題あるいは地域スポーツの問題を前にした時，有機的なネットワークに基づく協治や協働はわれわれに問題解決の糸口を示してくれる。例えば，総合型クラブが学校をはじめとして地域の多様なアクターを巻き込みながら活動の幅を広げていくようなケースは，ここでいうガバナンスの好例と言えるだろう。

▷24　2013年の文部科学省の調査によると，法人格を取得している総合型クラブは全体の17.7％にとどまり，法人格をもたないクラブの今後の取得意向については，「意向なし」（69.6％）が最も多く，「意向はあるが予定なし」（23.0％），「予定あり」（7.5％）と続く。このように，法人格を取得しているクラブはまだまだ広がりを見せておらず，また今後の取得意向もけっして高いとは言えない（作野，2014）。

▷25　スクール・ガバナンスとは，文部科学省，教育委員会といった垂直的なガバメントのみに依拠してきた学校の統治構造を，保護者や地域住民，さらには企業，NPOといった多様なステークホルダーによる有機的な連携や協働に転換し，今日の複雑化・多様化する教育問題の解決を図ろうとする概念である（横山，2017）。地域スポーツをめぐるガバナンスを考える際にも，こうしたスクール・ガバナンスの考え方は参考になる。

第Ⅲ部　地域における社会教育

5　体育・スポーツ活動における学社連携

1　運動部活動における地域人材の活用

　学社連携とは，学校教育と社会教育がそれぞれ独自の教育機能を発揮し，相互に足りない部分を補完しながら協力しようとするものである。運動部活動をめぐっては，専門的な技術指導ができる教師の不足，顧問教師の休日出勤，異動にともなう継続的な顧問確保の困難など多くの問題が指摘されているが，地域と学校の連携による運動部活動を考えるにあたっては，地域人材をはじめとする学校外の指導者が部活動の指導にあたる外部指導者制度の導入が最もわかりやすい事例となるであろう。地域人材の活用事例としては，大学と運動部活動の連携協力事例のほか，地域の競技団体から有資格の外部指導者を招き入れているケースなども散見される。また，こうした地域人材の有効活用を目指して，スポーツ指導者バンク（人材登録制度）を設置する自治体も見られる。このほか，最近の動きとして民間事業者に部活指導の支援を要請する自治体も現れている。これらは斬新な試みと言えるが，顧問教師と外部指導者相互のコミュニケーションと連携，管理責任，安全対策，学校間の指導格差など，解決しなければならない問題は数多く残されている^{◁26}。ここまで見たように，地域人材を外部指導者として活用する際には，行政が学校と地域との仲介役となって適切な指導者を供給していることが多いようである。学校の外にあるスポーツ指導のノウハウを学校運動部活動の指導に活かそうとする試みは，開かれた運動部活動の一つの形であり，それは結果として地域あるいは地域スポーツの活性化にも一定の貢献をするものと思われるが，学校教育の一環であるということを保障するための条件については，引き続き慎重に検討する必要がある。

2　地域スポーツクラブと運動部活動

　最近では，総合型クラブと連携する運動部活動も見られるようになっている。このようなケースでは，総合型クラブが運動部活動の脅威でも競争相手でもなく共存し協調しあう関係にあるという認識のもと，子どものスポーツ環境を「地域」というトータルな視点から整えていこうとする基本姿勢を共有している。体育の先生がボランティアで地域のスポーツ指導に出かけ，地域からはボランティア指導者を授業アシスタントとして派遣してもらうといった「学習交換」や，体育授業のなかで地域の人たちが子どもたちと一緒にスポーツを楽しむ「学習結合」が進むと，学校と地域が往還的連携のもと，それぞれのスポーツ資源を有効に活用し，お互いがより豊かな地域社会の創出に向けて協働

▷26　2017年4月，中学校・高等学校等において，校長の監督を受け，部活動の技術指導や大会への引率等を行うことを職務とする「部活動指導員」が制度化された。学校職員である部活動指導員は，部活動の顧問として技術的な指導を行うことができるとともに，担当教師と日常的に指導内容や生徒の様子，事故が発生した場合の対応等について情報交換を行うなど連携を十分に図ることが求められている。このように，運動部活動における地域人材については，新しい動きが見られる。

第11章　地域スポーツの推進と生涯学習

できるのではないかという指摘もある（松田，2007）。こうした学校と地域の往還的連携の実現に向けては，その間をつなぐ組織が必要であり，その組織として期待されているのが総合型クラブである。[27]運動部活動における地域（外部）指導者の協力，地域の人々との交流など，地域のさまざまな人々とのコミュニケーションを基盤とする多様なスポーツシーンの積み重ねが，これからの地域スポーツ環境，ひいては地域そのものの活性化にもつながっていくことが期待される。

▷27　運動部活動と地域スポーツの連携については，清水（2004b）および朝倉（2017）に詳しい。

Exercise

① 国民のスポーツ参加状況（スポーツ実施率やクラブ加入率）の変遷と地域スポーツ政策の歩みを関連づけて調べてみよう。

② 地域スポーツを活性化するためにはどのような条件整備が必要か，考えてみよう。

③ 地域スポーツと学校がどのように連携協力することができるか，考えてみよう。

📖次への一冊

柳沢和雄・清水紀宏・中西純司編著『よくわかるスポーツマネジメント』ミネルヴァ書房，2017年。

　　スポーツマネジメントに関する多様なトピックが簡潔にまとめられており全体像について理解が深まるとともに，地域を含む個別マネジメント領域の実態や諸機能についてもわかりやすく解説している。

日本体育・スポーツ経営学会編『テキスト総合型地域スポーツクラブ［増補版］』大修館書店，2004年。

　　総合型地域スポーツクラブの全容を体系的・理論的に理解し，同時に実践に役立てることを目指したテキスト。ケーススタディも盛り込まれている。

柳沢和雄・向陽スポーツ文化クラブ編『総合型地域スポーツクラブの発展と展望――KSCC30年の軌跡』不昧堂出版，2008年。

　　わが国の総合型地域スポーツクラブの先駆けとなるクラブ（1971年創設）である向陽スポーツ文化クラブを事例に，クラブの形成過程，クラブ固有のマネジメント，クラブの経営成果と経営課題等について，学術的な立場から30年間の軌跡を辿っている。

菊幸一・齋藤健司・真山達志・横山勝彦編著『スポーツ政策論』成文堂，2011年。

　　本書は，日本で最初のスポーツ政策に関する理論的な体系書として編纂されたものである。スポーツにかかわる基本制度や基本政策の現在と歴史，政策過程，政策分野別のトピックスなどをわかりやすく解説したテキスト。

引用・参考文献

朝倉雅史「多様化する運動部活動と地域の関係性」『みんなのスポーツ』39（11），2017
　　年，15～17ページ。

作野誠一「総合型クラブとNPO法人化の意味と課題」『みんなのスポーツ』36（12），
　　2014年，12～14ページ。

作野誠一「地域スポーツとスポーツNPO」柳沢和雄・清水紀宏・中西純司編著『よく
　　わかるスポーツマネジメント』ミネルヴァ書房，2017年，54～55ページ。

笹川スポーツ財団『スポーツ振興に関する全自治体調査 2015』2016年。

笹川スポーツ財団『スポーツ白書2017』2017年。

清水紀宏「総合型地域スポーツクラブと学校開放」日本体育・スポーツ経営学会編『テ
　　キスト総合型地域スポーツクラブ［増補版］』大修館書店，2004年 a，59～67ページ。

清水紀宏「総合型地域スポーツクラブの育成と学校体育の改革」日本体育・スポーツ経
　　営学会編『テキスト総合型地域スポーツクラブ［増補版］』大修館書店，2004年 b，78
　　～90ページ。

清水紀宏「地域のスポーツクラブ育成②」中村敏雄・髙橋健夫・寒川恒夫・友添秀則編
　　『21世紀スポーツ大事典』大修館書店，2015年，60～62ページ。

スポーツ庁「平成27年度体育・スポーツ施設現況調査結果の概要」2017年。

中央教育審議会「今後の地方教育行政の在り方について（答申）」2005年。

浪越一喜「商業スポーツ施設の分類とマネジメント特性」柳沢和雄・清水紀宏・中西純
　　司編著『よくわかるスポーツマネジメント』ミネルヴァ書房，2017年，58～59ページ。

日本スポーツ協会ホームページ「スポーツ少年団」。http://www.japan-sports.or.jp/
　　club/tabid66.html（2018年 9 月24日閲覧）

日本スポーツボランティア学会編『スポーツボランティア・ハンドブック』明和出版，
　　2008年。

日本体育協会『Sports Japan』vol.34（No.324），2017年，88～89ページ。

日本レクリエーション協会ホームページ「レクリエーション公認指導者資格紹介」。
　　https://www.recreation.jp/shikaku/（2018年 9 月24日閲覧）

松田雅彦「学校と地域をつなぐ組織としての総合型地域スポーツクラブ」黒須充編著
　　『総合型地域スポーツクラブの時代 第 1 巻 部活とクラブの協働』創文企画，2007年，
　　27～37ページ。

文部科学省「スポーツにおけるボランティア活性化のための調査研究（スポーツにおけ
　　るボランティア活動を実施する個人に関する調査研究）報告書」2015年。

文部省（スポーツにおけるボランティア活動の実態等に関する調査研究協力者会議）編
　　「スポーツにおけるボランティア活動の実態等に関する調査研究報告書」2000年。

横山剛士「学校体育と学社連携，協働／スクール・ガバナンス」柳沢和雄・清水紀宏・
　　中西純司編著『よくわかるスポーツマネジメント』ミネルヴァ書房，2017年，30～31
　　ページ。

コラム⑪

地域スポーツクラブにおける障害者との共生

　高知県にある「（一社）高知チャレンジドクラブ」では，拠点施設での各種活動以外にも小・中・高等学校等に積極的に出向く「障害者スポーツ体験教室」や，障害者が日常的に体験するのが難しい「バリアフリーダイビング体験教室」など公益的かつ広域的な活動を展開している。本クラブは，県立障害者スポーツセンターに事務局を置き，会員はさることながら，運営スタッフにも障害のある人々が多数参画する総合型地域スポーツクラブ（以下，「総合型クラブ」）として2007年3月に設立された。また，福岡県にある「（特非）しいだコミュニティ倶楽部」では，知的障害者を主な対象とした「軽スポーツ教室」の活動や，障害者スポーツ事業（教室やイベント）を支えるスタッフを養成する「障害者スポーツボランティア講習会」など持続可能性を意識した活動を手掛けている。本クラブは，2012年に大学・障害者スポーツ協会・行政との連携による障害者スポーツ事業の導入を契機に，拠点施設の近くにある障害者福祉施設と定期的な交流を創り出すことができた総合型クラブである。

　わが国の総合型クラブ育成は，子どもから高齢者，障害者などを含めた「みんなのスポーツ」の実現や，国民の誰もが生涯にわたってスポーツ参加が可能な「生涯スポーツ」社会の実現に必要不可欠な施策として進められてきた。笹川スポーツ財団（2013, 85〜131ページ）によれば，障害者が参加する総合型クラブは全国で3〜4割程度である一方，そのような総合型クラブでは，社会福祉協議会，行政などとの連携が活発であるという。つまり，総合型クラブにおける障害者の受け入れ状況は未だ低調であるものの，受け入れている総合型クラブではさまざまな地域組織との連携をむしろ深化させていることがうかがえる。

　筆者が活動を長期観察してきた上記二つの総合型クラブにおいても，⑴「総合型クラブ以外の多様な地域組織との連携」や，⑵「障害者スポーツ事業を通した障害者と健常者との交流」，⑶「障害当事者（主に肢体不自由者）によるクラブ運営参画」などは，活動を通して生まれた共通の変化としてあげることができる。

　地域社会は，子どもから高齢者，障害者などさまざまな人々がともに協力し，豊かな暮らしを育む場である。地域スポーツクラブは，障害者との共生をはじめ，このような多様な人々を紡ぎ，地域社会を形成する場として寄与する可能性を秘めている。

▷1　笹川スポーツ財団『健常者と障害者のスポーツ・レクリエーション活動連携推進事業（地域における障害者のスポーツ・レクリエーション活動に関する調査研究）報告書』文部科学省委託調査，2013年。

第12章
地域で生きる障害者

〈この章のポイント〉

　本章では，障害者福祉の基本理念であるノーマライゼーションと障害概念の変遷を手がかりに，障害当事者の社会的運動の視点から「学ぶ権利主体である地域住民」としての障害者支援のあり方について解説をする。具体的には，障害者の自立生活運動（IL 運動）と自立生活センター（CIL）が提起した障害者の「新しい自立観」を明示し，2006（平成18）年国連で採択された「障害者の権利条約」と日本における障害者の「合理的配慮」と「障害理解の視点」を解説する。

1　障害者福祉の基本理念としてのノーマライゼーション

1　ノーマライゼーションの理念とその後の影響

　「ノーマライゼーション（normalization）理念」の起源は，デンマークの「知的障害者福祉法」（1959年）である。この法律は，知的障害者の生活の場は，「施設から地域へ」と考えたバンク＝ミケルセン（N. E. Bank-Mikkelsen）の尽力によって誕生した。その基本理念は，障害者をノーマル（normal）にするのではなく，コミュニティ（地域社会）を変革して障害者がノーマル（ごく当たり前）に暮らせる生活環境の条件整備をするべきという視点に貫かれている。これこそが，ノーマライゼーション理念の真髄なのである。

　その後，国連・国際障害者年（1981年）に掲げられた「完全参加と平等」というメイン・テーマの背景には，このノーマライゼーション理念の存在がある。国際障害者年は日本においても，障害者（＝身体障害・知的障害が対象。その当時の精神障害者は，1993年の障害者基本法まで，福祉の対象者ではなく精神病患者として医療の対象とみなされていたため）に対する社会的理解と障害当事者の意志・決意・意見表明の場への参画促進が目指された。

　同時に，地域社会における基本的人権に基づく人間の「平等とは何か」についてグローバルな視座からの意識改革が世界各地で取り組まれたのであった。

　この国際障害者年の取り組みの背景にあるノーマライゼーションの理念の存在なくしては，障害者のみならず，さまざまな社会・文化・人種の違いという多様性を受容する社会基盤の形成はできなかったのである。

▷1　バンク＝ミケルセンが「ノーマライゼーション」について語った言葉として次のものがある。「障害がある人たちに，障害のない人びとと同じ生活条件をつくりだすことを『ノーマリゼーション』といいます。『ノーマライズ』というのは，障害がある人を『ノーマルにする』ことではありません。彼らの生活の条件をノーマルにすることです。このことは，とくに正しく理解されねばなりません。ノーマルな生活条件とは，その国の人びとが生活している通常の生活条件ということです」（花村訳，1998，167ページ）。

175

そして、この考え方は、障害者に限らず高齢者・社会的養護が必要な児童、被虐待者、被災者、社会的排除・差別を受ける人々を含めた生活困窮者を支援する「社会福祉の基本問題の本質」である。つまり、今日では「誰もがともにノーマルに暮らすことのできるコミュニティ」を実現することの重要性を提唱したものとなった。

2 障害概念の転換がもたらしたこと

国際障害者年の前年（1980年）に、WHO（世界保健機関）は障害の概念として「国際障害分類（International Classification of Impairments, Disabilities, Handicaps：ICIDH）」（図12-1）を公表した。これは、障害者の障害の構造的理解を可能とした。

この ICIDH の考え方は、「疾病（変調）」による「機能障害（インペアメント）」が「能力障害（ディスアビリティ）」と、それに引き続く「社会的不利（ハンディキャップ）」を生み出すという理解の視点であった。つまり、何らかの機能障害には、それを起因として「今まで自然にできていたことができなくなる状態（＝能力障害）」が発生し、その結果としてこれらの障害に対する「偏見による差別的対応（＝社会的不利）」を受けることが明示された。この ICIDH という障害構造モデルは、それまでの混沌とした障害についてその内容と関係についての理解を促進する役割を果たした。

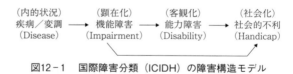

図12-1　国際障害分類（ICIDH）の障害構造モデル
出所：佐藤（1992, 50ページ）をもとに作成。

しかし、この ICIDH は、障害当事者を含めた関係者から、障害者自身の自助努力（リハビリテーションへの頑張り）のみが評価され、社会文化的な視点が軽視されている点がきわめて問題であるとさまざまな批判的意見が出された。WHO は、それらの意見を踏まえながら、その後（1990年代以降から）「国際障害分類」モデルの見直し作業を進め、その過程においてさまざまな障害モデル

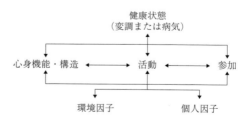

図12-2　国際生活機能分類（ICF）モデル（客観的次元：相互作用モデル）
出所：世界保健機関（2002, 17ページ）をもとに作成。

を検討した。

そして，2001年「国際生活機能分類（International Classification of Functioning, Disability and Health：ICF）」（図12-2）を提示した。このICFモデルは，「心身機能・構造と活動と参加」を「生活機能」として捉え，それぞれが相互に影響し合う関係にあること。そして，障害者の置かれている「環境因子」および「個人因子」と「健康状態」が互いに「生活機能」と相互作用を及ぼす関係にあることを明確に示した。その結果，今ではできない状態や制限を受けている事柄に対する社会的対応や個人的対処の方法や支援のあり方を考えるモデルとなっている。

2　地域で生きる障害当事者による自立生活運動の展開

1　障害の「自立生活運動（IL運動）」の歴史と「新しい自立概念」

アメリカで公民権運動（黒人への人種差別抗議行動等）が叫ばれていた1960年以降，次第に社会が変容する当時，南カリフォルニア大学バークレー校に入学した重度障害者がいた。彼の名はエド・ロバーツである。彼自身，大学に入学はしたものの車いす使用の障害者が自由に移動し学習ができる環境のない状況に置かれた。その後，彼を中心として障害者がともに学べるバリアフリー化を基本とするキャンパス作りの取り組みが始まった。そして1972年，バークレーの地に自立生活センター（Center for Independent Living：CIL）が開設され，彼が初代所長となった。その後，CILの取り組みは，世界各地へと自立生活運動（Independent Living Movement：IL運動）として拡大していった。日本でも，1981年「国連・国際障害者年」を契機として，IL運動の波が押し寄せてきた。具体的には，1980年前後にバークレーの地などで自立生活プログラムの海外研修を受けた日本の障害当事者たちが，八王子市に「ヒューマンケア協会」（1986年）を設立したのが日本におけるCILの起点となった。CILの活動の特徴は，障害当事者がコミュニティで暮らすための生活ニーズを行政側に提言し改善を要求する「運動体」であり，かつ具体的な地域での自立生活実現の支援サービスを提供する「事業体」として二つの役割をあわせもつ障害当事者の活動拠点なのである。

さらに，CILは「障害者の自立概念」について，従来の「日常生活動作（Activities of Daily Living：ADL）の自立」の転換をもたらした。つまり，「身辺（ADLの）自立」を重視する自立の概念に疑問を投げかけた。例えば，身体障害者，とくに肢体不自由者にとって，自立生活の第1条件が「身辺自立」では無理がある。つまり，衣服の着替え，食事，排泄，入浴，移動の介助など，他

▷2　エド・ロバーツ（E. V. Roberts, 1939～95）
13歳の時にポリオに感染し四肢麻痺と呼吸器障害の重度障害者で，自立生活運動（IL運動）の中心的人物である。

第Ⅲ部　地域における社会教育

者の支援がなくては「身辺自立」がままならない障害者は，その段階で自立不可能な存在とみなされてしまう。そうなると，彼らにとって「自立生活」の実現は，「夢物語・儚い希望」の域を出ることがないことになる。ここで，障害者の自立をめぐる有名な言葉がある。「自分ひとりでの着替えに2時間もかけてくたくたになって疲れ果て，その結果，外出することもままならない状態でいるよりも，誰かに着替えを15分でも手伝ってもらって，街のなかに出かけること。そして，自分の意志を他者に表明することのほうが，はるかに人間として自立した生き方である」というものだ。このCILの障害当事者たちから発信された「新しい自立観」が地域で暮らす障害者に対する従来の考え方に画期的な転換をもたらした。つまり「他者にADLは依存しながらも自己決定に自立の価値を置く」ことが「障害者の自立の姿」である。この「新しい自立観」の提示は，障害者の自立の概念にとってコペルニクス的転回[3]と呼べるものであった。

▷3　コペルニクス的転回
コペルニクスによる天文学説の転換（天動説から地動説へ）にたとえて，従来からの発想法（視点）を根本的に変えることによって物事の新しい局面・視点が切り開かれることを意味する。

2　日本の障害者の実態——数と年齢階層別から見えること

　障害者の全体状況について，内閣府の『平成30年版　障害者白書』によれば，障害3区分（身体障害・知的障害・精神障害）による厚生労働省の調査統計数値（推計値）が表12-1のように掲載されている。

　この調査結果を見ると，障害者の地域と入所を合わせた総数（概算）は，約937万人となる。そして，各障害種別割合（概算）は，身体障害（45.5％），知的障害（11.6％），精神障害（41.9％）となる。つまり，人口1000人あたりに換算するならば，身体障害者は34人，知的障害者は9人，精神障害者は31人となる。つまり，国民の約14人に1人（7.4％）が何らかの障害者である。この現実について障害者福祉の実情を知る人以外，多くの日本人は障害当事者になるまでこの事実を意識していないのではないだろうか。

　ここで，「年齢階層別障害者数の推移」（内閣府，2018，239ページ）によれば，身体障害者（在宅）の場合は，経年的に65歳以上の加齢による割合が1970（昭和45）年には30％程度が2016（平成28）年は72.6％まで増加している。このこ

表12-1　日本の障害者数（推計）

障害種別	人数（万単位）	在宅者数	施設入所者数
身体障害者	436.0万人	428.7万人	7.3万人
知的障害者	108.2万人	96.2万人	12.0万人
		外来患者数	入院患者数
精神障害者	392.4万人	361.1万人	31.3万人
障害者総数	936.6万人	809.7万人	49.0万人

注：重複障害もあり単純に合計が障害者の総数とはならない。また，障害児も含む。
出所：内閣府（2018，237ページ）をもとに作成。

とは，日本社会の高齢化問題の影響を著しく反映した結果でもある。つまり，人は誰もが高齢者になれば必然的に身体機能が衰え，何らかの身体障害者になるという現実を読み取ることができる。しかし，知的障害者数の推移については，2005（平成17）年の１万5000人（3.7%）から2016（平成28）年の14万9000人（15.5%）の増加がある（内閣府，2018，239ページ）。その要因は，知的障害者の場合は，幼少期から知的な発達の遅れなどで障害の有無の判定ができるため，人口の高齢化の影響というより，知的障害に対する社会的認知度の高まりによる「療育手帳」取得増加の反映と考えられる。

　精神障害者に関しては，統合失調症やうつ病までを含めて青年期から壮年期までに精神疾患の発病が確認されるため「年齢階層別精神障害者」（内閣府，2018，240ページ）の割合には変化がほとんど見られない。しかし，「患者調査」（2014（平成26）年）とそれ以前との比較によれば，日本の人口の高齢化率[4]（27.7%）の反映として精神障害者数の高齢化割合は，それなりに高まる傾向にあることを読み取ることができる。なお，その一要因として今後は，精神疾患の患者数の推移を見るなかで，認知症患者（脳血管性およびアルツハイマー型）の割合が高齢化にともない，従来の統合失調症や気分感情（躁うつ病を含めた）障害の割合よりも顕著に増加することが確認されている（厚生労働統計協会編，2017，137ページ）。

▷4　総務省統計局：統計トピックス No.103（2017（平成29）年９月17日版）。

3　「障害者の権利に関する条約」の意義とその影響

［1］　「障害者の権利に関する条約」が意味するもの

　2006年12月，国連総会において「障害者の権利に関する条約」（障害者の権利条約）が採択された。この障害者権利の条約は，21世紀における障害者福祉分野の方法論および制度政策論の考え方をリードする国際的意義をもつ画期的な権利条約なのである。

　なぜなら，ノーマライゼーションの理念でもある障害者の生活が「ノーマル」であることを実現するために欠くことのできない「合理的配慮（reasonable accommodation）」という概念を第２条のなかに明確に提示したからである。ここで「合理的配慮」とは何かを考えるためにその条文を以下に引用しておこう。

> 「合理的配慮」とは，障害者が他の者との平等を基礎として全ての人権及び基本的自由を享有し，又は行使することを確保するための必要かつ適当な変更及び調整であって，特定の場合において必要とされるものであり，かつ，均衡を失した又は過度の負担を課さないものをいう。
> （日本政府訳）

　つまり「合理的配慮」の核心は，障害に基づく差別を撤廃し，障害者の「全

第Ⅲ部　地域における社会教育

ての人権及び基本的自由」を社会のあらゆる場面において保障し，完全参加を可能にすることで福祉社会の実現を目指すというものである。したがって，この「合理的配慮」という言葉は，これまでのさまざまな人権条約・権利条約には見られない斬新な用語なのである。そこには重要な二つのポイントがある。一つめは「障害にともなう不平等や不利益の改善・解消は，社会の側が行うべきことであるということ」，二つめは，「合理的配慮の問題を『障害者の差別問題』として捉えているということ」である。

　たとえ，意図的ではなくとも「合理的配慮」として対応の変更・調整を行わないことは「障害者差別」に該当するという認識が重要となる。具体的には，目に見える差別だけではなく，障害当事者との関係において「支援が必要なすべきことをしないことは差別」であるという画期的な考え方を提示した。

　したがって，例えば，障害者の移動保障の際に変更・調整可能かどうかの検討もせず，ただ単に人手不足を理由に移動介助の配慮をしないことは，〈過度の負担を理由〉として安易に「合理的配慮」を行わないということになる。つまり，それは，障害者への「合理的排除」であり「障害者差別」なのである。

［2］　障害者基本法の「社会的障壁」が問いかける意味

　障害者基本法は，2011（平成23）年に大幅な改正が行われた。改正内容の中核は第3条に「地域社会における共生等」と第4条に「差別の禁止」が明確に明記されたことである。この改正は，2006年の「障害者の権利条約」（日本の署名は2007（平成19）年）の「批准」に向けたものであった。

　この障害者基本法第2条の2において「社会的障壁」について以下のような定義がなされている。

> （社会的障壁とは）障害がある者にとつて日常生活又は社会生活を営む上で障壁となるような社会における事物，制度，慣行，観念その他一切のものをいう。　　（抜粋）

　つまり，「配慮」とは，相互の対立・葛藤・抵抗を乗り越え友好的な関係を築きながら，障害当事者が，目的（目標）にアクセスするための社会的・人的環境条件整備と障害者の権利実現への援助・支援・助力のあり方を問いかけている。そして「合理的配慮」をもう少し平易な言葉にするならば，このように言い換えることができるだろう。

　「合理的配慮とは，障害者と非障害者（＝健常者）は常に平等であり，あらゆる場面（環境）において，すべての人権と基本的自由を生まれながらに有している（＝享有）ことを基盤とする。そしてその行使と確保のために，必要であり適切（＝合理的）な変更および調整（＝配慮）を行うことが合理的配慮である。しかし，それは，特定の場合（場面や条件で）において，個別の障害の状

況に応じた対応が必要とされるのであり，バランスを欠いた，双方にとって過度な負担を課すものであってはならない」と。

このように考えると先述したノーマライゼーションの理念である，「障害者をノーマルにするのではなく，障害者がノーマルに暮らせるように社会環境の基本設計を変更・調整すること」と「合理的配慮」はほぼ内容的に一致する。ただ，障害者の権利条約の「合理的配慮」の最後にある，「特定の場合において必要とされるものであり，かつ，均衡を失した又は過度の負担を課すものではない」という文言は，一体何を意味するのだろうか。

例えば，合理的配慮の一例としては，大学などで学ぶ障害者に対する，ノートテイクによる学習支援や試験時間の延長などが思い浮かぶかもしれない。

しかし，「均衡を失した又は過度の負担を課すものではない」との判断は，誰が，どのように行うのだろうか。個別の状況に応じた対処であるこの点について，内閣府は「障害を理由とする差別の解消の推進に関する基本方針」のなかで，「過重な負担の基本的な考え方」を以下のように示している。

表12-2　過重な負担の基本的な考え方

過重な負担については，行政機関等及び事業者において，個別の事案ごとに，以下の要素等を考慮し，具体的場面や状況に応じて総合的・客観的に判断することが必要である。行政機関等及び事業者は，過重な負担に当たると判断した場合は，障害者にその理由を説明するものとし，理解を得るよう努めることが望ましい。 ○事務・事業への影響の程度（事務・事業の目的・内容・機能を損なうか否か） ○実現可能性の程度（物理的・技術的制約，人的・体制上の制約） ○費用・負担の程度　○事務・事業規模　○財政・財務状況

出所：内閣府ホームページ。

ここには，まさにインフォームド・コンセント（informed consent）と同様に「十分な説明による理解と合意形成」への努力が求められていることがわかる。

4　インクルーシブな地域社会を拓く日本の障害者福祉施策の展開

1　国際障害者年以降の障害者施策の動向が意味すること
――「障害者基本法」から「障害者差別解消法」までを中心に

インクルージョン（inclusion）は「包括」や「包摂」という意味の英語であるが，この用語が知られるようになったきっかけは，国際障害者年（1981年）以後，1994年のスペインのサラマンカで開催された「特別なニーズ教育に関する世界会議：アクセスと質」において採択された「サラマンカ宣言」からである。この宣言は，従来まで障害児を通常の学校教育から分離した障害児教育のあり方に一石を投じ，分離からの統合（integration）ではなく通常の教育シス

第Ⅲ部　地域における社会教育

テムのなかに障害児を含めたすべての子どもとの「包摂（inclusion）」を基盤として，特別なニーズに応じた教育的対応をすることが目指されたのである（詳細は，本はじめて学ぶ教職シリーズ18巻『特別支援教育』を参照のこと）。

この「障害（児）者」に対する国連と日本の「障害者施策の動向」（図12-3）を見ればわかるように，「国際障害者年」（1981（昭和56）年）と「国連障害者の10年」を経て，戦後に成立した「心身障害者対策基本法」（1970（昭和45）年）の改正により，従来の障害の定義のなかに，先述した身体障害・知的障害に精神障害を加えて3障害を一体とした「障害者基本法」（1993（平成5）年）が成立した。さらに「障害者自立支援法」（2005（平成17）年）が成立，そしてその改正による「障害者総合支援法」（2012（平成24）年）の成立と進み2006年の「障害者の権利条約」の批准に向けた施策として「障害者差別解消法（障害を理由とする差別の解消の推進に関する法律）」が2013（平成25）年に成立し，準備期を経て2016（平成28）年4月から施行された。

この国際障害者年以降，日本の障害者関連の法律制定と施策動向のなかで，2014（平成26）年1月にようやく日本は国連事務局に「障害者の権利条約」批准の手続きをとったのである。しかし，「障害者」の制度施策だけでは，障害に起因する「社会的不利（ハンディキャップ）」は，未だに社会のなかから払拭されていない。

しかし，日本における障害者差別解消法が制定された意義については，「差

▷5　国連障害者の10年
第37回国連総会決議（1982年）の「障害者に関する世界行動計画」をガイドラインとして1983～92年までの10年間，「国際障害者年」のテーマ「完全参加と平等」をより広く深く世界各地に普及させるために取り組まれた国際的な活動のこと。

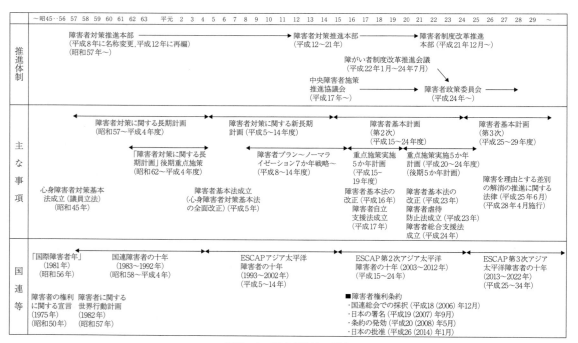

図12-3　障害者施策の動向

出所：厚生労働統計協会（2017，116ページ）。

別の禁止（解消）」をテーマとする「合理的配慮」を社会の隅々にまで行き届かせる法律であるという重要性は認めたい。と同時に「差別の禁止（第4条）」を明示する障害者基本法と連動させ、「誰もが差別・排除されない社会」へと革新していく丁寧な見直し検討作業が必要となったのである。

ここで、改めて障害者に対する「差別／排除」とは何かについて考えてみたい。その手がかりとして、障害者の権利条約（第2条）の「障害に基づく差別」の定義を以下に引用しておきたい。

> 「障害に基づく差別」とは、障害に基づくあらゆる区別、排除又は制限であって、政治的、経済的、社会的、文化的、市民的その他のあらゆる分野において、他の者との平等を基礎として全ての人権及び基本的自由を認識し、享有し、又は行使することを害し、又は妨げる目的又は効果を有するものをいう。障害に基づく差別には、あらゆる形態の差別（合理的配慮の否定を含む。）を含む。　　（日本政府訳）

ここで記されていることを要約すると、障害者差別とは「障害に基づくあらゆる区別、排除又は制限」を意味している。しかも、社会関係のあらゆる場面・分野における基本的人権保障の妨げとなるものが差別であり「合理的配慮を行わないことを含めて、障害者差別である」ということを意味している。

以上のことを「社会的差別行為」と認定するならば、「差別している側（多数派：マジョリティ）」には意識されないが、何らかの属性（性別・人種・国籍・障害・病気・LGBTQ▷6など）により「差別された側（少数派：マイノリティ）」は社会的排除（social exclusion）の対象者となる。この状況においては、「隠蔽された〈排除のカテゴリー化〉」と呼ぶべき現象が生じる傾向がある。

すなわち、「排除されているマイノリティの存在」がカテゴリー化されながら次第に日常化するなかで曖昧かつ不透明な存在となり、その排除されているマイノリティが「存在／いる」にもかかわらず、「不在／いない」かのような感覚（認知されない状況）を生み出す危険性がある。まさに、「障害者を差別する社会」は、ノーマライゼーション理念に反し「声なき声を聴くための視点」や「見えている現象に関心を払わない＝無視・無関心」という行動が社会のなかに蔓延しコミュニティのなかのマイノリティにとっては、その存在がきわめて危うい状況に置かれかねない。

今後の日本社会が「問われていること」は「社会的排除」のない多種多様な価値とその存在を認め合うこと。そして、障害者も含めた多様な人間の共存を可能にする社会のあり方を「社会的包摂（social inclusion）」の基盤としてノーマライゼーション理念の核心を摑み取ることである。

その意味で、私たちは、地域で生きる障害者をはじめマイノリティの存在を意識する感性を研ぎ澄ます必要性がある。ここまで本節で取り上げた「障害者の権利条約」とそれを批准（2014年1月）した日本の社会は、現在、ノーマラ

▷6　レズビアン（女性同性愛者）、ゲイ（男性同性愛者）、バイセクシュアル（両性愛者）、トランスジェンダー（心と体の性が一致しない人）、クエスチョニング（心の性や好きになる性が定まらない人）の頭文字をとった性的マイノリティを表す言葉。

第Ⅲ部　地域における社会教育

イゼーション理念を具体的に再度意識化および可視化し，「社会的包摂」を実現する教育の場での実践力が問われている。

２ 障害者の「障害理解の視点」について
──当事者の「生活のしづらさ」から学ぶこと

　ここでは，障害者がかかえる「生活のしづらさ（生活上の困難さ）」の六つの特徴（結城，2018，107ページに加筆修正）について，【障害理解の視点】として説明をしておきたい。

【障害理解の視点１】障害者には，「疾病」と「障害」が共存する場合がある。
　難病（例えば，ALS 等の特定疾患）患者や内部障害（心臓・腎臓・肝臓・呼吸器・HIV による免疫機能障害等）や精神障害（統合失調症），発達障害等の「疾病」による「能力障害」が「生活のしづらさ」の原因となるため，障害福祉サービスと同時に保健医療支援サービスがなければ地域生活が営めない状態であることが多い。

【障害理解の視点２】各種の障害は，それぞれ独自で個別的特徴を有する。
　ただ単に身体障害といっても，肢体不自由（切断を含む），視覚障害・聴覚障害・言語障害・HIV などでは障害に違いがある。さらに，知的障害も法的な定義はないが，「知的機能の障害が発達期（おおむね18歳まで）にあらわれ，日常生活に支障が生じているため，何らかの特別の援助を必要とする状態にある」とされている。また，軽度（IQ70～51）・中度（50～36）・重度（35～21）・最重度（20以下）と分けることで障害による日常「生活のしづらさ」の程度を推測することが可能である。精神障害の場合には，統合失調症や気分感情障害，アルコール・薬物依存症，さらに発達障害も含めて考えた場合，その精神疾患にともなう個有な「生活のしづらさ」にはさまざまな特徴が顕在化している。

【障害理解の視点３】障害は，生活のさまざまな場面で相互に影響する。
　同じ障害者であっても，生活におけるさまざまな場面（人（＝関係性）・事（＝直面する課題）・時間（＝タイミング））によって相互に作用し影響しあいながら，反応や行動に違いが生じる。この点は，「ICF モデル」が示しているように障害理解には欠かせない。

【障害理解の視点４】障害は，社会環境の影響によって変化する。
　障害者の障害に関する正しい理解が社会のなかで促進されることによって，障害当事者が感じる「生活のしづらさ」に変化が生まれる。従来からの「医学モデル」に準拠した治療やリハビリテーションは，「失われたもの（機能／能力）の回復」を追求する支援であった。しかし，障害による「生きづらさ」が社会環境によって変化するという意味は，障害者にとって「バリアフル（＝障害者に迷惑）な社会環境（＝社会的障壁）」が変化すること。つまり，社会環境を

▷7　難病のうち厚生労働省がとくに定めたもの。原因不明で治療法が確立していないものや，後遺症で社会復帰が困難になったり，病気の進行により慢性化・長期化がともなうことで家族などの経済的・精神的負担が大きくなるため，障害者総合支援法の支援対象となっている。

▷8　human immunodeficiency virus：ヒト免疫不全ウイルスの略。

▷9　2000（平成12）年の「知的障害児（者）基礎調査における定義」より。

バリアフリー化（バリアフリー法[10]）することによって，障害者が生きやすくなる生活環境の重要性を提起する。この考え方は，「社会モデル」と呼ばれる。

【障害理解の視点5】障害それ自体は完全に固定されたものではない。

　従来の「障害」についての考え方は，「（障害とは）完全に固定したもので，変化（進行・変容）しないもの」であるというものであった。しかし，今日では，「国際生活機能分類（ICF）」のように障害それ自体が多様な環境因子や個人的因子の影響を受けつつ生活機能（心身機能・構造／活動／参加）との間で相互作用しながらそれぞれの制約・制限を超えていくという障害の考え方が主流となった。この相互作用によって障害が変化するという視点は，それまでの障害理解（「国際障害分類：ICIDH」）の変換をもたらす視点となった。具体的には，ICFモデルの「個人因子」としての意欲（意志）や性格特性，「環境因子」としての社会・文化・家庭環境によって，障害がもたらしていた「マイナス」（制限・制約）を「プラス」に変換する可能性を「障害当事者」のなかから見出すことができるのである。つまり，障害者は，自分の障害を克服するために日々頑張っているという勝手な健常者が思い描くイメージは，障害者に対する偏見なのではないだろうか。ある障害者が，以前筆者に語った，「頑張る障害者というイメージは，当事者からすると実は迷惑な話なんだよね。健常者は，勝手に感動しているらしいけど。僕らは，感動するための道具じゃないから」という言葉を今も忘れることができない。

【障害理解の視点6】可視化が困難な障害がある。

　障害者のなかでも，周囲から障害者と認識されることが困難なため「合理的配慮」を得ることが難しいという障害がある。例えば，聴覚障害者，内部障害者，精神障害者は，見た目だけでは障害者かどうかの判断は難しい。

　最近，さまざまな障害者の障害や何らかの支援を認識する補助となる標識やシンボルマークが提案されて普及啓発活動が進められている。そのため2012（平成24）年に東京都福祉保健局が「義足・人工関節使用者や内部障害・難病・妊娠初期など外見からは解らなくても，援助や配慮を必要とする人」を認識しやすくするために「ヘルプマーク（赤地に白十字とハートマーク）」を作成したのである。

③　社会教育における学習課題——「学びの居場所作り」として

　最後に，社会教育実践と障害者問題の接点について考えてみたい。今日，「社会人の生涯学習や学び直しの場」として大学院教育も含めて各大学が「リカレント教育[11]」の場として開かれてきている。しかし，さまざまな地域住民同士が，より身近に「学び合う場」「仲間作りのネットワークの場」「地域文化の

▷10　バリアフリー法とは，「高齢者，障害者等の移動等の円滑化の促進に関する法律」（2006（平成18）年）の略称である。

▷11　リカレント教育
本書の序章側注▷5を参照。

伝承の場」となる公民館や生涯学習センターがある。そして，これから教職を目指す人たちにこそ，これらの「障害理解の視点」を手がかりとしながらその「学び」を支援するさまざまな「学びのニーズ」をもつ一人の市民として障害者も「合理的配慮（移動支援・情報保障など）」が必要な学び手として生きていると思ってほしい。そのためにも，「誰もがともに学ぶこと」ができる学びの居場所作りが今後の社会教育の担い手にとって挑戦すべき学習課題であろう。

Exercise

① ノーマライゼーションの理念が，あなたの暮らすコミュニティのなかで実現されていると感じる場面と，実現されていない場面についてその違いの理由について考えてみよう。
② 障害者自身の「自己決定」が困難な場合の「自立支援」には，どのような方法が必要なのか考えてみよう。

📖次への一冊

藤井克徳『私たち抜きに私たちのことを決めないで——障害者権利条約の軌跡と本質』やどかり出版，2014年。
　　国連の「障害者の権利条約」の成立過程と日本政府の対応について，障害当事者である著者による率直な見解と現在の日本の障害者福祉の当事者運動について理解することができる。
安積純子・岡原正幸・尾中文哉・立岩真也『生の技法——家と施設を出て暮らす障害者の社会学第3版』生活書院，2012年。
　　この本は，「障害者の自立生活運動」をめぐる当事者の視点と社会学者の視点がコラボレーションしながら，日本社会の現実をリアルに照射して見せてくれる学ぶことの多い稀有な著作である。
ホーキング青山『考える障害者』新潮新書，2017年。
　　20代でALS（筋萎縮性側索硬化症）という難病にかかった物理学者ホーキング博士（2018年逝去）から名をとった障害者（先天性多発性関節拘縮症）のお笑い芸人が，障害者問題のタブーと本音に挑戦した当事者目線で考えることができる一冊。

引用・参考文献

エヴァンス，S. E.，黒田学・清水貞夫監訳『障害者の安楽死計画とホロコースト——ナチスの忘れられた犯罪』クリエイツかもがわ，2017年。
川島聡・飯野由里子・西倉実季・星加亮司『合理的配慮——対話を開く，対話が拓く』有斐閣，2016年。

厚生労働統計協会編「国民の福祉と介護の動向 2017／2018」「厚生の指標　増刊」64
　(10)，2017年。

佐藤久夫『障害構造論入門——ハンディキャップ克服のために』青木書店，1992年。

シャピロ，J. P.，秋山愛子訳『哀れみはいらない』現代書館，1999年。

杉本章『障害者はどう生きてきたか——戦前・戦後障害者運動史』現代書館，2008年。

スミス，K.，臼井陽一郎監訳，結城俊哉訳者代表『ダウン症をめぐる政治——誰もが排
　除されない社会へ向けて』明石書店，2018年。

世界保健機関（WHO）『ICF　国際生活機能分類——国際障害分類改訂版』障害者福祉
　研究会訳編，中央法規出版，2002年。

内閣府『平成30年度版　障害者白書』2018年。

内閣府ホームページ「障害を理由とする差別の解消の推進に関する基本方針」www8.
　cao.go.jp/shougai/suishin/sabekai/kihonhoushin/honbun.html（2018年 4 月 9 日閲覧）

ニィリエ，B.，ハンソン友子訳『再考・ノーマライゼーションの原理——その広がりと
　現代的意義』現代書館，2008年。

花村春樹訳・著『「ノーマリゼーションの父」N・E・バンク—ミケルセン——その生涯と
　思想［増補改訂版］』ミネルヴァ書房，1998年。

星加良司『障害とは何か——ディスアビリティの社会理論に向けて』生活書院，2007年。

結城俊哉編『共に生きるための障害福祉学入門』大月書店，2018年。

コラム⑫

障害は「不良」なのか？

　今年（2018年）に入り，旧優生保護法下での強制不妊手術の実態が少しずつ明らかにされている。全国で少なくとも1万6500人以上と言われ，その多くが何をされたかわからずに，場合によっては強制的に病院に連れていかれ，幼少期に手術を受けさせられたとのことである。そして多くが結婚や出産をあきらめた。現在7人が裁判を起こしている。これには速やかに謝罪と補償を行うべきである。新憲法下で行われていたことはとても悲しい。スウェーデンやドイツでも同様のことが行われていたが，被害者に対し国は謝罪と補償を行っている。さらに問題なのは強制不妊手術問題と相まって昭和30年代から40年代にかけて，各地で「不幸な子供が生まれない」運動などが展開されていたことだ。当時の善良な福祉界の人たちがこれを率先していた。障害者として生きるということが，とてつもなく厳しい現実という認識があったからである。

　いまや障害者権利条約の時代である。障害があっても社会の仕組みや人々の意識によって，障害があってもそうでない人と平等に生きていけるという認識が深まりつつある。

　しかし今一度，私たちは自分の心のなかで障害がある人を差別していないか問うてみる必要がある。

　ところで今，名古屋城の建て替えが計画中である。現在の名古屋城はエレベーターがあり車イスでも天守閣まで行ける。しかし名古屋市長は昔の当時のままの姿で名古屋城を復元したいとのことから，エレベーターを設置しないことを言明，クレーンなどの新技術で対応するとし，障害者団体と平行線をたどっている。健康で生産性があって社会に貢献できる人が，文化も享受することができると言いたいのではないか，などと勘繰りをいれてしまいたくなる。

　旧優生保護法の中心をなす優生思想は，私たち一人ひとりのなかにはびこっており，たやすくは排除できない性質で始末の悪いものである。個人の内面も社会相互のなかで，自らの心のなかで対話し，向き合っていくことこそが，平等を実現させ，人権を尊重し，他者の立場に立って考えようとする姿勢を可能とさせるのではないか。女性の人権一つをとっても，100年前と現在では全然違う。海外では皮膚の色の違いだけで，住むところや働くところも制限されていた。

　高齢化が進行するなか，「人間の尊厳とは何か」を絶えず自問自答していかなければならない。それは一人ひとりが悔いのない生命をまっとうするためでもある。優生思想を否定しようとする心は，多様性を認め豊かさを求めることだ。

　障害者はけっして旧優生保護法が言うような「不良な子孫」ではない。

第13章
多様性を包摂する社会教育を目指して

〈この章のポイント〉
　本章では，日本の多文化教育を在日外国人の歴史と関連づけながらその特徴を明確にする。日本社会では，実に多様な文化やルーツをもつ人々が生活しており，そういった「差異」を包摂する教育のあり方は，教育現場の重要な課題とされてきた。戦後の在日朝鮮人教育から多文化共生教育の実践について学びながら，「ともに生きる」社会を創り上げていくためにはどういった教育が必要なのか，一緒に考えたい。

1　日本における多文化・多民族社会のありよう

　現在日本では，全人口の約2％を占める外国籍の人々が住んでいる。国際結婚で生まれた子どもなど，外国につながる人たちの存在を含めると，日本には実に多くの「差異」を有する人たちが生活していることがわかる。
　戦後の在日朝鮮人教育から，1980年代の「国際化」施策が積極的に打ち出され，多様性を視野にいれた教育実践が広がり，2000年代以降は多文化共生を掲げた中央省庁による動きも見られるようになった。しかしながら，近年ヘイト・スピーチなど，社会の多様性が見えにくくなり，「差異」の不可視化が進んでいる。本章においては，このような状況のなかで，どのような教育が求められるのかを考える。
　社会教育において多文化共生や多文化教育が課題の一つとして位置づけられたのは，1990年代以降のことである。在日外国人はずっと日本にいたにもかかわらず，多文化教育たるものが発展してくるのは，この時期に新しく日本に入ってきた外国人が増えてきたという背景が影響していた。
　日本には，戦前から生活してきた中国人や朝鮮半島出身の人々がいたが，1952年のサンフランシスコ講和条約発効後に国籍選択権が認められず，「外国人」として定住するようになる。こういった人々を，あとで入ってくる外国人と区別するために，「オールドカマー」と称する。このオールドカマーは，日本の植民地政策によって朝鮮半島の農村が疲弊化し，生計のために日本に渡らざるをえなかった人々や，強制連行で連れてこられた人々である。その子どもたちは，日本で生まれ教育を受けてきたために，日本語といった教育のニーズ

189

第Ⅲ部　地域における社会教育

▷1　在日韓国・朝鮮人というと，多くの人々は，韓国か北朝鮮の国籍を有する人々であると思うであろう。ここにある「朝鮮」とは，北朝鮮をさすものではなく，戦後，外国人登録の国籍欄の表記において，朝鮮半島出身であることを示すために使われたものであり，北朝鮮籍の意味ではないことを断っておく。
なお，2012年に外国人登録制度は廃止され，在留カードが導入，特別永住者は「特別永住者証明書」が交付されるようになった。

▷2　出入国管理法改正
1989年に改正され，翌年から施行となった出入国管理法では，3世までの日系人に「定住者」という就労の制限のない在留資格を新設したことが最も大きい特徴である。この法改正を受けて，日系南米人が急増することになるのである。

▷3　阪神教育闘争（事件）
1948年に兵庫県と大阪府で朝鮮学校の閉鎖に反対して取り組まれた抗議行動のことである。当時，無差別検挙が行われ，大阪府では，警官が発砲したことで金太一という16歳の少年が亡くなる事態にまで至った。

▷4　朝鮮学校が閉鎖されるなかで，東京都の朝鮮学校（15校）は「都立朝鮮人学校」へと移管された。また，神奈川県や愛知県などでは「公立分校」とされたり，自主学校や民族学級が実施されたりしていた。その後，朝鮮学校は，1950年代以降に東京都や兵庫県などで各種学校の認可が出されるようになる。

よりも，戦前からの日本語使用および名前を日本式に直された創氏改名などの同化教育が影を落とし，それが，民族文化や本名実践などの後の在日韓国・朝鮮人教育の実践をもたらす。そこにおいては，韓国・朝鮮人としてのアイデンティティ形成や文化保持が重要な課題と位置づけられていた。

　一方，1970年代以降に新しく労働者や国際結婚をした女性などのかたちで入ってくる外国人が，「ニューカマー」である。1989年の出入国管理法改正以降は，日系ブラジル人を中心に外国人が急増する。ニューカマーの人々は，オールドカマーの問題に加え，日本語や日本文化に対する課題が浮き彫りとなり，そういった差異の「可視化」は，多文化共生や多文化教育の形成に拍車をかける。

　このようなオールドカマーやニューカマーといった外国人だけでなく，1972年の中国と日本の国交正常化によって帰国した中国残留孤児や難民の存在，そして，日本企業の海外進出による帰国子女のことも見落とすことはできないが，本章においては外国人を主な対象とする。

2　在日韓国・朝鮮人の子どもを対象とした在日朝鮮人教育の始まり

1　民族教育を求める動き

　第二次世界大戦後，在日韓国・朝鮮人の子どもを対象とした教育は，「朝鮮人教育の抑圧と同化教育の全面化」（小沢，1973，207ページ）という流れが続くことになる。

　子どもたちに母国語を教える国語講習所で始まった民族教育は，民族団体を中心に朝鮮学校などの民族学校が設立する形で進んだ。しかしながら，「同化教育」という文部省の政策によって，民族教育は否定され続ける。例えば，1948年の文部省学校教育局長通達「朝鮮人設立学校の取扱いについて」では，「朝鮮人の子弟であっても学齢に該当する者は，日本人同様市町村立又は私立の小学校，又は中学校に就学させなければならない」とし，朝鮮学校を認めない。この通達を受けて，山口県や兵庫県，大阪府，東京都では朝鮮学校閉鎖命令が出され，この閉鎖命令に対して，各地では学校を守ろうとする人々が抗議行動に乗り出す。そのなかでも，1948年に兵庫県と大阪府で「阪神教育闘争」が起きた。しかし，1949年には，朝鮮学校の運営母体であった在日本朝鮮人連盟が解散させられ，朝鮮学校の閉鎖を実施する。

　その後も，依然として，文部省が民族教育を認めることはなかった。1965年の日韓条約の締結を受けて，文部省では，二つの文部次官通達──「法的地位

協定における教育関係事項の実施について」と「朝鮮人のみを収容する教育施設の取り扱いについて」——を出す。

　まず，教育関係事項に関する通達では，「日本国政府は，永住を許可された者が日本国の公の小学校または中学校へ入学を希望する場合には，その入学が認められるよう必要と認める措置を執り，および日本国の中学校を卒業した場合には，日本国の上級学級への入学資格を認めることが明らかに」されているとした。また，朝鮮人の子どもたちに対して「教育課程の編成・実施について特別の取り扱いをすべきでない」とする一方で，もう一つの通達では，民族学校を「各種学校として認可すべきでない」ことが，文部省の方針として示されたのである。

　実際に，民族学校が日本全国で設立されたとはいえ，その数は少なく，通えない地域に住んでいる子どもたちは，日本学校に入学せざるをえなかった。1967年と1970年に統計を見ると，日本学校に通っている子どもたちが民族学校の子どもたちより３倍近く多い（小沢，1978，33ページ）。

　韓国・朝鮮にルーツを有する子どもたちの「差異」をまったく認めない教育に，風穴をあける動きは，1970年代以降の民族差別撤廃運動の影響を受けながら本格化する。まさに，日本における多文化教育の「始まり」なのである。

２　自らの民族的「アイデンティティ」を大事にする教育実践の始まり

　朝鮮学校を閉鎖しようとする動きがあった1950年前後に，大阪府内の公立学校には，母国語を教える民族学級の設置が進められていった。ほかの地域では当時見られなかった，小中学校の民族学級に同胞の民族講師が赴任し，民族学級の実践に取り組んでいく。しかしながら，まだまだ学校のなかでの子どもの状況は厳しいものであった。日本の学校に在籍していた子どもたちをめぐる貧困や疎外感，心理的葛藤，そして進学・就職時の民族差別などに向き合い，公立学校の教師たちが教育実践をようやく始めるのは，1960年代末から1970年代にかけてのことである（中島，2016，114ページ）。

　部落差別の問題に取り組んでいた教師たちが，教室で机を並べている在日韓国・朝鮮人の子どもたちも同様の課題を抱えていることに目を向け始めるのである。大阪市教育委員会は，1972年に「学校教育指針」に「在日外国人（主として韓国・朝鮮人）の幼児・児童・生徒の教育」という項目を入れ，同年に「大阪市外国人教育研究協議会」が発足する。その後も，外国人教育方針を制定する自治体が現れるなど，日本の学校教育に，在日韓国・朝鮮人教育が課題として位置づけられる。

　しかしながら，このような取り組みは，当時在日韓国・朝鮮人の多かった関

▷5　日韓法的地位協定。略して記されることが多いが，正式には「日本国に居住する大韓民国国民の法的地位及び待遇に関する日本国と大韓民国との間の協定」という。

▷6　民族差別撤廃運動
「日立就職差別闘争」の完全勝利を受けて，1974年に各地域で活動していた市民グループが集まって「民族差別と闘う連絡協議会」（民闘連）を結成。地域を拠点に実践活動に取り組みながら，児童手当・公営住宅の入居資格における国籍条項の撤廃といった制度的差別をなくすさまざまな働きかけを担うことになる。この民闘連は，日立闘争と同じく，在日韓国・朝鮮人に対する民族差別の問題を，日本人と一緒に連帯しながら是正しようとしていたところに，特記すべき特徴がある。

▷7　民族講師
民族学級で働く教員のことで，朝鮮半島出身の在日韓国・朝鮮人が民族講師として，在日の子どもたちに言葉や文化，歴史を教えた。

▷8　大阪市外国人教育研究協議会
大阪市教育委員会と校長会が1972年７月に設置したもので，副教材の「サラム」（韓国語で「人」の意味）を発行するなど，在日外国人の教育のためのさまざまな活動に取り組んでいる。

第Ⅲ部　地域における社会教育

西地方を中心に展開されるにとどまっていた。関東にまで民族教育実践の動き
が芽生えるのは，制度的民族差別に真正面から向かう民族差別撤廃運動に触発
されてからである。

　日本で生まれ育った在日韓国・朝鮮人の青年が，国籍を理由に解雇されたこ
とを受け，1970年から裁判と直接交渉を通して，日本人と在日韓国・朝鮮人と
一緒に訴え続けた「日立就職差別闘争」は，1974年に全面勝利する。この「日
立闘争」は，在日韓国・朝鮮人に対する民族差別という問題に，日本人と連携
しながら取り組んだこと，そして，日本名で生きるのではなく，民族名をもっ
て「在日」として生きていくという在日世代の転換とともに，日本人のアイデ
ンティティの変化も引き出していた。

　とくに，日本名から民族名への使用は，単に名前の問題にとどまるものでは
なく，戦前の植民地支配のなかで構築していた「支配―被支配」の関係を正
し，無意識的に内面化していた否定的なアイデンティティから，「在日」韓
国・朝鮮人としての自分自身のアイデンティティの形成を含むものである。マ
イノリティの場合，マジョリティから押しつけられるアイデンティティによっ
て形成され，自らのアイデンティティを選び取ることはできず，マジョリティ
からの烙印によって，否定的でゆがめられた自我像を内面化しやすい（細見，
1999）。また，在日韓国・朝鮮人と日本人は，外見的な違いで区別されるので
はなく，そこには「文化的違い」があるという日本社会の特殊性が，存在して
いたことも忘れてはならない。これは，日本人の認識変化も求めるものであ
り，1970年代の在日韓国・朝鮮人の民族差別撤廃運動は，自らの権利を取り戻
すとともに，日本社会の差別構造を問うていくものであった。

　この闘争をきっかけとして，民族差別を是正しようとする在日韓国・朝鮮人
の民族差別撤廃運動が広がり，それとともに，韓国・朝鮮人としての民族的ア
イデンティティを育む民族教育実践が地域社会で生まれる。その中心には，当
時運動の拠点でもあった神奈川県川崎市の民族教育実践があった。

③　地域における民族教育実践の試み

　在日韓国・朝鮮人が多く住んでいた川崎市南部では，1968年に在日大韓基督
教会川崎教会がつくった「桜本保育園」で，子どもたちに本名（民族名）を名乗
り呼ぶ実践を開始，韓国の歌を歌ったり，民族衣装を着たりなど，文化を学ぶ
といった「民族保育」の実践を1970年代に始めていた。「日立闘争」の過程を
通して，韓国・朝鮮人として生きることの意味をあらためて認識するように
なった保育士たちを中心に，「本名使用」も1972年に保育園の方針として決め
られた。

　ここでいう民族保育とは，「民族的少数者集団の民主的主体と権利を自覚せ

しめ，差別に負けないような人間の発達と自立をうながす」（部落解放研究所編，1986, 873ページ）もので，この保育実践は，その後に小学生や中学生をも対象とする実践へと広がる。民族意識を育てるとともに，学習支援をしながら居場所の役割も担っていた民族教育実践は，いくら子どもたちががんばっても学校や地域社会における差別的構造が変わらないかぎり，「しんどさ」をともなうだけのものであった。個々人の努力に頼るだけでは，根本的な社会的構造は変わらない。その構造を変革していくために，行政の枠組みを変えていかざるをえない。その実現を可能としていた当時の時代変化を，まずは，押さえておこう。

3 1980年代の「国際化」進展のなかでの教育

1 マイノリティの人権への注目

1980年を前後として，日本国内外にはいくつかの変化が現れていた。その一つは，「人権」をめぐる動きである。

日本は，1979年に「国際人権規約」を，1982年には「難民の地位に関する条約」（以下，難民条約）を批准する。とくに，難民条約は，難民の社会的保障を国民と同じ待遇を求める第24条の規定など，「内外人平等」を掲げるものであるだけに，国民年金や児童手当などにおける国籍条項は，次第に撤廃されていく。社会教育においては，1985年にユネスコの「学習権宣言」が出され，学習する権利が限られた人々のものではなく，すべての人々が享受すべきものであること，そして，学習が，人々を「なりゆきまかせの客体」から「自らの歴史をつくる主体」に変えていくものであることも明示される。

このような動きを受けて，権利から人権に目を向けはじめ，マイノリティの学習権にも光があてられるようになる。人権思想の流入に加え，1970年代からの民族差別撤廃運動は，1980年代にまで続き，在日外国人教育は，関東地域においても，公教育の枠組みのなかに位置づけられることとなる。

2 在日外国人教育施策の確立へ——川崎市を事例に

地域から在日韓国・朝鮮人と日本人の子どもたちに互いに認め合い，在日の子どもには民族的アイデンティティを育む実践に取り組んできたが，学校や地域社会も一緒に変わらないかぎり，子どもたちを守ることはできない。そこで，在日韓国・朝鮮人教育に取り組んできた教師や保育士・青年，オモニ（母親）たちなど，在日韓国・朝鮮人と日本人による「川崎在日韓国・朝鮮人教育をすすめる会」を1982年に発足させ，教育委員会への交渉に乗り出す。

毎回100人を超える人々がかかわる交渉において，まず，争点となったの

第Ⅲ部　地域における社会教育

は，在日の子どもの教育が「権利」か「恩恵」かをめぐってであった。民族教育の権利が長らく否定され続け，教育行政に外国人の学習権や教育権の視点が不在であっただけに，教育委員会がそれを「権利」と認めるには時間を要していた。

　川崎市教育委員会は，1983年に学校や地域社会に民族差別がある事実を認め，「差別や偏見をなくす教育をすすめていくこと」を，「在日韓国・朝鮮人教育をすすめるための基本認識」として公表する。そして，1986年3月に「川崎市在日外国人教育基本方針——主として在日韓国・朝鮮人教育」の制定を迎えるのである。当時関東地域では珍しかった基本方針は，基本認識を具現化するためのものであり，行政の責務を明確にしている。

　市内に居住する外国人に対して教育を受ける権利を認め，これらの人々が民族的自覚と誇りを持ち，自己を確立し，市民として日本人と連帯し，相互の立場を尊重しつつ共に生きる地域社会の創造を目指して活動することを保障しなければならない。このことはまた，日本人の人権意識と国際感覚を高めることにもつながる。そして，このような環境を整えることは，人間都市の創造を目指す本市教育行政の責務でもある。

　この基本方針は，当事者からの働きかけによって教育委員会とのそれまでの議論を土台にするものであり，そこには在日韓国・朝鮮人だけではなく，日本人をもその対象として位置づけ，互いに変わらなければならないことが述べられている。そして，教育行政の体制整備や実態把握だけでなく，子どもや市民を対象とする学習活動の推進に至るまでの諸項目を定めたのである。

　『在日韓国・朝鮮人を理解するためのハンドブック』から教員用の手引書の作成，そして在日の歴史や文化を内容とする社会教育講座の提供など，ようやく教育の「場」に外国人の子どもや市民を視野に入れた施策が開始する。

　一方で，この基本方針の具体的な実践の拠点として，日本人と在日外国人との共生を目的とした施設「ふれあい館」が1988年に開館する。

　ふれあい館は，「日本人と韓国・朝鮮人を主とする在日外国人が，市民として相互のふれあいを推進し，互いの歴史，文化等を理解し，もって基本的人権尊重の精神に基づいたともに生きる地域社会の創造に寄与する」こと（条例第1条）を目的に掲げ，四つの事業——(1)日本人と在日外国人の相互理解を深めるための講座，講演会等を開催すること，(2)文化交流活動を推進すること，(3)歴史，文化等に関する資料の収集，展示等を行うこと，(4)施設及び設備を利用に供すること——に取り組むことになる。地域で一緒に生きる住民として外国人と日本人の相互理解を推進するとともに，韓国の文化や言葉が学べる場とする一方で，歴史および文化などの資料を蓄積させ，提供する拠点として位置づけさせたのである。

　人々の移動が少しずつ増え，自治体施策の方向性として「国際化」が叫ばれ

▷9　1988年に開館した川崎市ふれあい館は，日本で初めて日本人と外国人との共生を掲げた総合施設として設立された。地域で実践を積み重ねてきた社会福祉法人「青丘社」が運営に取り組み，子どもから高齢者に至るまで，多様な活動を繰り広げている。

第**13**章　多様性を包摂する社会教育を目指して

始めていた1980年代に，いわゆる「内なる国際化」に目を向けるようになり，より多様な人々の国境を越えた移動が増加し始める1990年代以降に「多文化共生」をめぐる動きが顕著となる。

［3］「在日外国人教育」から「多文化共生教育」へと

1990年以降は，出入国管理法改正により，日系人をはじめ多くの外国人が地域で増えていく。外国人住民の存在は，日本語教育の必要や多言語情報の提供など，自治体にさまざまな施策の必要性を求めるものでもあった。

それまで，主に在日韓国・朝鮮人と日本人との共生を主眼においていたが，実に多様な国々から外国人が入ってくることで，多文化・多民族共生が，社会教育実践や研究に位置づけられることになる。偏見や差別の是正に重点を置いていた在日外国人教育は，文化の多様性を視野に入れた多文化共生教育へと広がりを見せる。その一つの変化は，公的社会教育における識字・日本語教育の取り組みで，公的に保障しようとする動きが本格化する。

日本の識字教育は，1960年代から夜間中学を中心に取り組まれてきたが，1990年の国際識字年の制定をきっかけに識字問題への関心が高まり，公民館で識字・日本語教室を設置する動きが生まれる。川崎市の場合は，1991年3月の「川崎市生涯学習推進基本構想」に日本語学習支援が位置づけられ，1993年の基本計画にも「あらゆる人々の学習」に対する保障が言及されるなど，在日外国人の学習権保障が，市の生涯学習の課題としてきちんと据えられるのである。

その後は，文化庁の委嘱事業「地域日本語教育推進事業」（1994〜96年）をうけて「川崎市地域日本語教育推進協議会」が1997年に設置され，以下のような理念が提示される。

> 　本来，外国人市民は，その「生き方」の質の保障と社会参加の機会の保障とにおいて，日本人市民と対等でなければならない。もし何らかの対等でない部分があるとすれば速やかに改善されなければならない。識字・日本語学習の取り組みを，外国人市民と日本人市民とがこれら対等な関係を築く活動の1つととらえたのが，「識字」の理念ということになる。

外国人の社会参加を認める一方で，日本人と外国人が平等な関係であることが明確にされ，それは，「共同学習」という識字学級の実践形態からも見られる。一方的に日本人が外国人に日本語や日本文化を教えるのではなく，日本人も外国人から学ぶという平等・水平的な関係に基づく学習のあり方が実践現場でも見られ，まさに，「ともに生きる地域社会づくり」は，識字・日本語教室にも実践されていた。

こういった識字・日本語学習のあり方は，2003年の「川崎市識字・日本語学習活動の指針」にも現れ，識字・日本語学習が基本的人権であること，それ

が，多文化共生社会の実現を目指すことなどの五つの理念として明示される。学校教育においても，日本語指導の必要な児童生徒のために「日本語指導等協力者」を派遣する事業を開始している。

　そして，多様な外国人が増えることを踏まえて，1986年に制定した基本方針を，1998年に「川崎市外国人教育基本方針──多文化共生の社会をめざして」に改正する。新しい方針には，次の考え方が示される。

　⑴国籍・民族等にかかわらず，すべての子どもの学習権を保障し，教育における内外人の平等，人間平等の原則の徹底に努める。
　⑵社会における少数の立場の者（マイノリティ）の文化を尊重し，あわせて外国人市民の積極的な社会参加を支援する。
　⑶日本人と外国人の相互の豊かさにつながる共生の教育をめざし，過去の歴史的な経緯をしっかりおさえ，同化や排除意識からの脱却をはかる。

　基本的な精神を継承しながらも，「多文化共生」を目的とした教育を推進することがあらためて宣言されている。この新しい方針を前後として，「民族文化講師ふれあい事業」という，日本人と外国人の児童生徒が互いの文化を尊重し，共生社会を構築していける意識と態度の涵養を目指し，多様な国の文化が経験できる事業が始まった。

　また，日本では初めて外国人市民が自らの「声」を出す「外国人市民代表者会議」が1996年に設置される。地方参政権をもたない外国人の住民が自分自身の生活にかかわる課題をめぐって，意見を出し，それを施策に反映していく仕組みとして発足，その後，ほかの自治体でも類似した試みが見られる。

　そして，2000年には学校教育と社会教育，市民活動が連携して多文化共生教育に取り組む「外国人教育推進連絡協議会」を教育委員会が開始したり，母語・母文化を大事にして学ぶ活動が市民によって始まるなど，より多様な活動が現れる。

　このような「多文化共生」を掲げた活動は，実は，1995年の阪神・淡路大震災に関係している。大きな被害をもたらした阪神・淡路大震災は，日本人だけでなく，外国人も震災の被災者であったが，この震災によって多文化コミュニティが強化されたのである。外国人被災者を対象に多言語放送のコミュニティ・ラジオができ，支援救護活動をしていた諸団体が「多文化共生センター」を設立し，多文化共生という言葉が日本社会に広がるきっかけとなる。

　この「多文化共生」は，2000年以降にさらに発展し，ようやく総務省などの中央政府機関によっても取り上げられることとなる。

4　多文化共生をめぐる動きの諸相

［1］　中央政府における多文化共生の動き

　自治体の施策や市民社会の実践において，多文化共生が拡散しているなか
で，中央省庁に注目すべき動きが生まれる。

　移民政策を積極的に表明することのなかった日本において，中央政府レベル
で「多文化共生」という概念が用いられるのは，2006年の総務省研究会報告書
においてである。

　総務省は，2006年3月に「多文化共生の推進に関する研究会報告書──地域
における多文化共生の推進に向けて」を出したが，この報告書で地域の多文化
共生を「国籍や民族などの異なる人々が，互いの文化的ちがいを認め合い，対
等な関係を築こうとしながら，地域社会の構成員として共に生きていくこと」
（総務省，2006，5ページ）と定義づける。そして，コミュニケーション支援，
生活支援，多文化共生の地域づくりを柱に課題を検討，多文化共生推進プラン
の作成を提言し，自治体にも多文化共生施策の推進を促した。研究会では，翌
年に防災ネットワークと外国人住民に対する行政サービスの正確な提供に対し
て，引き続き検討し，提言を出している。この後においても，総務省では，多
文化共生事例集を出したり，意見交換会を開催する。さらに，2012年12月には
「多文化共生の推進に関する研究会報告書──災害時のより円滑な外国人住民
対応に向けて」を出し，2007年の報告書における防災ネットワークの課題に基
づいて，災害時に外国人住民に対して適切な情報提供を行うための実態把握の
必要性や，専門的人材の育成などにふれている。

　研究会の報告書ではあるにせよ，地域の多文化共生概念を明示するととも
に，自治体に対して多文化共生施策の推進を促したのは，今までとは異なる特
記すべき動きである。

　また，2006年12月には「『生活者としての外国人』に関する総合的対応策」
が提示され，外国人を地域で一緒に暮らす「生活者」として位置づけている。
その内容は，子どもの教育から在留資格制度の改善など，関係する省庁からの
多様な取り組みを明確にしている。まさに，大きな前進であるとも言えよう。

　とくに，日系人に関して言えば，「日系定住外国人施策」に関する基本指針
が2010年8月に，行動計画が2011年3月に策定され，定住外国人と関連して日
本語で生活が可能な施策，安定して仕事ができる施策などの推進も，新たな動
きの一つである。

　一方で，文部科学省は，多文化教育政策を未だ樹立していないが，日本語指

第Ⅲ部　地域における社会教育

導が必要な児童生徒の実態把握を行い，2008年から隔年にはなったものの，2008年6月には「外国人児童生徒教育の充実方策について」を出して，日本語指導の必要な児童生徒に関する検討会議を設置している。

しかしながら，2008年のリーマンショックを受けて多くの日系人が解雇され帰国するなど，2011年の東日本大震災以降も，さらに多文化共生をめぐる動きは停滞している。

2　ヘイト・スピーチとどう向き合うか

2006年の多文化共生元年以降に活発であった取り組みは，前述したように少しずつ滞っていき，外国人を対象とする「ヘイト・スピーチ」などの嫌悪行為が目立つようになる。朝鮮学校の女子生徒を対象に制服のスカートを切るといった犯罪行動は以前も見られたが，過激な文言を掲げたヘイト・スピーチデモが2010年以降に本格化するのである。もちろん，その前からマンガ『嫌韓流』など，在日外国人に対して批判的な声があったり，2011年8月から2012年にかけては，フジテレビへの抗議デモもあったが，2007年に発足した「在日特権を許さない市民の会」が中心となって，とくに，新大久保や川崎市などでヘイト・スピーチデモを頻繁に行う。このような外国人嫌悪行為が顕在化するなかで，2013年からはカウンター活動も活発となった。

ヘイト・スピーチ行為が止まらないなか，日本政府は2016年5月に「本邦外出身者に対する不当な差別的言動の解消に向けた取組の推進に関する法律」（以下，ヘイトスピーチ解消法）を制定，同年6月から施行する。この法律では「不当な差別的言動」を，本邦外出身者に対して「差別的意識を助長し又は誘発する目的で公然とその生命，身体，自由，名誉若しくは財産に危害を加える旨を告知し又は本邦外出身者を著しく侮蔑するなど」「地域社会から排除することを煽動する」（第2条）ことと定義している。そして，国および自治体に，ヘイト・スピーチを解消するための責務を明らかにし，相談体制の整備や教育の充実などを含んでいる。罰則などの規制条項がないという限界をはらみながらも，高い社会関心のなかで早めの法律整備に乗り出したことは評価できよう。

このヘイトスピーチ解消法以降は，自治体においても関連条例の制定を求める声があがり，世田谷区では「世田谷区多様性を認め合い男女共同参画と多文化共生を推進する条例」を定め，2018年3月から施行している。この条例は，男女や性的マイノリティまでを対象とする条例ではあるが，「個人の尊厳を尊重し，年齢，性別，国籍，障害の有無等にかかわらず，多様性を認め合い，自分らしく暮らせる地域社会を築くこと」をこれからの方向性に位置づけ，さらに「一人ひとりの違いを認め合うことが，多様な生き方を選択し，あらゆる活動に参画し，及び責任を分かち合うことができる社会の実現」につながること

▷10　2011年8月から2012年にかけて，番組編成において「韓流」に偏っているとフジテレビジョンを批判し，抗議活動を行ったデモのことである。

を明示している。

　条例は，行動計画の策定や審議会の設置も規定，「基本的施策」（第8条）には，多文化共生にかかわる項目——外国人や外国出身者などに対してコミュニケーション支援や生活支援，多文化共生の地域づくりの推進，社会参画および社会における活躍を推進するための支援，国籍・民族等の異なる人々の文化的違いによる偏見または不当な差別の解消——が立てられている。

　地域住民，社会の構成員として外国人を受け入れ，「ともに生きる」社会の創造はいくらかの困難を抱えながらも，一方では絶え間ない努力がなされているのである。

5　多様性を包摂する教育を目指して

　2010年以降の動きを見渡すと，多文化や多文化共生という言葉はダイバーシティ，グローバル人材の育成といった概念へと移行し，外国人というマイノリティの人権，権利への関心は低くなってきている。しかしながら，少子高齢化という問題に直面している日本社会で，「生活者」としての外国人との共生は重要な課題であるに違いない。国籍だけでなくさまざまな「差異」を包容する教育は，どのように目指していけるのか。

　まず，多文化共生の捉え直しが必要であると思われる。多文化共生のスローガン化など，批判的な声もあるのは否めない。例えば，リリアン・テルミ・ハタノは，多文化共生が，マジョリティによって権利が侵害されている「マイノリティ，または社会的に弱い立場に置かれている人たちの側から発生した言葉ではない」（ハタノ，2011，55～56ページ）としながら，多文化共生という言葉にかかわる問題点を指摘している。しかし，多文化共生における「共生」は，実に1970年代からの在日韓国・朝鮮人と日本人による民族差別撤廃運動から生成された概念であるだけに，共生がマイノリティの外国人のみを対象とするものではなく，マジョリティを含めた，すべての人々が「当事者性」を有するものであることを再認識する必要がある。誰もが多文化共生に対して自らが「当事者」であることを喚起し，マジョリティの意識を変えていく教育が緊急の課題であると思われる。

　また，実際に外国人が地域社会で増えているにもかかわらず，国家レベルの政策の不在は，今後の教育のあり方を考える時に乗り越えなければならない課題である。外国人という地域住民の存在が自治体の施策を導き出してきた経緯はあるが，国の立場としてどのような教育のあり方を描いていくのかを考えなければならない。「外国人集住都市会議[11]」が国に対していろいろな働きかけをしてはいるが，文部科学省がどのような多文化共生教育の政策の枠組みを確立

▷11　外国人集住都市会議
日系南米人が多く住んでいる自治体および地域の国際交流協会などで，2001年に組織され，外国人住民に関する施策などの情報交流とともに，地域の諸問題を解決するために，政府に対して積極的な提言も行っている。2018年4月現在，会員都市は，太田市や大泉町（群馬県），浜松市（静岡県）などの15都市である。

していこうとするのか，まったく見えてこない。対象ごとに個別化し断絶した政策ではなく，持続性をもつ全体像としての教育，多文化共生教育のありようが求められている。

そして，外国人の存在が不可視化しているなかで，学校の教師や公務員として，外国籍の人々も採用可能であるだけに，教育現場で外国人当事者が活躍できる制度や環境整備が必要である。とくに，外国籍の教師は「当事者」として，「ロールモデル」として，教育現場で多文化共生教育の創造を担うアクターの可能性を有する存在である。

社会における多様性を，社会を豊かにできる資源へと変えていけるような教育。「違い」を「序列」として位置づけるのではなく，「多様性」として受け入れられる包摂性のある社会教育を模索していくことが，いま求められている。

Exercise

① 外国につながる子どもの抱える問題はどのようなものがあるのか，事例を調べてみよう。

② 教室に外国につながる子どもがいる場合に，「教師」としてどのようにその子を支えることができるのか，考えてみよう。

③ 「ともに生きる社会」を創っていくために，われわれに必要なことは何か，考えてみよう。

📖次への一冊

恒吉僚子「多文化共存時代の日本の学校文化」堀尾輝久・久冨善之・奥平康照・佐貫浩・田中孝彦編『学校文化という磁場』柏書房，1996年。
　「多文化」共存を教育の課題と考えた時に，日本の学校文化がどのような特徴をもっているのかを，「一斉共同体主義」という概念をもって説明しながら，どういう課題があるのかを明確にしている。

細見和之『アイデンティティ／他者性』岩波書店，1999年。
　自分自身のアイデンティティにおける「他者」の存在とはいかなるものなのか，多文化共生における「自己と他者」の関係をどのように理解すべきなのか，といった問いに手がかりを提示してくれる一冊である。

志水宏吉編『エスニシティと教育』日本図書センター，2009年。
　教育における「エスニシティ」について考える際に，参考となる文献が揃っている貴重な一冊である。日本のエスニック・グループや，教育におけるエスニシティへの対応など，その背景となる知識だけでなく，実際の教育現場もわかる文献である。

植田晃次・山下仁編『新装版「共生」の内実——批判的社会言語学からの問いかけ』三

元社，2011年。

　「共生」が叫ばれて久しいが，その「共生」とはいったいどういうものなのか。「共生」がマジョリティによって都合よく使われる危険性を指摘する論稿など，批判的に捉えることを通してその内実たるものを問うている一冊である。

引用・参考文献

小沢有作『在日朝鮮人教育論―歴史編』亜紀書房，1973年。

小沢有作「経るべき歴史の通路にて――解説・在日朝鮮人の世界」小沢有作編『近代民衆の記録10 在日朝鮮人』新人物往来社，1978年。

川崎市教育委員会「川崎市在日外国人教育基本方針――主として在日韓国・朝鮮人教育」1986年。

金侖貞『多文化共生教育とアイデンティティ』明石書店，2007年。

総務省「多文化共生の推進に関する研究会報告書――地域における多文化共生の推進に向けて」，2006年。

中島智子「在日朝鮮人の教育」小島勝・白土悟・斎藤ひろみ編『異文化間に学ぶ「ひと」の教育』明石書店，2016年。

朴鐘鳴編著『在日朝鮮人の歴史と文化』明石書店，2006年。

ハタノ，L. T.「在日ブラジル人を取り巻く『多文化共生』の諸問題」植田晃次・山下仁編『新装版「共生」の内実――批判的社会言語学からの問いかけ』三元社，2011年。

部落解放研究所編『部落問題辞典』解放出版社，1986年。

細見和之『アイデンティティ／他者性』岩波書店，1999年。

『共生のまちづくりをめざす日本語学習のあり方』川崎市地域日本語教育推進委員会，1997年。

コラム⑬

韓国朝鮮にルーツをもつ自分のもち味を生かして教育に携わる

「いや〜，日本の学校に韓国人の先生がいるんですね……」。

2000年4月，初めて小学1年生を担任することになり，極度の緊張と不安とともに入学式を迎えた。学年主任に教わったことをもとに，春休みに何度も練習した入学式後の学級指導を無事に終え，子どもたちと帰りのあいさつをした直後に，担任することになった子どもの両親が私のほうに向かって歩いてきて言われた一言だった。「先生は，日本で生まれて育った韓国人です。名前は，ピョンイルボンと言います」。この自己紹介に何か引っかかりを感じられたんだと一瞬にして判断した私は，これから教壇に立っていく決意を固めた自分をしっかり示そうと，「これからよろしくお願いします」と返答した。「私たち夫婦も韓国籍です。こんな出会いもあるんですね……」と言いながら握手を求めてきたのは，アボヂ（父親）だった。強く手を握りしめながら，アボヂの幼い頃の夢が学校の先生になることだったが，国籍の壁で断念したことを話してくださり，「今は，学校の先生になれるんですね。ほんとによかった。私の分までがんばってほしい」と繰り返し話された。一年間，子どもたちと，そして保護者といい出会いができそうだなと思えた入学式だった。

韓国にルーツをもつ自分のもち味をクラス経営で生かせたらとの思いで，朝のあいさつに「アンニョンハシムニカ」を取り入れた。4月の定例の家庭訪問で，インターホン越しに「え〜と，アンニョンハシムニカでしたか」と言ってくださる日本人の保護者との出会いもあった。「先生，子どもたちにいっぱいいろんなこと教えてあげてください。おばあちゃんと喜んでます」と，とても前向きに外国にルーツをもつ担任を受け入れてくださる家庭との出会いもあった。

初任校で7年目を迎えた年に，同じ学年を組んでいた後輩に，「ピョン先生は，本当に採用されているんですか」と突然聞かれたことがあった。驚く一言だったので，採用試験に合格して大阪市で勤務している事実だけを伝え，どうしてそんな質問をするのか尋ねた。すぐにははっきりした返答をしなかったが，教師になるために家族みんなで国籍を変えたことを，彼はようやく話してくれた。「外国籍でも採用試験を受けられることを知らなかった。誰も教えてくれなかった」と何度も言っていたことを今でもはっきりと覚えている。

私は，2016年度から大阪市教育センターで小学校外国語活動担当の指導教諭として勤務している。教科化が目前となり，小中高で一貫した英語教育が謳われるなか，学校現場で混乱を期さないように教員の研修を担当したり，学校訪問してアドバイスしたりする仕事を担っている。これからも，韓国朝鮮にルーツをもつ自分のもち味も生かして，教育の仕事に携わっていきたいと思っている。

索 引

あ行

アウトリーチ 67, 69
アンドラゴジー 63, 64, 67
イクイバレンシー 26
伊藤寿朗 54
居場所 149, 153
インフォーマルエデュケーション
　（インフォーマル教育） 2, 105
インフォーマルな学習 77, 78
エコミュージアム 108
遠隔教育 66
大阪市外国人教育研究協議会
　191
オールドカマー 189
小川利夫 48

か行

外国人集住都市会議 199
学芸員 56
学社融合 8
学社連携 6, 8, 32, 146, 170
学習関心の階層モデル 61
学習権宣言 24, 74, 75, 136, 193
学習社会 74
学習都市 77
学校運営協議会 33, 40
学校外教育 147
「学校，家庭及び地域住民等の相
　互の連携教育」 33
「合校」構想 7
学校支援地域本部 8, 137
学校のスリム化 7
家庭教育 33
川崎市外国人教育基本方針 196
川崎市在日外国人教育基本方針
　194
川本宇之介 64
完全学校週五日制 7
義務教育の段階における普通教育
　に相当する教育の機会の確保
　等に関する法律（教育機会確
　保法） 154
キャリア教育 151, 152
旧教育基本法 33
「急激な社会構造の変化に対処す
　る社会教育のあり方につい
　て」 5
教育基本法 1, 19, 31, 32, 45, 93

共同学習 21, 146, 195
偶発的な学習 2
経済協力開発機構 23, 79
権利としてのスポーツ 163
公民館 20-22, 37, 47, 49, 50, 56, 61,
　136, 154, 195
公民館三階建論 48
公民館主事 56
合理的配慮 179-181, 183
国際識字年 195
国際成人教育会議 23, 26, 75, 76
国際成人力調査 80
心の居場所 148
個人学習 66
子ども食堂 139
こども図書館 52
子どもの権利条約 138, 149
子どもの貧困 90, 91, 133, 134,
　137-140
子どもの貧困対策の推進に関する
　法律 137
子ども・若者育成支援推進法
　152, 153
コミュニティ学習センター 82,
　86
コミュニティ・スクール 34, 96,
　102
コミュニティ・スポーツ 161,
　164
コミュニティセンター 47, 165
「今後における学校教育の総合的
　な拡充整備のための基本的施
　策について」 5

さ行

在学青少年教育 146
サラマンカ宣言 181
ジェルピ，E. 24, 74
識字教育 195
識字・日本語学習 195
自己決定学習 24, 74
自主夜間中学 148, 155
司書 56
持続可能な開発のための教育
　27, 86
持続可能な開発目標 76
自治公民館 49, 108

指定管理者制度 56
社会教育 34
社会教育委員 96
社会教育士 41, 94
社会教育施設 45, 47
社会教育終焉論 27
社会教育主事 19, 41, 55, 56, 94,
　165
社会教育審議会 5, 6, 146
「社会教育の新しい方向」 3
社会教育の自由 36
社会教育法 1, 17, 19, 21, 31, 35-
　37, 48, 49, 160
社会に開かれた教育課程 9
集会学習 66
集団学習 66
主体形成 28, 108
生涯学習 1, 2, 24, 33, 45, 60, 81
生涯学習社会 1
生涯学習審議会 7, 89
生涯学習体系への移行 5, 24
生涯学習の振興のための施策の推
　進体制等の整備に関する法律
　（生涯学習振興法） 5, 25, 37
生涯教育 1, 2, 24
生涯教育行政 38
「生涯教育について」 24
障害者基本法 180, 182
障害者差別 183
障害者の権利に関する条約（障害
　者の権利条約） 179-183
障害を理由とする差別の解消の推
　進に関する法律（障害者差別
　解消法） 182
自立生活運動 177
人権教育及び人権啓発の推進に関
　する法律 41
人権週間 42
スポーツ NPO 169
スポーツ基本法 163, 165
スポーツ振興法 160, 165
スポーツ推進委員 165
スポーツボランティア 166
生活課題 131
青少年育成施策 151
成人教育 ii, 34, 64

203

成人教育推進国際委員会　*3, 73*
青年の家　*145*
世界人権宣言　*32*
絶対的貧困　*133*
総合型クラブ　*170, 171*
総合型地域スポーツクラブ　*163, 166, 168*
総合教育会議　*40*
相対的貧困　*133, 134*
相対的貧困率　*134*

た行
「体育・スポーツの普及振興に関する基本方策について」　*161*
体験活動　*65*
滞在型図書館　*52*
第3期教育振興基本計画　*67*
多文化共生　*196, 197, 199*
多文化共生教育　*199*
たまり場　*145, 146, 149*
地域学校協働活動　*93, 94, 96, 97*
地域学校協働活動推進員　*95*
地域学校協働本部　*10, 11, 97*
地域とともにある学校　*9, 11, 92*
「地域における生涯学習機会の充実方策について」　*89*
地域博物館論　*54*
地域連携担当職員　*95*
地方教育行政の組織及び運営に関する法律　*39*
地方自治法　*39, 49*
中央教育審議会　*1, 5, 7, 65, 150-152*
中学生の防災活動ささえ隊　*123*
通俗教育　*18*
定型教育　*2, 3, 20*
寺中構想　*47*
寺中作雄　*19, 36, 47*
「図書館の自由に関する宣言」　*51*

図書館法　*50, 51*
ドロール報告書　*75, 76*

な行
ニート　*151*
「21世紀を展望した我が国の教育の在り方について」　*89*
ニューカマー　*190*
ノーマライゼーション　*175, 181, 183*
ノールズ，M. S.　*63*
ノンフォーマルエデュケーション（ノンフォーマル教育）　*2, 25*
ノンフォーマルな学習　*77, 78*

は行
博学連携　*55*
博物館法　*53*
波多野完治　*25*
ハッチンス，R. M.　*23*
バリアフリー化　*185*
阪神教育闘争　*190*
ひきこもり　*6, 150*
非定型教育　*2, 3, 20*
開かれた学校　*6, 7, 9, 11, 89, 92*
貧困率調査　*133*
フォーマルエデュケーション（フォーマル教育）　*2, 105*
フォール報告書　*74*
ブックスタート　*53*
不定型教育　*2, 3, 20*
不登校　*6, 90, 91, 147, 148, 155*
フリースクール　*147*
ふれあい館　*194*
フレイレ，P.　*24, 64*
ヘイト・スピーチ　*198*
ヘイトスピーチ解消法　*198*
変容的学習　*63*
放課後子ども教室　*98, 137*
防災教育　*120*

防災拠点としての公民館　*125*
防災文化　*121, 124*
防災ボランティア認定書　*124*
「防災まちづくり」の学習　*120*

ま行
宮原誠一　*17, 21*
『未来の学習』　*4, 74*
民間スポーツ指導者　*166*
民族学級　*191*
民族学校　*191*
民族教育　*190*
民族講師　*191*
民族差別撤廃運動　*191-193, 199*
民族保育　*192*
メジロー，J.　*63*

や行
夜間中学校　*148, 154, 195*
山名次郎　*18*
ユースワーカー　*149*
ユネスコ　*1, 3, 23, 73, 77*

ら・わ行
ラングラン，P.　*3, 23, 73, 74*
リカレント教育　*4, 23, 79, 80, 185*
臨時教育審議会　*5-7*
レジリエンス　*119, 125*
ローカル・ナレッジ　*122*
若者自立・挑戦プラン　*152*

欧文
CLC　*25, 82, 83, 86*
EFA世界会議　*76*
ESD　*27, 86*
IL運動　*177*
OECD　*23, 79-81, 90, 92, 133*
PIAAC　*80, 81*
PTA　*8*
SDGs　*25, 34, 76*

《監修者紹介》

吉田武男（筑波大学名誉教授／関西外国語大学短期大学部教学担当顧問・教授）

《執筆者紹介》（所属，分担，執筆順，＊は編著者）

＊手打明敏（編著者紹介参照：はじめに・序章）

＊上田孝典（編著者紹介参照：はじめに・第1章）

李　正連（東京大学大学院教育学研究科教授：コラム①）

浅野秀重（金沢大学名誉教授：第2章・コラム②）

丹間康仁（千葉大学教育学部准教授：第3章）

德重由華（君津市清和公民館公民館主事：コラム③）

関　直規（東洋大学文学部教授：第4章）

石井のぶ江（所沢市教育委員会学校教育部主査：コラム④）

河内真美（北陸大学非常勤講師：第5章）

大安喜一（ユネスコ・アジア文化センター教育協力部長：コラム⑤）

金藤ふゆ子（文教大学人間科学部教授：第6章）

近藤真司（一般財団法人日本青年館公益事業部「社会教育」編集長：コラム⑥）

蜂屋大八（2020年2月16日逝去（50歳）執筆時，金沢大学准教授：第7章）

岩佐礼子（あまべ文化研究所代表：コラム⑦）

生島美和（帝京大学教育学部准教授：第8章）

天野和彦（福島大学人間発達文化学類特任教授：コラム⑧）

池谷美衣子（東海大学現代教養センター講師：第9章）

渡部達也（NPO法人ゆめ・まち・ねっと代表：コラム⑨）

安藤耕己（山形大学地域教育文化学部教授：第10章）

中澤八榮（仙台自主夜間中学代表：コラム⑩）

清水紀宏（筑波大学体育系教授：第11章第1節・第2節）

作野誠一（早稲田大学スポーツ科学学術院教授：第11章第3節・第4節・第5節）

行實鉄平（久留米大学人間健康学部准教授：コラム⑪）

結城俊哉（立教大学特別専任教授：第12章）

太田修平（障害者の生活保障を要求する連絡会議：コラム⑫）

金　侖貞（東京都立大学人文社会学部教授：第13章）

邉　一峯（大阪市立義務教育学校生野未来学園：コラム⑬）

《編著者紹介》

手打明敏（てうち・あきとし／1950年生まれ）
　　筑波大学名誉教授
　　『近代日本農村における農民の教育と学習』（日本図書センター，2002年）
　　『生涯学習社会の構図』（編著，福村出版，2009年）
　　『希望への社会教育——3.11後社会のために』（共著，東洋館出版社，2013年）
　　『〈つながり〉の社会教育・生涯学習——持続可能な社会を支える学び』（編著，東
　　　洋館出版社，2017年）
　　『社会教育における防災教育の展開』（共著，大学教育出版，2018年）

上田孝典（うえだ・たかのり／1972年生まれ）
　　筑波大学人間系教育学域准教授
　　『現代世界の生涯学習——現状と課題』（共著，大学教育出版，2016年）
　　『〈つながり〉の社会教育・生涯学習——持続可能な社会を支える学び』（編著，東
　　　洋館出版社，2017年）
　　「中国における終身教育の展開——20年の歩みにみる統治と学習の自由の行方」（『東
　　　アジア社会教育研究』22，2017年）

MINERVA はじめて学ぶ教職⑦
社会教育・生涯学習

| 2019年1月20日 | 初版第1刷発行 | 〈検印省略〉 |
| 2024年3月10日 | 初版第2刷発行 | |

定価はカバーに
表示しています

編 著 者	手 打 明 敏
	上 田 孝 典
発 行 者	杉 田 啓 三
印 刷 者	藤 森 英 夫

発行所　株式会社　ミネルヴァ書房
607-8494　京都市山科区日ノ岡堤谷町1
電話代表　（075）581-5191
振替口座　01020-0-8076

©手打明敏・上田孝典ほか，2019　　　　亜細亜印刷

ISBN978-4-623-08447-0
Printed in Japan

MINERVA はじめて学ぶ教職

監修　吉田武男

「教職課程コアカリキュラム」に準拠　　全20巻＋別巻 1

◆　B5 判／美装カバー／各巻180～230頁／各巻予価2200円（税別）　◆

① 教育学原論
滝沢和彦 編著

② 教職論
吉田武男 編著

③ 西洋教育史
尾上雅信 編著

④ 日本教育史
平田諭治 編著

⑤ 教育心理学
濱口佳和 編著

⑥ 教育社会学
飯田浩之・岡本智周 編著

⑦ 社会教育・生涯学習
手打明敏・上田孝典 編著

⑧ 教育の法と制度
藤井穂高 編著

⑨ 学校経営
浜田博文 編著

⑩ 教育課程
根津朋実 編著

⑪ 教育の方法と技術
樋口直宏 編著

⑫ 道徳教育
田中マリア 編著

⑬ 総合的な学習の時間
佐藤　真・安藤福光・緩利　誠 編著

⑭ 特別活動
吉田武男・京免徹雄 編著

⑮ 生徒指導
花屋哲郎・吉田武男 編著

⑯ 教育相談
高柳真人・前田基成・服部　環・吉田武男 編著

⑰ 教育実習
三田部勇・吉田武男 編著

⑱ 特別支援教育
小林秀之・米田宏樹・安藤隆男 編著

⑲ キャリア教育
藤田晃之 編著

⑳ 幼児教育
小玉亮子 編著

＊＊＊

別 現代の教育改革
吉田武男 企画／德永　保 編著

【姉妹編】
MINERVA はじめて学ぶ教科教育　全10巻＋別巻 1

監修 吉田武男　　B5判美装カバー／各巻予価2200円（税別）～

① 初等国語科教育
塚田泰彦・甲斐雄一郎・長田友紀 編著

② 初等算数科教育
清水美憲 編著

③ 初等社会科教育
井田仁康・唐木清志 編著

④ 初等理科教育
大髙　泉 編著

⑤ 初等外国語教育
卯城祐司 編著

⑥ 初等図画工作科教育
石﨑和宏・直江俊雄 編著

⑦ 初等音楽科教育
笹野恵理子 編著

⑧ 初等家庭科教育
河村美穂 編著

⑨ 初等体育科教育
岡出美則 編著

⑩ 初等生活科教育
片平克弘・唐木清志 編著

別 現代の学力観と評価
樋口直宏・根津朋実・吉田武男 編著

ミネルヴァ書房

https://www.minervashobo.co.jp/